JN195586

人物叢書

新装版

後三条天皇

ごさんじょうてんのう

詫間直樹

日本歴史学会編集

吉川弘文館

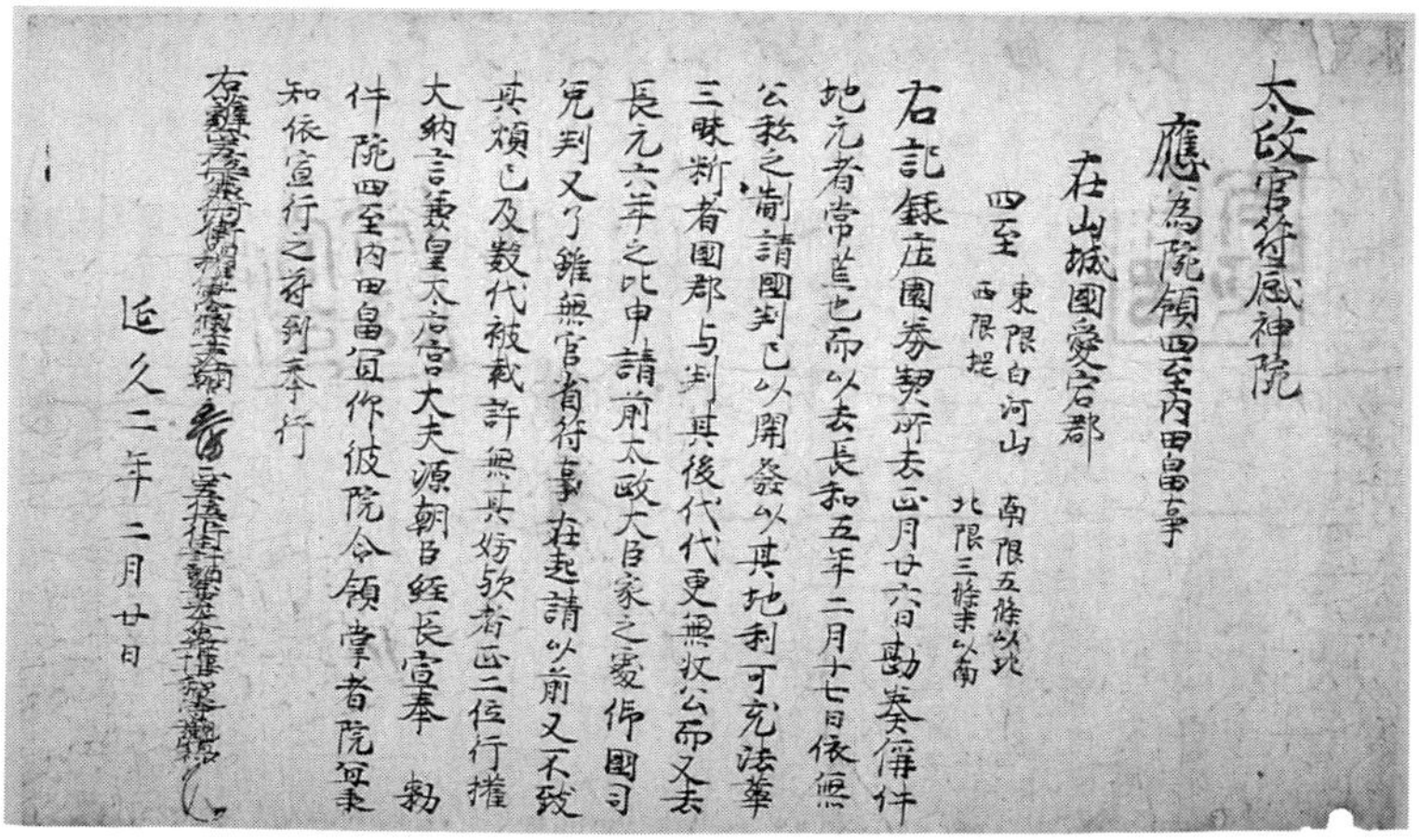

記録荘園券契所の勘奏と太政官符
(延久2年2月20日太政官符, 八坂神社文書, 八坂神社蔵)

(釈文)
太政官符感神院
　応為院領四至内田畠事
　　在山城国愛宕郡
　　　四至　東限白河山　南限五条以北
　　　　　　西限堤　　　北限三条末以南
右、記録荘園券契所去正月廿六日勘奏偁、件
地元者常荒也、而以去長和五年二月十七日、依無
公私之制、請国判已以開発、以其地利可充法華
三昧料者、国郡与判、其後代代更無収公、而又去
長元六年之比、申請前太政大臣家之処、仰国司
免判又了、雖無官省符事、在起請以前、又不致
其煩、已及数代被裁許、無其妨歟者、正二位行権
大納言兼皇太后宮大夫源朝臣経長宣、奉　勅、
件院四至内田畠、宜仰彼院令領掌者、院宜承
知、依宣行之、符到奉行、
右少弁正五位下兼行左衛門権佐東宮学士大江朝臣「匡房」　正五
位下行主計頭兼左大史算博士和泉守小槻宿禰「孝信」
　　　延久二年二月廿日　　　(○「太政官印」三顆あり)

(解説)
後三条天皇が新設した記録荘園券契所の勘奏(審査報告)の初見史料である。設置後わずか三か月半で提出された勘奏に基づいて天皇の裁定が行われ、延久二年(一〇七〇)二月、本官符によって感神院領(祇園社荘園)四至内の田畠の領掌が認められた。この認可は延久荘園整理令の内容に則したものである。

後三条天皇円宗寺陵

はじめに

平安時代はおよそ四百年間にわたり長く続いたため、そのイメージは人によってさまざまであると思われるが、王朝文化を代表するものの一つとして、関白藤原頼通が京都宇治の地に建立した平等院を挙げることに異論はないであろう。建立は平安中期の永承七年（一〇五二）のことで、その翌年には阿弥陀堂（鳳凰堂）が建てられた。永承七年は仏教の思想でいう末法の初年にも当たっている。本書で述べる後三条天皇は、この年十九歳で皇太子であり、治暦四年（一〇六八）に即位したので、末法の時代に入ってから初めて皇位に即いた天皇ということになる。

鎌倉時代初期に史論書『愚管抄』を著した天台座主の慈円は、後三条天皇の治世について「世ノスヘ（末）ノ大ナルカハリメ（変わり目）」と捉えた。後三条天皇の登場とその新しい政治により、結果的にそれまで続いてきた摂関外戚体制が崩壊したことなどから、慈円は末法到来以後に即位した後三条天皇の時代を大きな変わり目と位置づけたのである。

後三条天皇は、平安時代後期に在位した天皇であり（在位一〇六八～一〇七二）、第七十一代とされる。約百七十年ぶりに摂関家を外威としない天皇として即位した。いわゆる摂関時代から院政時代へ移行する国家の転換期において、あしかけ五年という短い在位期間ながら、天皇主導により多くの画期的な政策を実行したことで知られている。一般的には、摂関政治に終止符を打ち、院政の前史を作り上げた天皇、また中世の基盤を形成した天皇などと捉えられることが多い。

天皇が果敢に親政を行えた背景には、その生母が摂関家の子女ではなく皇女（三条天皇皇女禎子内親王）であったため、摂関が外祖父とはならず、摂関家の外戚体制から解放されたことが大きかった。説話集の『続古事談』巻一には、関白藤原教通が氏寺興福寺の南円堂の造営を国司の重任（国司の私財で造営等を行わせ、その国司を再度同じ国に任じること）で行おうとした際、これに反対し、「関白・摂政の重く恐ろしき事は、帝の外祖などなるこそあれ。我は何とも思わんぞ」と言い放ったとされることは有名である。ここには天皇の剛毅な性格がうかがえよう。しかし、それ以上に天皇自身に国政を担う優れた資質や才識が備わっていたことが重要である。後世、人々は天皇の治績やその人となりをたたえて、「聖主」「聖帝」などと称した。

天皇としての在位期間の短さに対して、皇太子の時代は二十三年余りにも及ぶ長いものであった。その時代は異母兄の後冷泉天皇朝であり、政治を主導したのは関白藤原頼通であった。この間、国内では荘園の増大、天台宗の山門（延暦寺）・寺門（園城寺）両派の抗争、平安宮中枢部の焼亡、東北地方での争乱など、政治的にも社会的にも大きな変化や変動が生じており、朝廷はそれらの対応に苦慮し続けていた。後三条天皇は、長い皇太子時代を送ったが、その間、心静かに学問に励んで和漢の才智を極め、天下の政をしっかりと学んだ。そしてこれを即位後に行ったさまざまな善政（『続古事談』巻一）に生かしていったのである。

ところで、平安時代中期以降、何人かの天皇が自身の日記を書き残してきたように、後三条天皇も自ら日記を記していた。しかし、残念ながらそれは今日にまとまって伝存しておらず、わずかな逸文が伝わるのみである。

廷臣の日記についても、前後の時代に藤原実資の『小右記』や藤原宗忠の『中右記』があるのと比べて、後三条天皇の時代は源師房の『土右記』や源経信の『帥記』などが若干残っている程度であり、決して史料的に恵まれているとは言えない状況である。ただし、『百練抄』・『扶桑略記』・『本朝世紀』などの編纂史料、『栄花物語』・『今鏡』

などの歴史物語、『古事談』・『続古事談』などの説話集、さらに大江匡房の『江談抄』や慈円の『愚管抄』などの史料には、皇太子時代を含めて後三条天皇に関わる動静が多彩に記されている。当時の記録類に加え、これらの諸史料も広く活用することで、天皇の事蹟や人物像に迫っていくことができるものと思われる。

また近年は、後三条天皇の撰になる叙位・除目や宮廷年中行事などに関する儀式書の存在についても明らかにされてきており、天皇が在位した延久年間は、政治・経済・宗教などの各分野に加え、天皇による儀式の主導性という面からも改めて注目されるようになった。

以上のようなことを念頭に置き、本書では、四十年にわたる天皇の生涯をたどっていくこととする。

本書では、皇太子時代および践祚・即位・大嘗祭終了までは年次を追っての叙述を基本とするが、天皇在位期間においては、造宮（造内裏・造大極殿・築垣修造）、荘園整理、財政政策、儀式関係、宗教政策、京中・東北支配など、事業や政策の内容ごとに記す構成とした。そして、譲位から崩御に至る問題および后妃・皇子女等について述べ、最後に天皇の人物像と政治のあり方についてまとめることとしたい。

以下、本書で引用する漢文の史料は書き下し文とし、引用史料には意訳文を付したものもある。また女性名の読み方は多くが不明であるため、明らかなもの以外はすべて音読みとした。なお、末尾の参考文献についてはすべてを挙げることは難しいので、主要なものにとどめた。

令和六年（二〇二四）十一月

詫間直樹

目　次

口絵

挿図

挿表

第一　誕生・幼年期・皇太子時代

一　誕生

後三条天皇（尊仁親王）は、後一条朝の長元七年（一〇三四）七月十八日、酉刻（午後六時頃、これを申刻〈午後四時頃〉とする史料もある）、春宮亮源行任の邸宅において誕生した。源行任第は御倉町第ともいわれ、土御門北・富小路西に位置した。

父は皇太子敦良親王（のちの後朱雀天皇）、母は三条天皇の皇女で当時皇太子妃であった禎子内親王である。夜前より内親王に御産の気があり、関白藤原頼通以下多くの者が参入していた。父敦良親王には、これより先、万寿二年（一〇二五）八月に第一王子親仁親王（のちの後冷泉天皇）が生まれているので（母は藤原道長の娘嬉子）、尊仁親王は第二王子となった。関白頼通は親仁親王の外伯父なので外戚となるが、尊仁親王は生母が内親王ゆえ摂関家とは外戚関係を有しない。このことが、これ以降の宮廷社会、ひいては政治史全体の展開に大きな影響を及ぼすことになるのである。

御産所を提供した源行任は、醍醐源氏に属し、皇太子敦良親王に仕える官人であり、また藤原彰子の乳母の子に当たることから摂関家の家司（家政機関の職員）の一人でもあった。そうした関係から、行任第がこのたびの御産所に当てられたのであろう。ちなみに、後三条天皇が崩御した際の場所は、この行任の息子である源高房の邸宅であった。

乳母

新誕の尊仁親王の乳母には、高階平子・橘徳子・源成子の三人が任じられたようである。いずれも任命日は定かでないが、後三条天皇即位直後の治暦四年（一〇六八）七月二十五日に女叙位（女性を五位以上に叙す儀式）があり、平子と徳子は乳母として、成子は乳母兼宣旨としてそれぞれ位階が与えられている（『本朝世紀』）。高階平子は皇后禎子内親王の大進高階俊平の女、橘徳子は禎子内親王の乳母子橘俊経の親族、源成子は後朱雀天皇の乳母夫で源経成（中納言・検非違使別当）の女で、いずれも親王の父母の縁故者から選定されていることがわかる（角田文衞「皇太弟尊仁親王」）。

湯殿始の儀

誕生後には当時の宮廷貴族社会の慣わしにより、誕生を祝う各種の儀礼が執り行われた。まずは儀式としての浴湯である湯殿始の儀が御産所で行われた。誕生当日の子刻（午前零時頃）にはこの浴湯に合わせて読書・鳴弦の儀が行われた。読書の儀はその役についた官人が漢籍の書物を読むものである。尊仁親王の読書役には紀伝（中国の正史等を修める学科）より二人、明経（論語等の経書を修める学科）より一人がそれぞれ選ばれている。

この儀は、十九日・二十一日にも行われた。鳴弦の儀は読書役の後ろに並んだ官人が弓を持って弦を打ち鳴らし、邪気を払う呪術である（『御産部類記』等）。

産養

また誕生祝の儀として産養があり、二十日に三夜の儀、二十二日に五夜の儀、二十四日に七夜の儀が行われた。三夜の儀は本宮（母の禎子内親王）の政所（家政機関）が、五夜の儀は関白藤原頼通が、七夜の儀は父である皇太子敦良親王がそれぞれ主催している。

誕生時の世情

誕生年となった長元七年（一〇三四）の世情は次のようなものであった。誕生翌月の八月九日には、夜半から大風雨が発生し、京中大小の舎屋はもとより平安宮の内裏・八省院や諸司の庁舎などが多く倒壊・風損するという事態が起こった。また淀川の山崎では決壊が生じ、人畜に大きな被害が出た。損壊した平安宮の殿舎・門廊・堂などの修造については、朝廷は大々的に諸国に国宛（一国単位で経費を諸国の受領に課すこと）をして行わせた（『左経記』長元七年八月九日条・十九日条など）。同年十月には平忠常の乱の被害により、上総国の官物（平安時代中期以降の租税。従来の調庸や正税に相当）を四年間免じる措置が出されている。また、文化面では、『栄花物語』の正編（宇多天皇から後一条天皇の長元元年〈一〇二八〉二月まで）が成立したのもこの年とされている。

誕生前史

ところで、尊仁親王が誕生する以前、母方の祖父三条天皇や母禎子内親王らと摂関家の藤原道長・頼通・彰子らとの関係はどのようであったのか。これを確認するため、ここで親王誕生の前史を概観しておきたい。

三条天皇と藤原道長

まず三条天皇と藤原道長との関係についてみると、道長の娘妍子が天皇の皇后（中宮）となる。三条天皇には妍子のほかに、藤原娍子（故藤原済時の娘）が皇后に立てられたが、その立后日に道長は娘妍子の入内を設定して露骨な妨害行為に出た。また、三条天皇は眼病を患っていたことから、道長はそれを主な理由として、早期に敦成親王（のちの後一条天皇）への譲位を迫る。敦成親王が即位すれば、道長は待望の外祖父の地位を得ることができるからである。そこで三条天皇は譲位の条件として皇子敦明親王の立太子を挙げ、長和五年（一〇一六）正月二十九日にこれが実現する。

敦明親王と道長・頼通

次に敦明親王と道長・頼通との関係については、後一条朝の寛仁元年（一〇一七）五月に三条上皇が崩御したため、敦明親王は後見者を失い、同年八月に皇太子を自ら辞退する。これに伴い、一条天皇の皇子敦良親王（九歳）が立太子し、道長・頼通は長く外戚の地位を獲得する保証を得た。一方、皇太子を辞退した敦明親王には、「小一条院」という尊号と太上天皇に准じる待遇が与えられることとなった。

禎子内親王と道長・頼通

さらに禎子内親王と道長・頼通との関係についてであるが、まず長和二年（一〇一三）に三条天皇の皇女として禎子内親王が誕生する。母は道長の娘妍子である。女子であったことを道長は喜ばなかったというが、その後は治安三年（一〇二三）四月に着裳（女子の成年式で、初めて裳を着ける儀式）が行われ、この時は道長の計らいにより一品に叙された（『小右記』）。また万寿四年（一〇二七）三月、皇太子敦良親王（十九歳）の宮に禎子内親王（十五歳）が入る。この入宮については道長に加え上東門院彰子の意向によるところが大きかった。しかし道長は同年十二月、六十二歳で亡くなった。その後は、後朱雀天皇に対する頼通の婚姻政策の影響から、禎子内親王は内裏に居住することを止められるなど、頼通から冷遇されることになる。禎子内親王としては、父三条天皇に対する道長の振る舞いや、自身への頼通の対応などを通して、摂関家に対する反感の感情が広がっていったものと思われる。それが我が子の後三条天皇にも、直接あるいは間接に伝わっていったのであろう。

二　幼年期の諸儀

五十日の儀・百日の儀

生後の無事の生育を祝うため、幼年期の諸儀として長元七年（一〇三四）九月十三日に源行任第で五十日の儀が行われた。これは市で購入した餅を子に含ませる儀式で、祝宴が催された。本来は誕生五十日目に当たる九月八日に行われる予定であったが、その日が凶会日（陰陽道で干支の組合せによる凶日）に相当するため、五日後に延引されたものである

（『左経記』）。また生誕百日目に行われる百日の儀も、十月二十八日が坎日（陰陽道で万事に凶とされる日）に当たったので、翌二十九日に延引された（『左経記』）。

親王宣下・命名

その後、長元九年（一〇三六）四月十七日、後一条天皇の崩御により、父後朱雀天皇が践祚する。この時三歳であった親王は、同年十二月二十二日に親王宣下を受け、「尊仁」と命名される。そしてこの親王宣下は、九歳離れた異母兄の親仁親王（のちの後冷泉天皇）と同時に行われた。兄親仁親王が十二歳で親王宣下を蒙ったことは、摂関家を外戚とすることからすれば、かなり遅いと言える。そこに父敦良親王の何らかの意志が介在した可能性もあろう。一方、尊仁親王の親王宣下が三歳という早い年齢で行われたことは、逆に親王に対する父の期待の表れともみられる。

ちなみに、歴代天皇の中で諱に「尊」の字を有する天皇は、後三条天皇の「尊仁」以外に、後鳥羽天皇の「尊成」、後醍醐天皇の「尊治」がある。いずれも天皇および朝廷権威の伸張や国政の全権掌握を目指した点で相通ずるものがあり興味深い。

着袴の儀

翌々年の長暦二年（一〇三八）になり尊仁親王が五歳を迎えると、同年十一月二十五日に内裏の麗景殿において着袴の儀（五歳頃になり袴を着て成長を祝う儀式）が執り行われた。このたびの着袴では、父後朱雀天皇が直衣姿で臨御し、親しく尊仁親王の袴の腰を結んでいる（『春記』）。なお、儀式の場所が麗景殿となったのは、当時、清涼殿の建て替えが行われていたため、後朱雀天皇が麗景殿の東にある昭陽舎を御在所にしていたことと関わるかと思われる。

ところで、本日の着袴の儀について蔵人頭藤原資房はその日記に、総じて今日はいろいろとなおざりに扱われたが、これは関白頼通が冷淡な態度をとっていたからだと記している（『春記』）。ここからは、頼通の尊仁親王に対する処遇のあり方を明瞭にうかがうことができる。

初めての拝観儀

それから二年が経ち、長暦四年（一〇四〇）が長久元年と改元された。その年の十二月十七日、七歳の尊仁親王は初めて父天皇に拝観の儀（幼少の親王が正式に父に拝謁する儀式）を行った。前年六月に平安宮の内裏が焼亡していたため、拝観の儀が行われた場所は仮の内裏である里内裏の二条殿（二条南・東洞院東、藤原教通第）であった。この時の様子を藤原資房は「親王は歳初めて七歳、而るに進退は度あり。礼儀は失なし。上下感嘆せざるなし」と日記に記している（『春記』）。尊仁親王は七歳の幼少にして、父天皇への拝観の儀礼を滞りなく行うという優れた素質を発揮していたのである。

読書始の儀

長久三年（一〇四二）十一月五日には、九歳になっていた親王に対して読書始の儀が行われた（『皇年代略記』、『今鏡』、『栄花物語』）。読書始は書始ともいい、幼年期において男子が学問始として漢籍を読む儀式である（このほか読書始には、天皇の代始めや、年始に行われるものもある)。この儀は平安時代前期からみられるようになる。その挙行年齢は七歳から十七歳の間で一定しないが、七歳が最も多く、次いで八歳、九歳が多い(宮内庁書陵部編『皇室制度史料 儀制 成年式三』)。尊仁親王の九歳というのは、平均的な年齢であろう。こののち、同じく九歳で読書始の儀を行った例としては、幼帝の堀河・鳥羽・崇徳天皇などがみられる(『実隆公記』永正元年〈一五〇四〉十二月六日条ほか)。

読書始の儀で教授を務める役には侍読(教授役)と尚復(侍読の補佐役)がある。今回の侍読は式部大輔大江挙周、尚復は蔵人藤原実政が務めた。またテキストとなる漢籍は、通例に従い「御注孝経」(唐の玄宗による「孝経」の注釈書)が用いられ(『今鏡』)、儀式では「御注孝経序」の五字が読まれた。

三 立太子

後朱雀天皇譲位

寛徳二年(一〇四五)正月十六日、父後朱雀天皇は、病が重くなったため尊仁親王の異母兄で皇太子の親仁親王に譲位する。これにより後冷泉天皇が践祚したが、同じ日に後冷泉天皇の皇太子も定められた。それが尊仁親王であり、ここに親王の立太子が実現したのである。時に十二歳であった。

皇太弟尊仁親王

尊仁親王は新天皇の弟であったので、「皇太弟」と称された。これまでに皇太弟と呼ばれた人物としては、神野親王（嵯峨天皇）・大伴親王（淳和天皇）・成明親王（村上天皇）・守平親王（円融天皇）・敦良親王（後朱雀天皇）の例があった。このうち、成明親王以外は宣命などにおいて「皇太弟」と記されていることが確認できることから、公的にも皇太子ではなく皇太弟と呼称されていたものと考えられる。そして尊仁親王の場合も、元服の詔で「皇太弟尊仁」とみえる（『東宮元服部類記』巻二）。

立太子の事情

この尊仁親王の立太子において、藤原頼通の異母弟である藤原能信の尽力があったことはよく知られている。『今鏡』巻一などによれば、その事情は次のようなものである。

藤原能信が後朱雀天皇譲位の際に「尊仁親王の出家の御師はどなたにさせましょうか」と問うと、天皇は「尊仁親王の出家など考えておらず、次の東宮にしたいと思っている」と述べる。しかし、「頼通は立太子のことは急ぐことはないと言っている」とも言う。これに対して、能信は後朱雀天皇に「今、皇太子を決めなければ、機を逸するでしょう」と進言した。そこで天皇は譲位の宣命に尊仁親王立太子のことも載せることにしたのである。尊仁親王を将来の天皇にしたいという後朱雀天皇の意向が強かったため、これに賛成しかねる関白頼通も認めざるをえなかったのであるが（河野房雄『平安末期政治史研究』）、そこには皇位継承に関する天皇の明確な意志がはたらいていたのであろう。

藤原能信の立場

藤原能信は頼通と同じく父は藤原道長であるが、母は明子であって、その所生の兄弟（他に頼宗ら）は、道長の正妻倫子所生の兄弟（頼通・教通ら）に比べ昇進や待遇の面で差が付けられていた。こうしたことから、能信はかねてより頼通への対抗心を持っていた。また三条天皇の皇后（中宮）妍子の宮司（中宮職の職員）、小一条院（敦明親王、三条天皇皇子）の院別当（院庁の長官）を務め、皇后宮大夫として禎子内親王にも仕えており、三条天皇・禎子内親王・尊仁親王側の立場にいた人物である。敦明親王が皇太子の位を退くに当たり、道長への仲介を依頼した相手もほかならぬ能信であった（『御堂関白記』）。

なお、長久三年（一〇四二）に後朱雀天皇に入内していた藤原頼宗（能信の同母兄）の娘延子が天皇譲位時に懐妊中であり、別の皇太子候補が誕生する可能性もあったため、能信は尊仁親王の立太子を急いだとも考えられている（服藤早苗『藤原彰子』）。

後世、後三条天皇の皇子である白河上皇は、こうした能信の功績を重んじ、尊仁親王立太子に際する藤原能信の働きがなければ自らは皇位につくことはなかったことから、能信のことを呼ぶ際には必ず「殿」を付して呼んだという（『愚管抄』巻四）。

藤原頼通の立場

関白頼通は長暦元年（一〇三七）正月に養女嫄子（実父は敦康親王）を後朱雀天皇へ入内させており、嫄子からは祐子内親王と禖子内親王が生まれた。しかし、皇子の誕生はないまま嫄子は早くに亡くなった。また自身の娘である藤原寛子は幼かったため、寛子の後冷泉天皇への入内はまだいく分の年数を要した。頼通が画いた次の後宮構想は、後冷泉天皇の皇太子問題を先送りにして、その間に寛子を後冷泉天皇に入内させて皇子が誕生するのを待つというものであった。

しかし、能信に促された後朱雀天皇の最後の意志によって、譲位の宣命に尊仁親王の立太子が加えられることとなった。さすがに頼通も後朱雀天皇の強い意志には反対の態度を示すことはできず、これを容認したのである。そして後朱雀上皇は、譲位からわずか二日後に崩御した。三十七歳であった。

春宮坊官の任命

寛徳二年（一〇四五）正月十六日、尊仁親王の立太子に伴い、即日春宮坊官（皇太子の事務をつかさどる役所の職員）の補任が行われた。権大納言藤原能信は春宮大夫を兼ね、参議従三位藤原資房が春宮権大夫を兼任する。少し遅れて同年四月二十六日には春宮権亮に右近中将源資綱が任ぜられた（『東宮坊官補任』）。

亮については、寛徳二年正月時の人名が不明であるが、約二十年後の康平七年（一〇六四）十月には藤原良基が補任されたことが『東宮坊官補任』にみえる。しかし『尊卑分脈』藤原保家条には「春宮亮、内蔵頭、備後守、正四位下、康平七年閏五月卒」とあるので、亮は当初は保家であったが、保家が康平七年に死去したので、同年十月に良基がその後任になったのであろう。

東宮傅補任は遅れる

ただし、立太子の時点で東宮傅（皇太子を輔導する官職）は任じられず、それから一年十か月以上も経った永承元年（一〇四六）十一月二十七日にようやく藤原教通が東宮傅となった（『公卿補任』、『東宮冠礼部類記』）。これは翌月に東宮元服が行われることになり、その加冠役（冠をかぶせる役）を務めるため東宮傅が必要とされたからである。

壺切御剣

ところで皇太子の地位を象徴するものとして壺切御剣がある。壺切御剣は平安時代中期より皇太子の護身剣として伝承されてきたものであり、後鳥羽天皇の撰になる故実書『世俗浅深秘抄』には、後三条天皇の日記である「延久御記」（年月日未詳）の記すところとして「東宮御剣、壺切。蒔絵海浦、龍摺貝の如く有り。装束は青滑革。この事は諸家の記に見えず」とある。

この壺切御剣をめぐっては、大江匡房の談話等を記録した『江談抄』に、尊仁親王は藤原氏を母后としない皇太子ゆえ、立太子後も藤原頼通らの意向により壺切御剣が渡されなかったという伝承が載せられている。しかしその一方で、立太子の翌年（永承元年〈一〇四六〉）十一月二十二日に内裏へ行啓した際、宰相中将が内裏内で「御剣壺切」を持って前行したと記す史料があるので（『東宮御元服記』所引「土右記」）、摂関家の抵抗はあったものの、尊仁親王にも立太子後には他の皇太子と同様、壺切御剣が渡されていたと考えられている。

ただし、康平二年（一〇五九）正月に後冷泉天皇の皇居一条院が焼亡した際には、『百練抄』に「壺切剣、灰燼となる。東宮に献ぜられざるなり。」（『百練抄』）とみえる。これによれば、当時壺切御剣は尊仁親王の手許にはなく、後冷泉天皇の御在所である一条院に存しており、「東宮」すなわち尊仁親王に献じられていないままそこで焼失したことになる。先の永承元年十一月の内裏行啓の折は、確かに壺切御剣が皇太子尊仁親王に随伴していたが、その後はまた後冷泉天皇の御所に移されていたのであろう。そうした状況であったので、『江談抄』のような伝承が生じたのではなかろうか。

四　東宮元服

東宮元服の日を定める

永承元年、後朱雀上皇の喪が明け、同年後半に入ると、皇太子尊仁親王の元服のことが議題に上がるようになった。まず同年十一月十日に元服日の検討が行われ、日時の勘申（調査・報告）がなされた。これにより、元服の日取りはいったんは十一月二十六日と決められた。しかしその後、大嘗祭が行われる十一月には大小の諸事を行う例がないとして、元服の日程は十二月十九日と改められ（『東宮御元服部類記』巻四所収「土右記」）、その六日前に当たる十三日に元服の習礼（予行練習）が行われた。

当日の加冠と理髪

十九日当日、東宮元服の儀が平安宮内裏の紫宸殿において執り行われた。時に親王は十三歳。加冠役を東宮傅内大臣藤原教通が、理髪役(髪を調える役)を権中納言源隆国がそれぞれ務め、後冷泉天皇もこの儀に臨んだ。皇太子の元服の加冠役は東宮傅が務める慣例であったが、前述のごとく、立太子以後東宮傅が任命されていなかったことから、直前の十一月二十七日になって内大臣教通がようやく任ぜられたのである。

東宮元服の次第

このたびの東宮元服の儀は次のような次第で行われた。

後冷泉天皇が出御し、皇太子尊仁親王は加冠の座に着く。次いで理髪が髪を調え、加冠が冠を取って祝詞を述べる。次いで空頂黒幘(元服儀において加冠の前に着用する頭上の空いた黒色のかぶりもの)を脱し、皇太子に冠を加える。再び理髪が髪を調え、皇太子は退下し衣服を換える。次いで天皇の御前に進み拝舞(謝意を表すための礼の形式)する。天皇が還御する。その後、天皇の出御、皇太子の参上があ

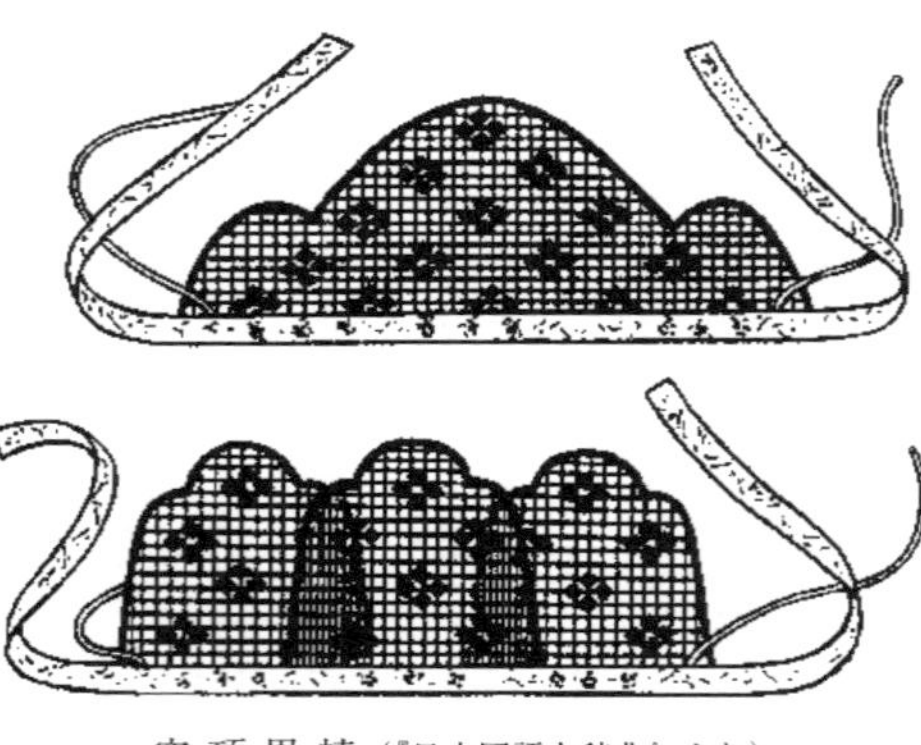
空頂黒幘(『日本国語大辞典』より)

り、宴が催され、また奏楽、賜禄が行われる（『東宮御元服部類記』所引「資房卿記」）。そして天皇が還御して儀が終了する。

なお、この儀で用いられた空頂黒幘については、当初は幼帝が天皇元服儀を行う時のみに使用され、皇太子の元服では用いられていなかった。しかし、応和三年（九六三）の皇太子憲平親王（のちの冷泉天皇）の元服以降、皇太子元服においても威儀を整えるために使用されることとなり、以後これが通例となった。

藤原茂子が副臥として入宮

皇太子尊仁親王の元服から二日後の十二月二十一日、権大納言兼春宮大夫藤原能信の養女藤原茂子が東宮の許に入った。いわゆる副臥である。茂子の年齢は不明であるが、尊仁親王より少し年長であったとみられている。まだ二人とも若年であったが、七年後、この茂子から貞仁親王（のちの白河天皇）が誕生することとなる。

藤原能信が養女茂子の皇太子入宮を実行するに当たっては、事前に関白頼通と彰子から許諾を得ていたことがあった。しかし、茂子の実父は中納言で亡くなった藤原公成であり、その出自の低さから皇太子妃としては問題があり、周囲からは今後不都合なことが起きるかもしれないと思われていた（『東宮御元服部類記』所引「春記」永承元年〈一〇四六〉十一月二十二日条）。この当時は後冷泉天皇への入内争いの方が喫緊の課題であって、すでに同天皇には章子内親王（後一条天皇皇女）が入内・立后していたが、いまだ皇子女は誕生していなかった。そこで頼通の弟教通は、娘の歓子（かんし）を入内させようと動いていた。歓子は実際、翌永承二年（一〇四七）に入内する。これに対して頼通はというと、自身の娘寛子（かんし）がまだ十一歳と幼く、通常、女子の成人年齢は十六歳が基準であったため、入内にはあと五年ほど待つ必要があった。実際、寛子が成長したあかつきには後冷泉天皇に入内させているので、皇太子尊仁親王の元服に際しては、頼通には養女を含めて皇太子尊仁親王に入れる適した娘がいなかったのである。

頼通の後宮政策

ただし、頼通は、後一条天皇の第一皇女章子内親王を後冷泉天皇に入れたのと同様に、後一条天皇の第二皇女馨子（さほこ）内親王を皇太子元服直後に東宮妃とすることもできなくはなかった。ではなぜ、頼通はこの対応を選択せずに藤原茂子の入宮を許容したのであろうか。当時の頼通の後宮政策を改めて考えてみる必要がある。

まず、永承元年（一〇四六）の時点で、十三歳の尊仁親王に対して馨子内親王は五歳年上の十八歳であった。尊仁親王は元服したといってもまだ若かったので、頼通は、皇子の誕生が期待できる年齢まで今少し待とうとしたのではなかろうか。実際、馨子内親王は五年後の永承六年（一〇五一）十一月八日に皇太子尊仁親王に入宮している（『帝王編年記』、『十三代要略』等）。この時、皇太子は十八歳であり、茂子から最初の聡子（そうし）内親王が生まれたのは、馨子内親王入宮の前年であった。その後、馨子内親王にも皇子女が生まれたが、いずれも夭折した。頼通の後宮政策は、第一に外戚関係のある後冷泉天皇に入れた自身の娘から皇子の誕生を待つことであったが、それが難しくなると、第二に皇太子尊仁親王のもとへ後一条天皇の皇女を入れることを選択したのである。かつて敦良親王（後朱雀天皇）に三条天皇皇女禎子内親王が入宮した一つの理由に、御堂流藤原氏（道長一門）以外の女子の入宮を牽制する意図があったが（長田圭介「後三条天皇と摂関家」）、それと同様の意味が馨子内親王の入宮にもあったものと思われる。

馨子内親王を詠んだ和歌

ところで、後三条天皇が皇太子時代に馨子内親王のことを詠んだ和歌が『後拾遺和歌集』巻十六（雑二）に伝わっている。

皇后宮みこの宮の女御と聞えけるとき、さとへまかり出でたまうにければ、そのつとめて、さかぬ菊につけて御消息ありけるに、　後三条院御製

まださかぬ籬の菊もあるものを　いかなる宿に移ろひにけむ

（皇后宮が東宮の女御といわれた時、里へ退出されましたので、その翌朝、つぼみの菊につけてお手紙がありました折の歌

このようにまだ咲かない垣根の菊もありますのに、〈花の色がうつろう菊ではありませんが〉あなたはどの家にお移りになってしまったのでしょう。）

この歌は、皇后馨子内親王が皇太子妃であった時代、里第（東宮御所の外の邸宅）に退出

することがあったので、皇太子はつぼみの菊のように花の色がうつろうことにかけて、内親王がどこの家に移ったのかを想って詠んだものである。ここからは皇太子の内親王への愛情が汲み取れるが、この場合、菊は天皇を表し、つぼみの菊はなかなか即位できない皇太子の状況を示すという解釈もなされている。

なお、後冷泉朝末期の治暦二年（一〇六六）七月二日には、故右大臣藤原頼宗の女昭子（しょうし）も皇太子の宮に入っている（『十三代要略』）。

続く東宮御所の焼亡

次に皇太子時代の東宮御所についてみておくと、永承三年（一〇四八）十一月二日に平安宮内裏が焼亡したため、皇太子尊仁親王は閑院（二条大路南の邸宅）に移住する（『十三代要略』）。しかし、その閑院も、翌永承四年六月二十三日に焼亡することから（『百練抄』）、尊仁親王はまた別所（三条第か）に遷御した。

その後も皇太子の御在所は、永承七年（一〇五二）八月二十日に失火が発生するが、この時はすぐに消火され大事には至らなかった（『春記』）。しかし、翌天喜（てんぎ）元年（一〇五三）十一月六日には御在所三条第（藤原能長（よしなが）第）が焼亡する（『扶桑略記』、『皇年代略記』）。よって皇太子はさらに別所に移御することとなった。この別所は再建された閑院と思われる。

病悩

皇太子時代、尊仁親王は何度か病にかかったが、そのつど、祈禱などによって治癒している。たとえば永承三年（一〇四八）六月、病悩（瘡病）により、東宮において大般若経を転読させている（『春記』）。

それより十五年後の康平六年（一〇六三）三月には、御燈（毎年三月と九月に天皇が北極星に灯火を献じて国家の平安を祈る年中行事）を行うに当たり神祇官に皇太子の吉凶を占わせ、同年六月にも同じく神祇官に七月より十二月に至る皇太子の運気を卜占させている（『朝野群載』）。

皇太子三十二歳の治暦元年（一〇六五）三月には、母皇太后禎子内親王が米三百斛を延暦寺中堂に寄進して、皇太子の厄運を祈禳している（『卅五文集』）。また同年八月には、皇太子が病になった際、皇太后の命により、性信（三条天皇の皇子師明親王）に孔雀経法を閑院に修させ平癒を祈らせている（『孔雀経御修法記』、『仁和寺御伝』）。

皇太子の明年の方忌を勘申

こうした動きの中、同年十二月十日、陰陽寮は、皇太子の明年の方忌（この場合は八卦の忌みによる方角禁忌）を勘申することとなった。その勘文（『朝野群載』巻十五）によれば、尊仁親王は長元七年（一〇三四）の甲戌年の生まれなので、治暦二年（一〇六六）には数えで三十三歳となる。そしてこの年齢の人物については、忌避すべき悪い方角が、坤（南西、遊年が所在）、震（東、禍害と鬼吏が所在）、坎（北、絶命が所在）に当たるという。加えて勘文には、小衰や大厄（ともに忌むべき日）などの日付も記載されている。これらの忌みは明年正月三日の立春より発生するものであった。

尊仁親王は右に述べたように、治暦元年、病により孔雀経法を修して平癒を祈ることなどを行っているので、翌年の八卦方忌についても特に注意して凶事に備えようとしたものと思われる。

その後、治暦三年（一〇六七）八月にも、病により同じく性信に孔雀経法を閑院にて修させ、平癒を祈願させている（『仁和寺御伝』等）。

五 東宮学士

四人の東宮学士

後三条天皇は、二十年以上に及ぶ長い皇太子時代に、心静かに学問に励んで和漢の才智を極め、天下の政をしっかりと学んだと伝えられる（『続古事談』）。そして皇太子時代に研鑽を積んだ各種の学問は、即位後に実施された諸政策や儀式・政務に大きく活かされることとなったが、こうした才識や人格の形成に大きな影響を及ぼしたのは、皇太子に仕えた四人の東宮学士であった。すなわち、平定親・藤原実政・藤原明衡・大江匡房の各儒者であり、いずれも当代随一の学識豊かな人物であった。

以下、四人の東宮学士について、任命された順にみていくこととする。

平定親

皇太子尊仁親王の最初の東宮学士となったのは平定親（九九五〜一〇六三）である。定親は親王の立太子が行われた寛徳二年（一〇四五）正月十六日、従四位上左中弁で文章博士・

備中介（びっちゅうのすけ）であり、この日東宮学士に任ぜられた（『弁官補任（べんかんぶにん）』）。それより先、定親は後朱雀天皇の皇太子時代にも東宮学士を務めていたので、このたびの補任も順当な人事であったと言える。その後、正四位下右大弁式部大輔となっていた定親は、康平四年（一〇六一）十月、病により職を辞した。この時六十四歳とあるので、東宮学士任命時は四十八歳であった。皇太子尊仁親王の年齢でみると、十二歳から二十八歳までの期間に当たり、皇太子の多感な青年時代を中心に、その前後の時期も含めて少なからず影響を与えたものと思われる。

『弁官補任』寛徳二年の平定親の項には、朱書で「凡そ官中大小の事、諸事、大弁（平定親）が須（すべから）く判ずるよう、関白左大臣（藤原頼通）が仰せ下された」という傍書が記されている。定親は、当時の弁官局業務の中心的存在として、関白頼通に認められていたのであろう。なお、「寛徳」の次の「永承（えいしょう）」という年号は、定親によって撰進されたものである（『改元部類』）。

藤原実政

藤原実政（一〇一九〜九三）は、式部大輔藤原資業（すけなり）の息子で、後朱雀朝の長久二年（一〇四一）正月、二十三歳で蔵人に任ぜられた。その後、前述したように長久三年十一月に行われた尊仁親王の読書始において、尚復の役を務めている。そして従五位上大内記（だいないき）であった永承五年（一〇五〇）十一月二十五日に東宮学士を兼任した（『公卿補任』、『東宮坊官補任』）。この時皇太子は十七歳であった。これ以降、実政は治暦四年（一〇六八）四月十九日に後三条天皇が践祚するまで東宮学士の任にあり、天皇即位後は侍読（天皇側近として学問を教授する役）となる。また天皇譲位後は院司別当にも補されたように、天皇の信任が非常に厚い人物であった。

その後、白河朝では蔵人頭、参議、大宰大弐などを歴任したが、大弐在任中に宇佐八幡宮との間で紛争が生じ、正八幡宮の神輿を射るという事件を起こした。このため、寛治二年（一〇八八）十一月、宇佐八幡宮の訴えにより伊豆国へ流罪となり、寛治八年にその地で没した。七十五歳であった。

実政は皇太子尊仁親王の東宮学士を十八年間にわたって務めた。しかし、その間皇太子は失意の時代が長く続いていたことから、実政は出仕をやめようとも考えていたという（『今鏡』）。そうした折、康平七年（一〇六四）三月四日、実政は甲斐守を兼任し任国に赴任することとなり、尊仁親王から次のような送別の詩を賜った（『今鏡』）。

くにの民たとひ甘棠の詠をなすとも、忘るることなかれ多くの年の風月の遊び

（州民がもし実政の国司としての善政を慕って引き止めようとしても、これまでの長い年月、風雅な遊宴をして楽しんだことを決して忘れないように。）

実政はこの詩を贈られて、皇太子への出仕から離れることを思いとどまり、東宮学士の任を続けることとなった。このような君臣の絆を語る内容は他にもみえ、両者の間柄

を「友だちにひとしといへり」（『十訓抄』）とするものもある（長見菜子「藤原実政考」）。

藤原明衡

藤原明衡（九八九～一〇六六）は、康平六年（一〇六三）十一月、式部少輔兼文章博士の時に東宮学士を兼任する。これは平定親が康平四年に東宮学士を辞したあとの後任である。東宮学士を兼ねる十年前の天喜元年（一〇五三）六月には、皇太子尊仁親王の第一王子貞仁親王誕生時の読書・鳴弦役を藤原実政とともに務めている。すなわち、皇太子は明衡の学識の深さを早くより知っていたのである。

明衡といえば、『本朝文粋』、『雲州消息』（『明衡往来』ともいう。受領など官人の日常活動に関する文例集）、『新猿楽記』（平安京の京中の活動状況を描いた記録）などの著者として有名であるが、近年は明衡が『陸奥話記』（前九年合戦の経緯を記した記録）の作者にも比定されており、皇太子は、明衡から前九年合戦など奥州の戦況に関する情報も得ていた可能性がある。

その明衡は治暦二年（一〇六六）十月に死去する。七十八歳であった。したがって、明衡の東宮学士在任期間は足かけ四年とさほど長くはないが、その間、皇太子は明衡から京や地方の実状を深く学んだものと思われる。

大江匡房

大江匡房（一〇四一～一一一一）は、治暦三年（一〇六七）二月六日に東宮学士に任ぜられた。藤原明衡死去の翌年である。時に二十七歳。これ以前、匡房は二十歳で治部少丞、次いで式部少丞の任に就いていたが、昇進とは縁がなかった。それゆえ、匡房は隠遁の望みを口にするようになる。しかし、これを聞いた中納言源経任が匡房を諫めた結果、東宮学士として皇太子尊仁親王に仕えることとなった。関白頼通は匡房が東宮学士に就くことについて不快であったが、皇太子はこれを喜んだという（『今鏡』）。また『今鏡』には、皇太子と匡房は「夜昼、文の道の御友」になったとも記されている。

天皇即位後、匡房は蔵人・中務大輔・右少弁などの職を歴任した。後述のごとく、天皇の肝いり政策として設置された記録荘園券契所では中心スタッフとして活動し、さらに左衛門権佐として京中の治安を担当するなど、天皇の親政を根底から支え、目覚ましい活躍をみせる（川口久雄『大江匡房』）。その意味から、後三条天皇の新たな政治は大江匡房という人物が存在して成り立ったとも言えよう。

以上四名の東宮学士について藤原実政を中心にみると、実政はまず平定親と、次いで藤原明衡とともにこれを務め、明衡没後は大江匡房と職を同じくした。また皇太子との関係では、実政が「友だちにひとし」、匡房が「文の道の御友」と称されたように、経書等の講義のやりとりをする中で、皇太子尊仁親王は、友とも言えるような学士を側近に置いていたのである。そして即位後においても、実政と匡房は天皇の親政を支える上で重要な役割を果たしていくこととなる。

天皇即位後の数々の新政の実現には、皇太子時代のこうした東宮学士の存在や、そこから学んだ多くの学識などが基盤になったことは間違いないであろう。

六　護持僧等

護持僧成尊

後三条天皇は、早くより仏教への信仰やその思想の理解を深めた。そこにおいて重要な役割を果たしたのが、天台・真言両宗派の高僧であり、特に天皇に近侍した護持僧である。天皇には五、六人ほどの護持僧がいたと伝えられるが、その中で皇太子時代より仕えた僧侶として成尊（一〇一二～七四）の存在が注目される。

護持僧の任命には母方の外戚が関与することが多いといわれる。成尊もその母が源俊賢の娘であり、その家系が春宮大夫藤原能信や春宮権亮源資綱に繋がっている。おそらくそうした関係から、成尊が尊仁親王の護持僧に選ばれたのであろう（奥田静代「後三条天皇と護持僧・成尊」）。成尊は仁海の弟子で小野流に属し、東寺長者にまで至る僧侶であるが、「延久の帝、儲位に在ること久し。尊きを以て法友となす」（『元亨釈書』巻九）と記されるように、皇太子時代の両者は「法友」でもあった。

真言付法纂要抄

このような関係からか、康平三年（一〇六〇）十一月には、皇太子尊仁親王の令旨によって、成尊が『真言付法纂要抄』（「小野纂要」とも）を撰進する。この書は天竺・大唐・日本の三国に及ぶ大日如来から空海までの真言八祖の行跡を説明したもので、空海が日本に住すことで天皇の福を増し、また神（天照大神）を「天照尊」、国を「大日本国」（大日如来の本国）と号するのは自然の理であると説く。「第二　践祚・即位礼・大嘗祭」で後述するように、後三条天皇が太政官庁で即位礼を挙行した際、成尊によって即位印明を伝授され、即位灌頂と同様の所作をしながら即位儀礼に臨んだのも、皇太子時代から仕えてきた成尊の著書や知識・思想に影響を受けてのことであろう。

後冷泉天皇調伏説話

ところで、兄の後冷泉天皇は、皇太子尊仁親王が成尊に命じて行わせた愛染王法の調伏によって崩御したとする伝承が存在する（『阿娑縛抄』、『白宝口抄』等）。『白宝口抄』には、後冷泉天皇は悪性の腫れ物によって崩じたと記しており、これが調伏によって生じたという理解であろう。また愛染王法は天竺などでは「国王の位」を得るために行う修法（『覚禅抄』）ともされることから、こうした伝承が生じたものとみられる。

ただし、成尊が愛染王法の修法を行ったことが事実だとしても、皇太子が兄天皇の調伏を命じたというような記録は存在しない。結果的に後冷泉天皇が重い疱瘡にかかって崩御し、後三条天皇が即位したことから、このような説話が生じたものと考えられる。当時の人々には、それだけ皇太子と成尊の繋がりが深いものと認識されていたからでもあろう。

東宮坊の帯刀舎人

護持僧とは別に、皇太子時代の側近で警衛を務めた人物に、源親元がいる。親元は長暦二年(一〇三八)生まれなので、皇太子より四歳年下になるが、東宮坊の帯刀舎人を務めたあと、治暦四年に皇太子が即位して天皇になったのちは衛門尉に転任し、検非違使として悪党追捕や禁獄の事を司った。その後、堀河朝の嘉保三年(一〇九六)正月に安房守に任じられ、その任中には善政を行ったと伝えられる。長治二年(一一〇五)六十八歳で没している(『元亨釈書』巻十七)。

また源親元については、本書「第六　日記と儀式書・年中行事書」で述べる後三条天皇撰『院御書』の一部とみられる『除秘抄』の左右衛門尉の頭書に、「府督の請にて任ず。/源親元は兵衛府の奏によりこれに任ず。/初めての事なり」とみえる。兵衛府の奏上による衛門府の任官は異例であったことから、わざわざ源親元の例が初めてであることを頭注したのであろう。そして天皇と親元との関係性から、この注記は天皇自身によって記されたということが推測されている(田島公「除秘抄」)。

以上のように、後三条天皇周辺には、皇太子時代から東宮坊官や護持僧など多彩で優れた人材が揃っていた。こうした人材によって、尊仁親王は長い皇太子の時代、さらには即位後の時代を支えられたのであった。

第二　践祚・即位礼・大嘗祭

一　践　祚

治暦四年（一〇六八）四月十九日の卯刻（午前六時頃）、後冷泉天皇が高陽院の中殿（清涼殿）にて崩御した。これにより後三条天皇は約二十三年に及ぶ長い皇太子時代を終え、同日、東宮御所となっていた閑院において践祚する。時に三十五歳の壮年であった。酉刻（午後六時頃）には左大臣藤原教通以下の公卿が閑院に参入し、剣璽渡御（先帝のもとから新帝に三種の神器のうち剣と璽を移す儀礼）が行われた。新天皇の関白には、前代の関白左大臣藤原教通が改めて任ぜられた（『本朝世紀』）。

翌二十日に予定されていた賀茂祭は停止され、建礼門において大祓が行われた。また同月二十六日には、高陽院より後冷泉天皇遺物の御厨子等が届けられ、これを後三条天皇が伝領する。次いで三十日には内侍所渡御（三種の神器のうち神鏡を移すこと）があり、神鏡が閑院の東廊に移された（『本朝世紀』）。

二条殿の修造

同年四月三十日には、関白教通第の二条殿作事始（修造の始めに行う儀式）の日時が勘申された（『園太暦』貞和四年〈一三四八〉十一月二十二日条）。平安宮内裏は先代に焼亡したまま未再建の状態であり、後三条天皇の当面の皇居としてまずは二条殿が選ばれたため、最初にその修造を行うことになったのである。

六月二十六日、天皇は閑院より故権大納言藤原長家の三条大宮殿に遷御する（『本朝世紀』、『百練抄』）。その遷御理由は明らかでないが、東宮御所から引き続き皇居となっていた閑院での居住に区切りをつけることになった。そして天皇はこの年九月四日、修造を終えた二条殿に遷御している（『百練抄』等）。

先帝に追号を奉る

なお、この間の五月五日には、先帝に「後冷泉院」の追号を奉り、後冷泉天皇の葬礼が行われた。これで一段落ついたのであろう、こののち後三条天皇は自身の即位礼に関わる諸事項の議定を開始し、親政が徐々に動き出すこととなる。

二　即位礼

即位礼等の公卿議定

治暦四年五月以降、即位礼や大極殿造営についての公卿議定が頻繁に行われた。平安時代には公卿（太政官の参議以上の議政官）が集まって重要事項を審議していた。これを公卿議定という。このうち内裏の左近衛陣で行うものを陣定（じんのさだめ）、清涼殿の天皇の前で行うものを御前定（ごぜんさだめ）という。このたびはこうした公卿議定により次のように進行した。

即位礼の儀場と大極殿造営の国宛

五月十一日、関白より二件の議題が諸卿に提議された。第一は大極殿が存在しない中で即位礼をどこで挙行するのがよいか。第二は年内に大極殿造営を終えるべきであるが、丹波一国の負担でよいか、それとも諸国に割り当てて造営すべきかというものである。この頃、内裏造営の費用負担については、諸国に割り当てる方式（「国宛（くにあて）」）が原則であったが、今回の大極殿については、規模が大きいものの一つの殿舎であるので、その造営の負担に耐えられる丹波一国への割り当てがまず考えられていた。

第一の件について、参議源経信（みなもとのつねのぶ）は太政官庁（だいじょうかんちょう）において行うべきかと言い、関白・右大臣・内大臣ほか五名がこれに同意する。一方、権中納言藤原能長（よしなが）と参議藤原能季（よしすえ）は大極殿の壇上に仮屋を建てて行うべきかと言う。

第二の件については、先の議定で丹波一国と定め、すでに材木も運びはじめていることから、まずは丹波国司の源高房（たかふさ）に堪否（かんぷ）を問い、その申す内容にしたがって考えることとなる（『御即位記（ごそくいき）』所引「師実公記（もろざねこうき）」）。

仮屋か太政官庁か

同月十九日、この日は仮屋を造って即位礼を行うべきか、はたまた太政官において行うべきかが議論された。公卿らは即位礼のような儀式を行うには太政官は狭小ゆえ、大極殿に仮屋を造って行うべきかという。ただし工人はそれは危険であると言っている。こうした内容が奏上されるが、未だ一定しない（『御即位記』所引「師実公記」）。

大極殿か太政官庁か

同月二十四日、仮屋造営の国宛の案については、大極殿や八省院の造営を宛てられている丹波・伊予・讃岐を除く十一か国に宛てるべしという。そこで陰陽寮に仮屋の木作始や立柱の日時を勘申させたところ、立柱の日が良くなかったのでその造営は行わないこととなり、大極殿造営完成後の十一月に大極殿で即位か、早期の七月に太政官庁で即位か、このいずれかで行うこととなった（『御即位記』所引「師実公記」）。

即位礼儀場の決定

六月二十一日、天皇は神祇官に行幸する（『本朝世紀』）。これは伊勢神宮に奉幣使を発遣し、即位の由を奉告するためであるが、天皇としては初めての行幸であった。そして、このことは即位礼の挙行日と場所がこの時点までに決定していたことを示す。それは本年七月に太政官庁で行うというものであり、早期の挙行を選択したのであった。

太政官庁・民部省の改修工事

ただし、太政官庁の区画だけで即位礼を行うにはやはり狭すぎるため、太政官庁の南に位置する民部省の一部を解体し、改修工事を行った上で太政官庁と一体的に使用することとなった（溝口正人「中世即位式の空間構造」）。その改修は、太政官の南門を壊して民部省の北垣に移築し、門の規模は新たに二間を加えて五間とした（『御即位記』所引「外記記」治暦四年七月二十一日条）。また、民部省の庇屋をもって外弁（即位礼や朝賀などの儀で会昌

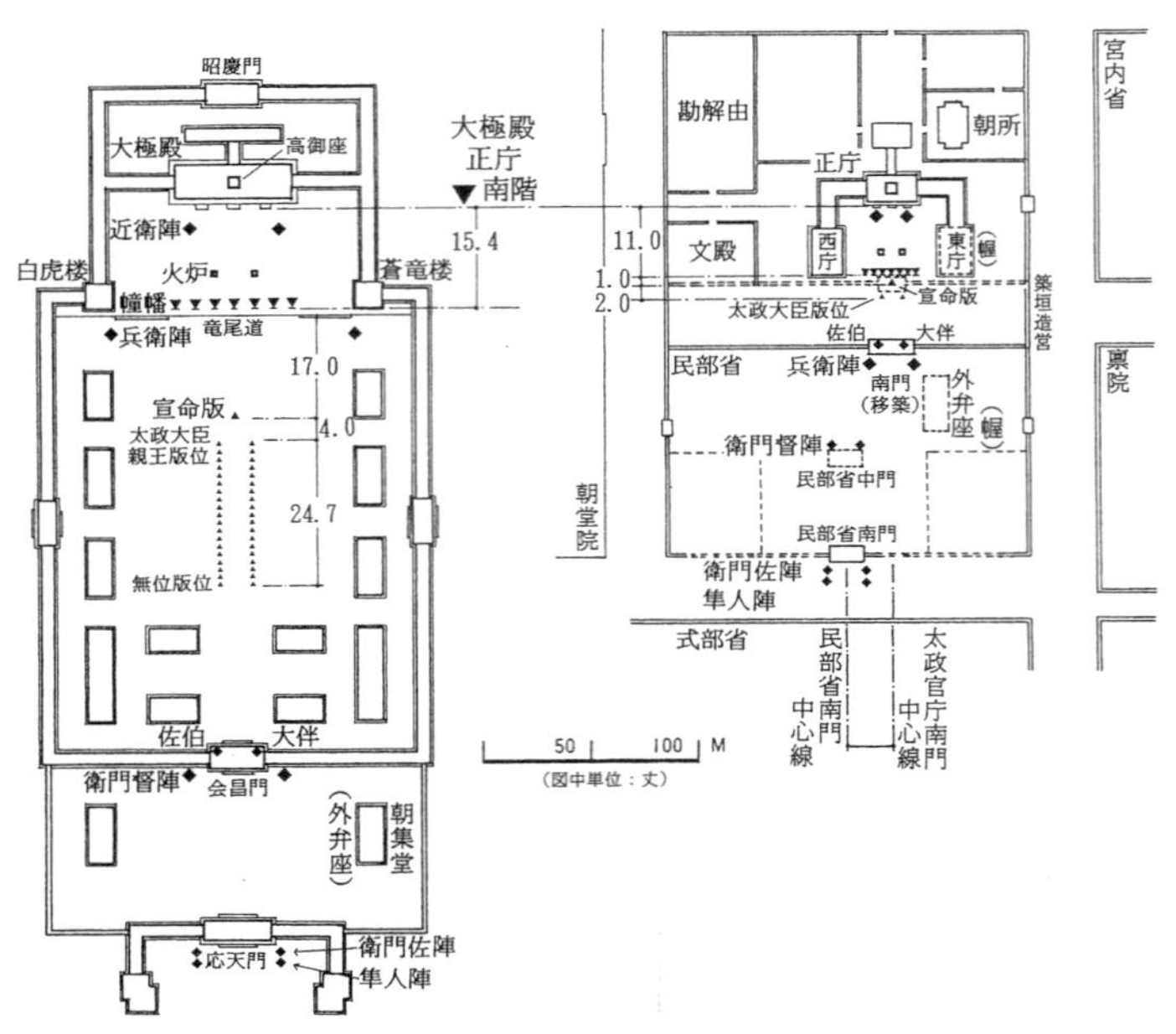

太政官庁・民部省での即位礼の儀場図（溝口正人「中世即位式の空間構造」より）
＊右側の図．左側は本来の儀場である朝堂院の儀場図．

門外にて諸事を司る公卿）の座とし、これを朝堂院（八省院）の朝集堂に擬した。さらに太政官の東庁の北廊小門を昭訓門に、西庁の北廊小門を光範門になぞらえて即位礼を行うことにした。

つまり、このたびの即位礼では、太政官庁と民部省の区画を一体化させ、これを大極殿・朝堂院の「みなしの空間」として使用することにした。このようにして太政官庁区画のみの狭さが補われたのである。

源師房が新式を書く

七月に入ると太政官庁での即位礼の準備が急ピッチで進む。七月六日、太政官の正庁で儀場の装束（鋪設）が定められ、十四日に右大臣以下の公卿がその設営の様子を確認している。十七日には内大臣源師房らが太政官庁において丈尺を打ち（距離の計測）、師房は新式（新たな儀式次第）を書いている（『御即位記』所引「雑記抄」）。今回は即位礼を初めて太政官庁で行うという新例が開かれたので、特にこうした新式が不可欠であった。

高御座の新造

そして七月十九日、即位礼で天皇が登壇する高御座が太政官庁に安置された（『経俊卿記』正嘉元年〈一二五七〉七月二十七日条）。今回の高御座は新造されたもので、下層・中層・上層の三層から成るものであったこと、また太政官庁の殿上の南栄（建物の南側の廂）には帽額（正殿の上長押にそって横にかけた装飾の幕）が懸けられたことなどが確認できる（『御即位部類』等）。

高　御　座（奈良文化財研究所提供）

庭上の鋪設

庭上の鋪設としては、従前同様、各種の幢幡（威儀のため正殿前の庭上に立てられた四神や万歳などの旗）が立てられたが、今回は儀場が本来の朝堂院に比べてスペース的に狭くなっていることから、儀仗（儀礼に用いる武器・武官）の配置が従前と異なる

太政官庁にて初の即位礼挙行

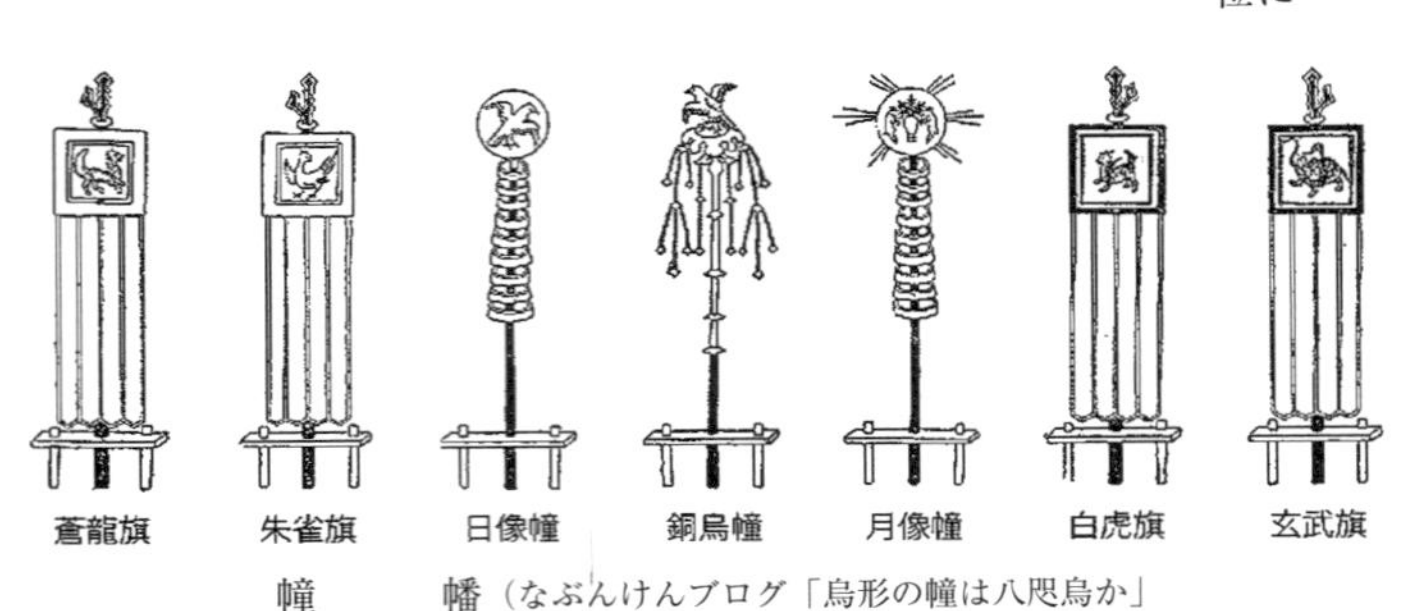

幢　幡（なぶんけんブログ「烏形の幢は八咫烏か」〈https://www.nabunken.go.jp/nabunkenblog/2019/04/20190415.html〉より）

など、場の実態に合わせた対応がなされている。

こうして、いよいよ即位礼当日の七月二十一日を迎え、太政官庁において初めて即位礼が挙行された。わが国において大極殿が成立して以後、それ以外の場で即位礼が行われるのは、内裏を儀場とした冷泉天皇以来のことである。当日は、里内裏となっていた三条大宮殿から太政官庁に午前中に行幸する。この間、所々においては築垣（ついがき）の上から見物者が群れをなして行幸の様子を見物していた。

即位礼の次第は『御即位記』所引「匡房卿記（まさふさ）」等に詳しく記されているが、その骨子は、天皇が高御座に出御、諸臣の拝礼、宣命使（せんみょうし）による即位宣命の読み上げ、再び諸臣の拝礼、という内容である。この日、内弁（ないべん）（儀式を統轄する第一の大臣）は右大臣藤原師実が務めた。未刻（午後二時頃）に「宸儀出御（しんぎしゅつぎょ）」すなわち天皇が高御座に出御する。この時、関白左大臣教通が天皇の左の手を、内大臣源師房が天皇の右の手をとって扶けた。その折、天皇は「烏舄」という黒色の皮靴をはいていたが、これにつき内大臣源師房は、前例では「赤舄」（黒い舄の表に朱を塗って赤くしたもの）をはくことになっていると指摘する。しかし天皇は「長元御記」（父後朱雀天皇の日記）を確認して「烏舄」を着したのである。また、高御座に着御の間はそれを脱ぐべきであるが、今回は脱がなかった。これは「履緒」（烏舄に付いた緒）があり、それが結ばれていたことによるという。

さらに、天皇は小安殿（仮殿）より高御座へ移動する間に手を結んだが、それは大日如来のような印であった。この所作は鎌倉時代後期に確立する即位灌頂と同様のものであり、後三条天皇がその嚆矢とされている。

即位灌頂

即位灌頂とは、即位礼の中で行われる密教儀礼である。灌頂とはもともと頭に水をそそぐという意味で、本来はインドにおける即位・立太子の儀礼であったが、のちに密教の中で取り入れられ、王の即位儀礼の一環をなすものとなった。

智拳印の図

具体的には、天皇が高御座につく際、両手で大日如来の印（智拳印）を結び、明（真言）を唱える作法である。鎌倉時代後期以降の例では、摂関家の二条家から天皇に印と明が伝えられる印明伝授と、即位礼において天皇が印を結び真言を唱える実修とが行われた。

後三条天皇の時は、関白からの伝授はみえず、天皇が手で印を結ぶ所作のみが初めて確認できる。すなわち、大江匡房の記録に「内府（源師房）説いて云く、（中略）三条天皇の御即位の時は、小安殿より笏を端して歩行すと云々。今度はしからず。主上（後三条天皇）この間、手を結ぶ。大日如来の印の如く、拳印（智拳印）を持す」（『御即位記』所引「匡房卿記」）とみえるものである。

太政官庁へ向かう際に結印

後三条天皇の母方の祖父に当たる三条天皇の即位時には、小安殿から高御座のある大極殿へ向かう際に笏を持っていたが、今回はそうではなく、後三条天皇が高御座に登壇する直前、高御座のある太政官庁正殿へ向かう間に大日如来の印のように「智拳印」を結んだというのである。

また後三条天皇が結んだ印について、九条家本『御即位次第』（嘉承二年〈一一〇七〉の鳥羽天皇即位に際して作成された儀式書で、作者は大江匡房とみられる）にも、後三条天皇が「一字金輪」（大日如来が唱えた真言の「ボロン」という一文字を人格化した仏）を御本尊としており、即位礼の際に大日如来のような智拳印を結んだことが記されている。天皇が一字金輪を信仰対象としたことは、「第七　神社および寺院政策」で後述するように円宗寺金堂に安置された本尊の仏像の一つが一字金輪像であったことからもうかがえる（樋笠逸人「嘉承二年の

『御即位次第』について」、同「中世の天皇即位と仏教思想」）。

護持僧成尊が伝授

なお、別の史料（定海筆『護持僧作法』〈醍醐寺文書一〇九函二九号〉）によれば、皇太子時代から護持僧を務めた成尊が後三条天皇即位時に「四海領掌印」を授けたともみられる（上島享『日本中世社会の形成と王権』）。この印と「智拳印」とが同じか異なるかは両説あるが、成尊が結印の作法を伝授したことはほぼ確実と思われ、鎌倉時代、伏見天皇が即位灌頂を実施した時にも同様の証言がある（『公衡公記』正応元年〈一二八八〉三月十三日条）。そこではさらに後三条天皇以後、時々真言僧の秘事としてこの伝授が行われていたとも説かれている。

後三条朝以後の即位灌頂の伝承

そこで、後三条朝以降、即位灌頂に関して密教僧らに語り継がれていった内容を若干挙げておきたい。

まず、次代の白河天皇も即位灌頂を行ったという伝承がある。すなわち、『三僧記類聚』（真言宗僧侶禅覚〈一一七四～一二二〇〉撰の仏書）の「帝王即位時に結印の事」には、「先年に建房記中よりこれを見出す。後三条院は白河院に奉授し給うと云々」とみえる。これによれば、後三条天皇が子の白河天皇に対して即位時の印を授けたとあるので、白河天皇の即位礼でも智拳印を結んだ可能性が出てくる（冨島義幸「塔・曼荼羅・王権」）。

また、摂政が関わっていたという説もある。同じく『三僧記類聚』の「帝王即位儀式に五瓶水を用いる事」に「兵部卿（平基親）入道云わく、五つの瓶に五色の水之を染める。を入れ、散杖を挿みてこれを置く。摂政これを麗ぎ奉るなり。後三条院は、我こそ麗がめとて、自らこれを用い行うと云々」という記事がそれである。

平基親（一一五一～？）の言によれば、天皇の即位礼において、五瓶水（灌頂儀礼で用いられる五智の瓶水）を麗ぐ所作が行われ、摂政がこれを奉仕したという。しかし、後三条天皇は自らが同様の所作を行ったということが述べられている（斎木涼子「神仏習合と仏教的天皇像」）。

そして、鎌倉時代後期の伏見天皇からは、関白が印明を伝授する即位灌頂が創出された（上川通夫『日本中世仏教形成史論』、小川剛生「即位灌頂と摂関家」等）。伏見天皇は、即位礼の二日前に自身の日記に「今夜、関白が即位の時の秘印等のことなどを申せしむ。委しく伝受せしめ了ぬ」と記している（『伏見天皇宸記』正応元年三月十三日条）。これによれば、関白二条師忠から天皇に事前に印明伝授がなされたことが明らかである。

以上のことから、後三条天皇は、即位礼の登壇直前に明確な意図をもって結印の所作を行ったものと言える。それは、皇太子時代からの護持僧成尊から授けられたものであった。また、天皇自身が即位に際して「五瓶水」を麗ぐなど何らかの密教儀礼を自発的に行っていた可能性もある。そして天皇のこのような作法が起点となって、宮廷社会では約二百年の長きにわたり秘かに伝承され続け、鎌倉時代後期以降には摂関家（二条家）

に受け継がれて印明伝授が実施され、即位灌頂が確立することになるのである。

結印の所作を始めた理由

では、なぜ後三条天皇は大日如来と同様の印を結ぶ所作を実行したのであろうか。それは、「はじめに」でも述べたように、当時すでに末法の時代に入っており、天皇が末法の時代になって初めて即位したことと関わっているものと思われる。すなわち、仏法が衰退すると言われる末法の時代に、大日如来と一体化することによって、国家を統治する天皇としての正当性を獲得する手段として、密教の修法が構想されたからであろう（松本郁代『天皇の即位儀礼と神仏』）。その一つの表れが即位礼での結印であった。

即位礼当日の叙位・賜物・免租

即位礼当日には、伊勢神宮以下諸社の神職の禰宜・祝等の位一階が進められた。また、諸寺の智行聞えある者、並びに僧尼の年八十以上、および畿内の鰥寡孤独（古代国家の保護の対象となった者の総称。鰥は六十一歳以上で妻がいない、寡は五十歳以上で夫がいない、孤は十六歳以下で父がいない、独は六十一歳以上で子がいない者）で自立生活ができない者などに賜物が行われ、さらに、康平三年（一〇六〇）以前の未納の税（租）がことごとく免除された（『御即位記』）。

即位の由を先帝陵に奉告

八月十二日、天皇は、山階陵（天智天皇陵）以下計九陵の先帝陵に勅使を発遣し、即位の由を奉告した。『本朝世紀』等によれば、勅使が発遣された陵は、天智天皇陵のほかに桓武天皇陵の「柏原」、嵯峨天皇陵の「嵯峨」、仁明天皇陵の「深草」、光孝天皇陵の「後田邑」、醍醐天皇陵の「後山階」、村上天皇陵の「村上」、さらに三条天皇陵の

「観隆寺」、後朱雀天皇陵の「円教寺」が選ばれている（黒羽亮太「観隆寺陵」、佐藤亮介「即位山陵使の成立と展開」）。ここに三条天皇陵が勅使発遣先に入っている意味は大きい。それは追号の継承に加え、後三条天皇にとって母方の祖父に当たる三条天皇を、自身の皇統のうえで円融天皇系と同等に重要視していたことを示しているからである。

なお、翌十三日には、山階（天智天皇）と円教寺（後朱雀天皇）の二陵に対し、大極殿造営の由を奉告する山陵使も立てられた（『本朝世紀』）。

三　大嘗祭

大嘗祭に至る諸儀

治暦四年（一〇六八）七月に即位礼を終え、翌八月からは大嘗祭関連の儀式・行事が本格化する。

まず八月二日に大嘗会国郡卜定が行われ、悠紀には近江国愛智郡が、主基には備中国英賀郡がそれぞれ選ばれた。大嘗祭では新穀を奉納するための国郡が定められるのである。十九日には朱雀門で大嘗会の事により、建礼門で大奉幣の事によりそれぞれ大祓が行われた。また九月十三日には、大嘗会御禊次第司・装束司等が補任される（『本朝世紀』等）。

太政官朝所に遷幸

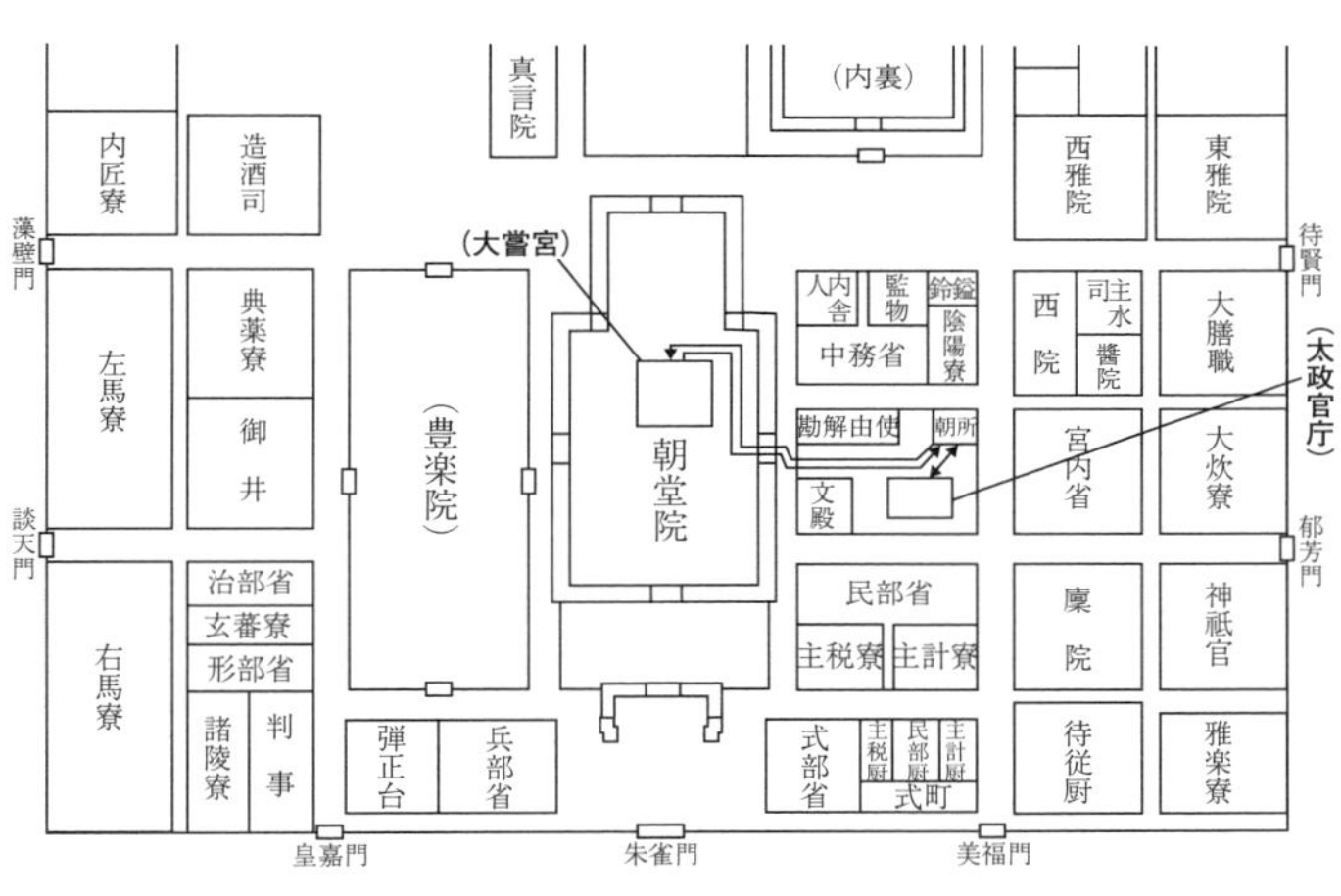

大嘗祭関係の天皇の移動
(古代学協会・古代学研究所編『平安京提要』所収「平安宮推定復元図」をもとに作成)

十月二十五日、天皇は里内裏二条殿より太政官朝所(あいたんどころ)に遷幸する(以下、大嘗祭に関する宮内の天皇の移動については図を参照。一部推定を含む)。これ以後、大嘗祭関係の儀式が終了するまでの約一か月間、朝所が天皇の御在所となる。そして大嘗祭前の重要な儀式である大嘗会御禊を行うため、同月二十八日、朝所より東河(鴨川)への行幸が行われた(『師記』、『本朝世紀』)。

十一月十三日、大嘗会御祈(おいのり)により伊勢神宮・石清水八幡宮・賀茂社に奉幣使を発遣する。十七日には、権中納言藤原忠家(ただいえ)・左大弁藤原泰憲(やすのり)・参議源経信(つねのぶ)らが大極殿・大嘗宮(だいじょうきゅう)の造営の進捗状況を巡検する(『師記』)。また二十一日には大嘗会叙位が行われ、悠紀・主基を務めた近江守藤原憲輔・備中守藤原定綱をはじめ、多くの関係者に叙位がなされた（『本朝世紀』）。

十一月二十二日は卯の日で大嘗祭の挙行の日である。右大臣藤原師実の記録（『大嘗会記』所引「師実公記」）から、この日の様子をみてみよう。師実はまず完成した大嘗宮の各所をまわって見て歩いた。夜の八時頃からは激しい雨となったため、天皇はしばらく大嘗宮への行幸を見合わせていたが、すでに刻限は過ぎていたので、雨の中、亥刻（午後十時頃）に至り、御在所としていた太政官朝所より廻立殿に行幸した。子刻（午前零時頃）、天皇は大嘗宮の悠紀殿に出御する。関白教通は廻立殿に帰り、内大臣・小忌上卿（大嘗祭を担当奉行する上首の公卿）・参議は幄舎（幕を張った仮設建物）に向かうも、雨により応天門に座を改める。悠紀殿の儀を終え、天皇はいったん廻立殿に還御する。雨もようやく上がり、次いで天皇は主基殿に出御する。主基殿の儀を終え、再び廻立殿に還御する。

辰刻（午前八時頃）になり、天皇は装束を改めて、御在所（太政官朝所）に還幸する。巳刻（御前十時頃）には公卿以下も退出する。この時、大嘗宮より北方を望むと、北山には山上に積もった雪が白く輝いていた。

大嘗宮の場所

ところで、このたびの大嘗宮の設営場所については、『本朝世紀』治暦四年十一月二十二日（辛卯）条に「官庁において大嘗会のこと有り。これより先、吉を択び、悠紀・主基国は龍尾道前に大嘗宮を造る。木工寮は廻立殿を造る」と記される。

ここでは「官庁において大嘗会のこと有り」とあるので、大嘗会（大嘗祭）が太政官庁において行われたように解されるが、一方で、先に吉日を選んで悠紀国（近江）・主基国（備中）が龍尾道前に大嘗宮を造営したとも記している（廻立殿は木工寮が造営）。

そもそも、大嘗宮は八省院の龍尾道前に造ることが本来のあり方であること（『儀式』等）、太政官庁の庭に大嘗宮を造るにはスペース的に狭いこと、当日は雨で、公卿の多くが応天門に赴いたとあること（『帥記』、『大嘗会記』所引「師実公記」）などから、今回も大嘗宮は従前と同様に八省院の龍尾道前の朝庭に建てられたことが確実である。

では、『本朝世紀』の「官庁において大嘗会のこと有り」という記載はどのように考えればよいのであろうか。これについては、大嘗祭（大嘗宮の儀）の翌日から三日間行われる節会（辰日節会・巳日節会・豊明節会）がいずれも太政官庁を式場としているので、『本朝世紀』の記載は、太政官庁において大嘗祭の節会がある、ということを示しているのであろう。節会の本来の儀場は豊楽院であるが、これも康平六年（一〇六三）に焼亡したのち未再建であったため、太政官庁が代わりに用いられたのである（詫間直樹「後三条天皇と大嘗宮・太政官庁」）。

辰日節会

二十三日は辰日節会の日である。儀場は太政官庁に加え、即位礼と同じく民部省の区画も併せて用いられたようである。太政官庁の正庁には悠紀帳と主基帳という帳台

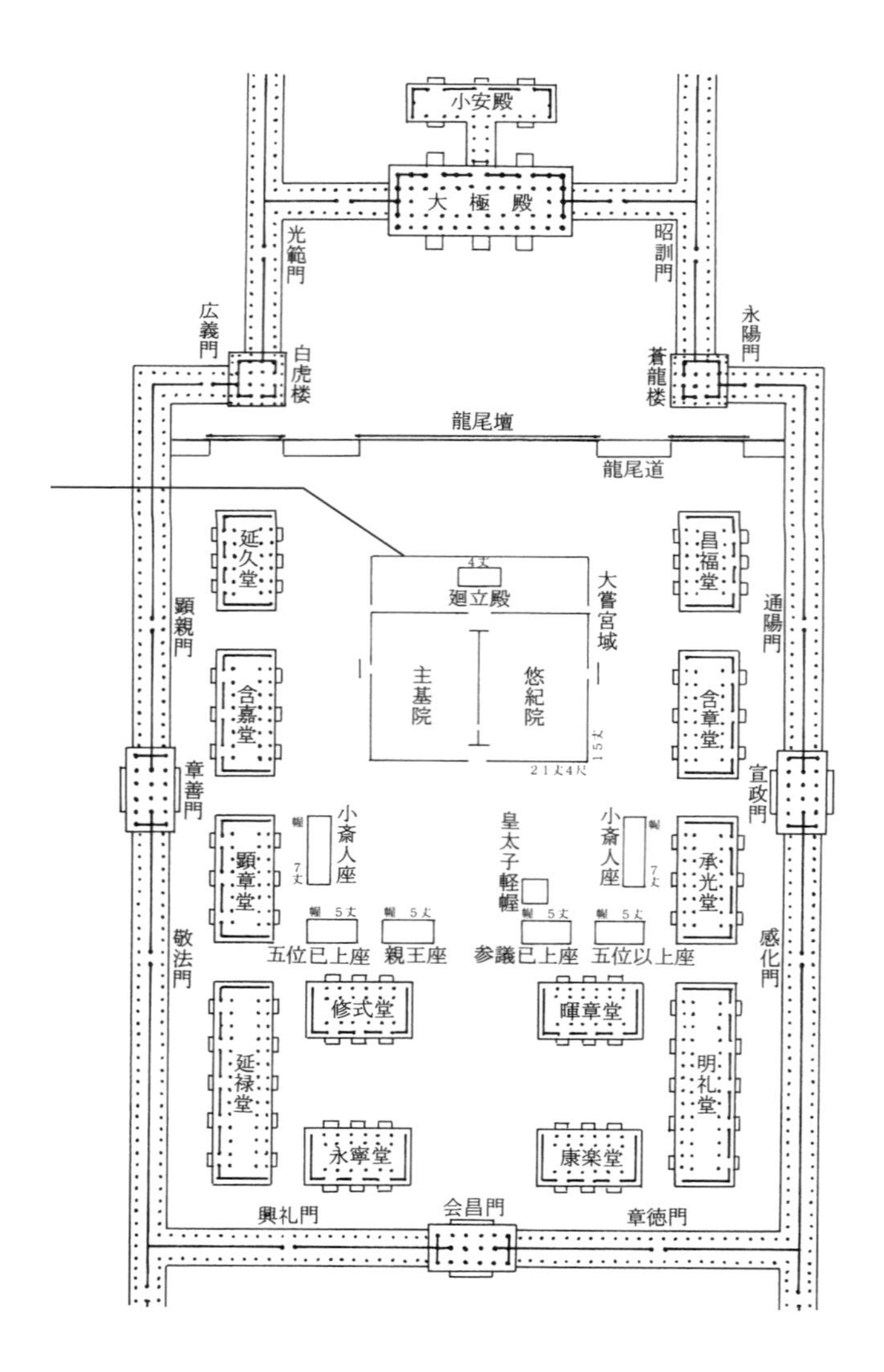

小安殿
大極殿
光範門
昭訓門
広義門
白虎楼
永陽門
蒼龍楼
龍尾壇
龍尾道
延久堂
昌福堂
4丈
廻立殿
大嘗宮域
顕親門
通陽門
含嘉堂
主基院
悠紀院
含章堂
15丈
21丈4尺
章善門
宣政門
顕章堂
小斎人座
7丈
皇太子軽幄
小斎人座
7丈
承光堂
5丈
5丈
5丈
5丈
五位已上座
親王座
参議已上座
五位以上座
敬法門
感化門
修式堂
暉章堂
延禄堂
明礼堂
永寧堂
康楽堂
興礼門
会昌門
章徳門

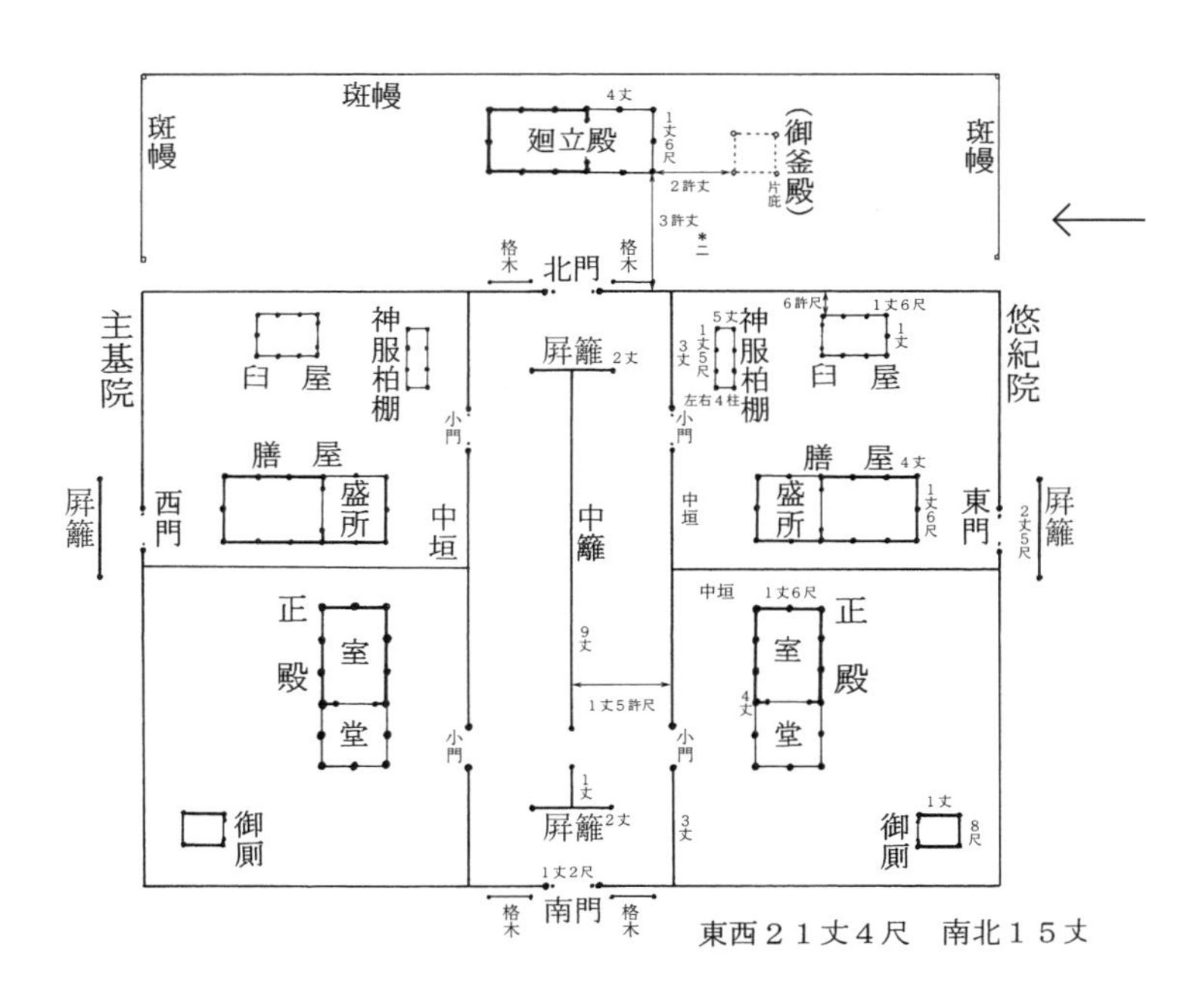

朝堂院内の大嘗宮図
（皇學館大学神道研究所編『訓読註釈 儀式 践祚大嘗祭儀』をもとに作成）

（四面にしきりの布を懸けめぐらした天皇の座所）が置かれ、まず悠紀帳に、次いで主基帳に天皇が出御し、節会の儀が執り行われた（『師記』）。

巳日節会

翌二十四日は巳日節会である。この節会も前日同様に悠紀・主基の御帳に天皇が出御して行われた。ただし、正庁の間数が狭小であったため、晴御膳を供する際には本来は用いられない中央の階段が用いられた（『愚昧記』元暦元年〈一一八四〉十一月二十日条）。

清暑堂御神楽

またこの日の夜には清暑堂御神楽が行われた。清暑堂御神楽は本来は豊楽殿の後殿である清暑堂において巳日節会の日に行われた神楽であるが、清暑堂焼失後は小安殿の南廊で行われ、名称のみが残った。今回は太政官朝所に御座をしつらえ、太政官正庁と後房の間に設置された廊下（南廊）に畳二行を敷いて上達部（公卿）の座とした。御神楽は長時間にわたって行われたようで、終了後の賜禄は明け方の卯刻（午前六時頃）に及んでいる（『師記』、『御遊抄』）。

豊明節会

二十五日の午の日には未刻（午後二時頃）より天皇が高御座に出御し、豊明節会が行われた。この日は前日まで太政官正庁にあった悠紀帳と主基帳が撤去され、中央の高御座を装飾して使用した（『師記』、『本朝世紀』）。

なお、大嘗会の時に代々の天皇が着する玉冠が応神天皇の御冠とされ、それが後三条天皇の頭にちょうど合ったので、天皇は常々そのことを自賛していたという逸話が残されている（『古事談』巻二）。石清水八幡宮（祭神は応神天皇ほか）への崇敬とともに、応神天皇への尊崇の深さを示すものと言える。

二条殿に還幸

こうして卯日の大嘗祭から始まり、その後の三日間の節会も滞りなく終了し、十一月二十六日、天皇は里内裏二条殿に還幸した（『本朝世紀』、『扶桑略記』）。また二十八日に女叙位、二十九日には大嘗祭が終わったことによって大祓がなされた（『本朝世紀』）。

今回の即位礼・大嘗祭の意義

以上にみてきた後三条天皇の即位礼と大嘗祭の意義についてまとめるならば、第一に平安宮の大極殿がないことから太政官庁を代替施設とし、そこで即位礼と大嘗祭の節会を行ったことである。平安時代末期から鎌倉時代にかけて大極殿や平安宮内裏が廃絶していく中で今回の例が吉例とみなされ、太政官庁の儀場としての存在価値が上がり、鎌倉時代以降も長く続くこととなった。

第二に即位礼の中で天皇が大日如来の手印（智拳印）を結び、鎌倉時代に確立する即位灌頂と同様の所作が初めて行われたことである。これは天皇と仏を結びつけ、天皇の権威と正当性を象徴するものとして後世まで受容されていったのである。

里内裏二条殿焼亡

翌月の十二月十一日、蔵人町より出火し、申刻（さるのこく）（午後四時）、里内裏二条殿が焼亡してしまう。よって天皇は東二条第の御堂（仏像を置いた堂）にいったん避難し、亥刻（午後十時）に及び、践祚当初に皇居とした閑院に行幸し、再びここを臨時の皇居とする。二条殿焼亡により、内印や累代の御物等が多く焼失してしまい、わずかに櫃二合のみが取り出された（『師記』、『本朝世紀』、『扶桑略記』）。焼失した内印は翌年の四月に改鋳された（『勘例』）。また二条殿の火災では壺切御剣も焼失したので、その後、改めて製作されたらしい（『有職抄』）。この日の行事である神今食は、皇居の火事によって延引された。

藤原正家の逸話

さらに、この里内裏二条殿焼亡の時のこととして、右少弁藤原正家に関する逸話が伝わる。二条殿が焼亡したが、近くに殿上人（清涼殿の殿上間に昇ることを許された者）・上達部などの侍臣がおらず、天皇は一人で南殿（二条殿内の南の殿舎で紫宸殿に相当）に移った。その時、天皇の知らない者が内侍所（神鏡のこと）を運び出し、右近陣に避難するための御輿を準備した。そこで天皇が「おまえは誰ぞ」と問うたところ、その者は「右少弁正家です」と答えたので、弁官ならば近くに伺候するように命じたというものである（『今鏡』巻一、司召）。正家はこれ以後、大江匡房とともに重用され、天皇の親政を支えていく側近の一人となるが、天皇が正家の才覚を認める契機となったのが、この二条殿焼亡であった。

十二月二十八日、天皇は閑院より新たな皇居三条大宮殿へ遷御した。実は、先に決定されたのは東三条殿であったが、故権大納言藤原長家の三条大宮殿に移ることになった（『師記』、『園太暦』貞和六年〈一三五〇〉十二月二十四日条）。場所が変更された理由については、十二月十七日の陣定(じんのさだめ)で閑院から東方に当たる東三条殿への遷御は忌方に当たるとされたので、それと方角の異なる三条大宮殿（閑院からは西南の方角）が選定されたのであろう。

追儺

治暦四年の大晦日となる十二月三十日には、悪鬼を追い払う行事である追儺(ついな)が行われた（『帥記』）。後三条天皇にとって、待望の皇位に就いた年の一年目がここにようやく終わったのである。

四　代始めの諸儀

延久に改元

年が改まって治暦五年（一〇六九）となり、その四月十三日に年号が「治暦」から「延久(えんきゅう)」へと改元された。代始めに伴う改元である。「延久」の出典は『尚書(しょうしょ)』君奭(くんせき)（中国周(しゅう)の政治家召公(しょうこう)）の注に「我（周公旦(しゅうこうたん)）、道を以て惟(こ)れ寧王(ねいおう)（周の文王）の徳を安んじ、謀りて延久を欲するなり」（私周公旦は道に従って文王の徳を守り、それが延びて久しく続くことを望んでいる）と記すものである。

今回、年号の勘申が命じられたのは、式部大輔藤原実綱(さねつな)・文章博士藤原実政(さねまさ)・同藤原正家(まさいえ)であった。実綱は「元徳」「延久」、実政は「嘉徳」「治徳」、正家は「永保」「成徳」「承保(じょうほ)」を勘申した。年号定(ねんごうさだめ)において参議源経信(つねのぶ)は「嘉徳」、権大納言藤原能長(よしなが)は

「承保」「成徳」、右大臣藤原師実と内大臣源師房は「延久」をそれぞれ支持した。このうち「成徳」は「成」に「戈」が含まれていることから問題ありとして外され、「嘉徳」「承保」「延久」の三案が奏上された。これにつき、天皇からは一つに定めて奏すべしという仰せがあったことから、最終的に「延久」が奏上され、そのまま決定となった（『改元部類』、『元秘別録』）。

こうして延久の年号は、延久六年（一〇七四）八月二十三日に白河天皇が「承保」と改元するまで続いた。後世、延久聖主、延久の善政、延久新制（延久荘園整理令）、延久の宣旨枡など、「延久」を冠する語が多く使用されたように、「延久」は、後三条天皇やその時代を象徴するものとなり、十世紀の「延喜」（醍醐天皇の時代）・「天暦」（村上天皇の時代）と同様に、聖主・聖代観を強く認識させる元号となったのである。

八十嶋祭

また、新天皇の代始めに関わる諸儀の一つとして八十嶋祭がある。この祭は大嘗祭の翌年に難波津において行われる臨時の祭祀であり、即位儀礼の一環として実施された（『江家次第』等）。史料上の初見は文徳天皇の嘉祥三年（八五〇）である。京より女官（典侍）が御衣筥（天皇の衣を納めた筥）を難波津に持参し、宮主が築いた祭壇にて禊ぎを修めるものである。

後三条天皇の八十嶋祭については、延久元年（一〇六九）十月十一日に八十嶋祭使が立てられているように（『陰陽博士安倍孝重勘進記』）、従前通り大嘗祭の翌年に行われた（『江家次第』）。

なお、神社関係では、同年三月に石清水八幡宮に、八月に賀茂社にそれぞれ代始めの行幸が行われている。これについては、「第七　神社および寺院政策」で後述する。

一代一度仁王会

さらに、同年十二月二十日には、一代一度仁王会が行われた（『扶桑略記』）。これは天皇の即位に伴い「仁王般若経」を講説させる法会であり、これも大嘗祭の翌年に行われることが多い。『延喜式』玄蕃寮には、京内の諸殿・庁舎・諸寺、諸国国分寺等、合わせて百座を設け、斎会を行わせるとある。『江家次第』巻十五（践祚、一代一度仁王会）によれば、このたびの例は京中に三十三座、諸国に六十六座が設けられたという。京中の三十三座の内容は次のようなものである。

中殿（清涼殿）、南殿（紫宸殿）、大極殿、豊楽殿、武徳殿、朱雀門、羅城門、両院（上東門院・陽明門院）、四后（太皇太后藤原寛子・皇太后章子内親王・皇后藤原歓子・中宮馨子内親王）、春宮（貞仁親王）、太政官、外記庁、中務省、式部省、民部省、兵部省、大蔵省、宮内省、左京職、右京職、左近府、右近府、左衛門府、右衛門府、左兵衛府、右兵衛府、東寺、西寺、聖神寺（上賀茂社の神宮寺）。

このうち、南殿や諸院・諸宮などには各七僧が、それ以外には各三僧が配された。座数の合計は九十九座なので、百座とするために京中をもう一座増やして三十四座と定めるべきか、とも記されている。

これにより、治暦四年から翌延久元年にかけて続いた即位関係の一連の儀式行事が終了した。

第三　平安宮造営事業

一　後冷泉朝の平安宮と寺院

後冷泉朝の平安宮の状況

後三条天皇が皇位についた治暦四年（一〇六八）四月当時、平安宮は、内裏・中和院（中院）・大極殿・八省院・豊楽院といった主要建造物が前代に焼亡したままで存在せず、これまでで最も荒廃した状況を呈していた。したがって、後三条天皇の最重要課題は、こうした平安宮の中心施設を再建することであった。その具体相を検討する前提として、時期は遡るが、まずは前代の後冷泉朝における平安宮の衰退の様相をみておこう。

内裏・大極殿等の焼亡

後冷泉天皇の時代、天喜六年（一〇五八）二月二十六日に、平安宮内裏・大極殿等が焼亡した。「亥刻（午後十時頃）、八省院並びに新造内裏・中院、間時に（またたく間に）灰燼となる。残る所は八省は応天門と同左右楼、内裏は建礼・朔平・宜秋門と桂芳坊等なり。大臣・公卿が馳せ参る。鶏鳴（明け方）に火は滅す」（『定家朝臣記』）とあるように、二年前に再建され未使用のままであった新造内裏、中和院、八省院のほとんどが焼失してしま

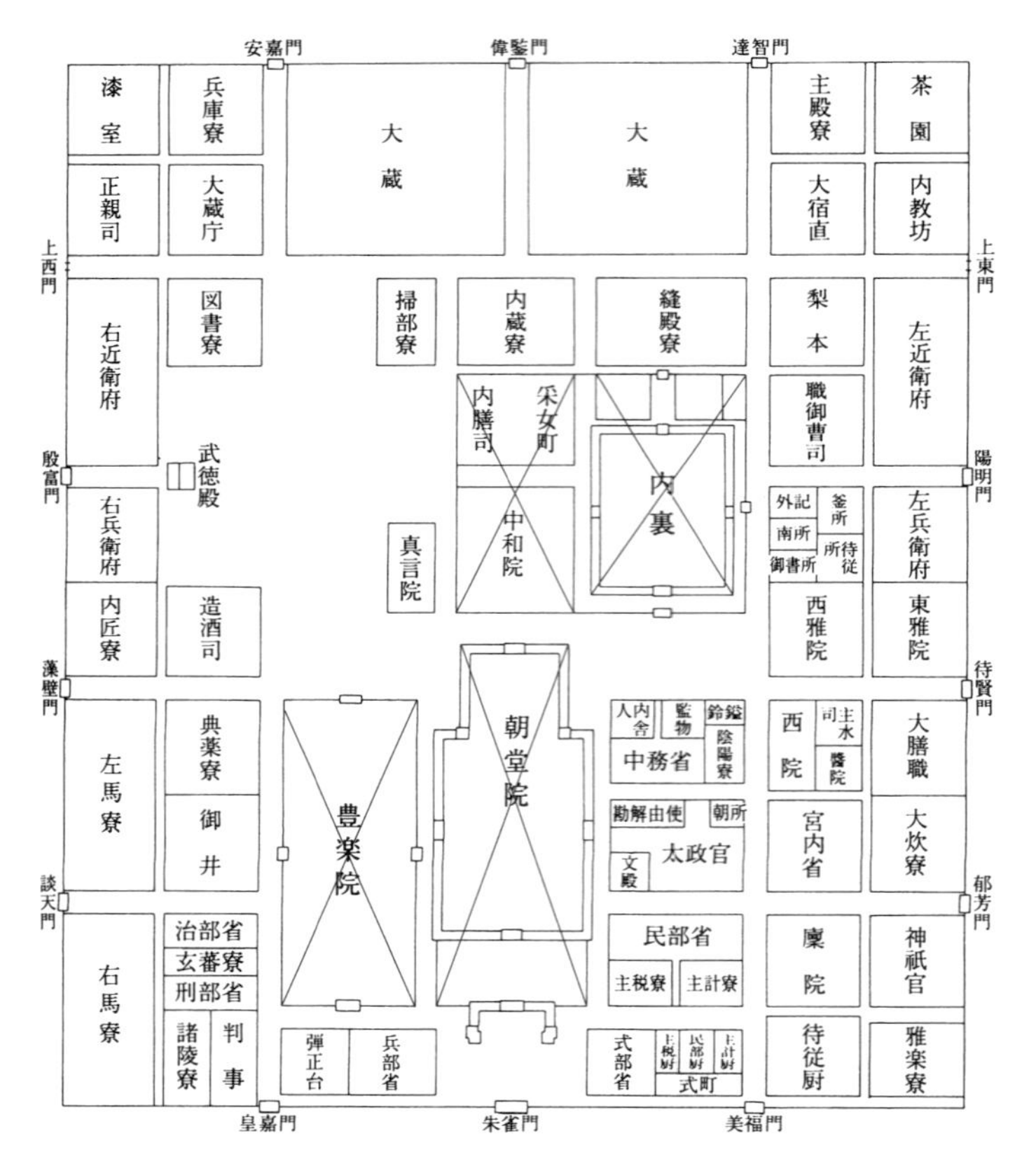

治暦4年の平安宮の状況

（古代学協会・古代学研究所編『平安京提要』所収「平安宮推定復元図」をもとに作成）

＊╳印は焼亡して不存在の区画を示す.

ったのである。わずかに焼け残った所は、八省院では応天門とその左右の楼（栖鳳楼・翔鸞楼）、内裏は建礼門・朔平門・宜秋門と桂芳坊であった。神嘉殿のある中和院が焼亡したのは、平安遷都以来初めてのことである（『百練抄』同年三月二十五日条）。

内裏・大極殿等が焼亡した翌日、朝廷では「大極殿炎上事」について御前定が開かれた。そこでは、貞観十八年（八七六）の大極殿焼亡の前例によって諸事を行うべきことが定められた（『百練抄』）。

天喜六年当時の皇居は里内裏一条院であり、焼亡した平安宮内裏をすぐに再建しようとする動きはみられない。十年前の永承三年（一〇四八）十一月に内裏が焼亡し、天喜四年（一〇五六）末頃の時点で再建が成っていた新造内裏に後冷泉天皇が遷御していなかったのは、天皇居住に伴う再度の内裏焼亡のリスクを避けるためであったのだろう。同様の例は、円融天皇や一条天皇の場合でもみられる。しかし、それでも内裏は再び焼失の憂き目に遭ったのである。

豊楽院の焼亡

平安宮内裏・大極殿等の焼亡から五年後の康平六年（一〇六三）三月二十二日には、豊楽院が焼亡した。火元は霽景楼の西北廊であった（『扶桑略記』）。しかし、このあと豊楽院復興の議は起こらず、後冷泉朝にはまったく着手されることはなかった。そしてこれは後三条朝でも同様であったが、後三条天皇は次代の白河天皇にその造営を託したのであろう。実際、白河朝に入って再建の動きが起こる。だがこれは途中で放棄され、以後、豊楽院は廃絶することになる。

大極殿再建の動きあるも未完

　豊楽院焼亡から三か月後、後冷泉朝において大極殿再建の動きが始まった。すなわち、同年六月二十一日に造八省行事所始が行われ（『扶桑略記』）、翌年七月二十三日には大極殿造営が丹波国に充てられた（『水左記』）。その後、治暦三年（一〇六七）三月十三日に大極殿造営の議定、造大極殿行事所始があったが、結局、後冷泉朝では大極殿や内裏の再建には至らず、これらの課題は次の後三条朝に持ち越されることになるのである。

寺院の焼亡と再建

　ところで、後冷泉朝には平安宮の焼亡に加え、興福寺や法成寺などの大寺院も焼亡と再建を繰り返した。

興福寺の焼亡

　興福寺については、永承元年（一〇四六）十二月二十四日に諸堂舎の大部分が焼失した。『扶桑略記』同日条によれば、焼亡した堂舎は、金堂・講堂・西金堂・東金堂・南円堂・鐘楼・経蔵・南大門東西上階・僧坊であり、全焼に近い状態であった。主な堂舎でわずかに焼け残ったのは、五重塔と北円堂である。

造興福寺役を諸国に賦課

　興福寺を再建する臨時の課役として造興福寺役が諸国に課された。その過程については、『造興福寺記』という史料に詳しく記録されている。たとえば永承二年（一〇四七）二月十二日条には、摂津国司から、神社・仏寺・院宮（太上天皇・女院・皇后・皇太后・太皇太后・

興福寺が再び焼亡

興福寺五重塔と北円堂

皇太子)・王臣家(おうしんけ)(皇族の子孫や上中級貴族)の荘園であっても区別せず、また税負担の免除の有無にもよらず、一律に造興福寺役を賦課したいとする申請が出され、これが認可されたことが記されている。同様の申請は、摂津以外に近江・丹波・三河・信濃・若狭・越前の六か国からも出されており、いずれもただちに朝廷より認可されている。このような課税を一国平均役(いっこくへいきんやく)という。

こうした徴収方式が功を奏したこともあって、翌三年三月には主だった堂舎の再建供養がなされた。

ところが、前年の再建から約一年後の永承四年(一〇四九)二月十八日、再び興福寺で火災が起こった。今回は火の手は新造の堂舎に及ばず、前回に焼失を免れた北円堂・唐院・伝法院などが罹災したのである(『扶桑略記』)。

さらに康平三年(一〇六〇)五月四日、興福寺は東金堂と南円堂を除き、多くの堂舎が焼亡した(『扶桑略記』、

『百練抄』)。これは治暦三年(一〇六七)二月二十五日に至り再建供養が行われ、金堂などの堂舎が建立され、それぞれに仏像が安置された(『扶桑略記』、『百練抄』)。

法成寺の焼亡と再建

藤原道長が建立した法成寺は、天喜六年(一〇五八)二月二十三日に焼亡した。金堂・阿弥陀堂・講堂・釈迦堂・薬師堂・五大堂・十斎堂・八角堂・東北院・西北院戒壇・両法華堂に加え、塔・僧坊・鐘楼・南楼・宝蔵も焼けて全焼であった。これを見る者は涙を流したという(『扶桑略記』)。

上述の内裏・中和院・大極殿等が焼亡したのは、この法成寺焼亡からわずか三日後のことであった。これら打ち続く大きな火災により、朝廷は同年八月二十九日に、天喜六年を康平元年と改元した。その後、まずは法成寺において、治暦元年(一〇六五)十月に金堂・薬師堂・観音堂の再建供養が行われた。

寺院再建を優先

後冷泉朝で内裏や大極殿などの復興が完遂できなかった大きな理由として、右に述べたような、藤原氏の氏寺たる興福寺や法成寺の再建が、平安宮のそれより優先されたことがあった。このため、内裏をはじめ平安宮の再建が遅れたのである。

では、後三条朝になって平安宮の造宮事業がどのようにして実行されていくのか。以下、これを大極殿・八省院、内裏、築垣(中隔垣・大垣)に分けてみていくこととしたい。

二　大極殿・八省院の再建

大極殿と八省院

平安宮には大極殿を正殿とする朝堂院の区画が設けられた。朝堂院は平安時代前期に八省院と改称されるが、実際にはそれ以後も朝堂院と八省院の呼称は併用された。なお、朝堂院・八省院は広義には、正殿たる大極殿を含むが、狭義には、大極殿を含まない。狭義の場合は、臣下が着く複数の朝堂とそれらに囲まれた朝庭を指すことになる。以下の記述において八省院が出てくる場合は、適宜使い分けを行うこととする。

大極殿造営に着手

治暦四年（一〇六八）四月に践祚した後三条天皇がまず初めに着手したのは、大極殿の造営であった。それは、天皇権威の象徴たる建物を復興する意義もさることながら、さしあたっての課題である自身の即位礼挙行の場を用意するためであった。ただし、上述のように、同年六月二十日頃までには、今回は即位礼を大極殿で行わず、太政官庁で挙行すると決定したことから、自らの即位礼は七月二十一日に太政官庁において実施した。こうしたことから、大極殿の本格的な造営は即位礼が終わった八月以降に開始された。その造営経過は次のごとくである。

造営経過

治暦四年八月二日、大極殿造営の事始（ことはじめ）（建築着手の儀礼）が行われた。同月八日には大極殿造営の由を奉告する山陵使を定め、また三日間を限り、応天門において最勝王経を転読して造営の無事を祈らせた。同月十三日、山階（天智天皇）・円教寺（後朱雀天皇）二陵に勅使を発遣し、大極殿造営の由を奉告させ、翌十四日には大極殿の木造始（造営開始の儀礼）があり、十月十日には大極殿の立柱・上棟が行われた（『帥記』、『本朝世紀』）。

年が改まり治暦五年（一〇六九）四月十四日に大極殿の瓦葺始と小安殿・昭訓門等の破風が立てられた（破風とは屋根の妻側の三角形のところに組まれた板のことで、これを立てるのは建造がかなり進んだことを示す）。次いで同年六月十九日には蒼龍楼・白虎楼等の上棟がなされた（『土右記』）。しかし、これ以降しばらく大極殿関係の造営の徴証は途絶え、大極殿の新造完成は、三年が経過した延久四年（一〇七二）となる。

大極殿落成

延久四年三月には大極殿がほぼ完成したことから、同月十五日、大極殿に高御座を立てる日時が勘申された。そして二十三日、太政官庁にあった高御座が大極殿に移された。四月三日、ようやく大極殿が落成し、同殿並びに蒼龍・白虎両楼、諸門等に額が打たれた（『扶桑略記』）。翌々日の五日には新造大極殿の装束始（殿舎のしつらえ始めの儀）があり（『経俊卿記』正嘉元年〈一二五七〉七月二十七日条）、十五日、天皇が大極殿に出御して群臣に宴を賜い、公卿や文人たちは詩を献じた。なお、この宴は花山天皇時代の「寛和の大嘗会節会」のようであるとも言われている（『百練抄』所引の「但記」）。これは花山朝の大嘗会の節会が、当時豊楽院破壊のために大極殿で挙行されたことによる。

大極殿完成が遅れた理由

大極殿は即位式挙行の場ということもあって、内裏よりも先に造営に着手されたが、結果的には内裏の完成（延久三年〈一〇七一〉八月）より遅れて翌年四月に新造・完成した。

このように大極殿の造営が遅延した理由は何かというと、やはり治暦四年の即位礼挙行を太政官庁において行ったことで、大極殿完成を急ぐ必要がなくなったことが大きかったであろう。また延久二年からは内裏の造営が始まり、そちらに造営事業の主力が注がれたことも大極殿完成が遅れた理由であろう。

行事所の設置

次に八省院全体の造営形態について触れておく。大極殿を含む八省院全体の造営を遂行するに当たっては、中央造営機構として臨時に造八省行事所が置かれた。行事所とは特定の行事や造営事業を遂行するため朝廷内に置かれた臨時の組織で、公卿（上卿）の下に弁・史などの実務官人を配置して構成されたプロジェクトチームである。

この造八省行事所の行事官を諸史料からまとめると次頁の表のようになる。

これからうかがえることは、第一に、内大臣たる源師房（みなもとのもろふさ）が行事官として参画し、師房のほかにも公卿が四名いることである。こうした行事スタッフの面から後三条天皇のこの造営にかける意欲の大きさが伝わる。また第二に、修理職および木工寮の長官たる修理大夫（しゅりだいぶ）と木工頭（もくのかみ）が含まれていることである。これにより、修理職と木工寮が保持す

造八省行事所の行事官

行事	本官	人名	典拠	備考
行事	内大臣	源　師房	『土右記』、『公卿補任』	
〃	権大納言	藤原俊家	『師記』、『土右記』、『公卿補任』	
〃	権中納言	源　経長	『師記』、『土右記』	
〃	参議	藤原資仲	『土右記』	修理大夫
〃	参議	藤原泰憲	『土右記』、『公卿補任』	
弁	権左中弁	藤原伊房	『師記』、『土右記』、『弁官補任』	木工頭
〃	右少弁	源　師賢	『師記』、『土右記』、『本朝世紀』	
〃	右中弁	藤原隆方	『土右記』	行事弁伊房代理
史	左大史	小槻孝信	『本朝世紀』	

る工匠・人夫・資材などの運用が円滑に行いえたとみられる。

八省院造営の国宛

八省院造営の国宛については、当初より大極殿が丹波国の一国のみに、会昌門(かいしょうもん)が伊予・讃岐両国に充てられた(『御即位記』所引「師実公記」)。そして延久元年四月には、蒼龍・白虎両楼と廻廊の造営が丹波国に重ねて充て課された(『土右記』)。小安殿(こあどの)は「小安殿棟桁等、各一間を限り当てる所」(『土右記』延久元年六月九日条)とみえ、何か国かに充てられていた。また昭慶門(しょうけいもん)の造営については、修理職が関与していたようである(『土右記』同年四月十六日条）。その他の建造物の国宛については史料的に確認できないが、いずれにしても八省院全体の再建工事の中で、丹波国の負担の大きさが目を惹く。これは何故であろうか。

丹波国の特殊性

丹波国の特殊性として注目されるのは、同国が国内有数の瓦の生産地であったことである。それは丹波系瓦と言われ、平安宮跡発掘調査でも実際に多数出土しているが、その理由として、延久度の大極殿造営に際して丹波国から搬入されたことが考えられている。大極殿は多数の瓦を必要とするため、丹波国がその造営国として選定されたのであろう。

このたびの造営では、丹波系瓦以外に南都系軒瓦もあり、もっぱら地方産瓦が使用された。こうした瓦調達方式は、後冷泉朝に興福寺や法成寺の再建で関白藤原頼通が主導した摂関家の造営方式を踏襲したものとみられている（上原真人「院政期平安宮」）。

丹波守源高房との関係

また、後三条天皇と丹波国司源高房（たかふさ）（?〜一〇七七）との個人的な関係もあった。本書の冒頭でも述べたように、天皇は長元（ちょうげん）七年（一〇三四）七月に高房の父源行任（ゆきとう）の家で誕生し、延久五年（一〇七三）五月に高房宅で崩御した。こうした事実からもうかがえるように、高房は父行任とともに親子二代にわたって天皇との深いつながりがあった。よって、このような関係から生まれたであろう天皇の高房に対する個人的な信頼も、大極殿等造営の遂行において大きく働いたものと思われる。さらに、会昌門造営を分担した讃岐守藤原経平も天皇の近臣であり、高房の場合と同様の性格が読み取れる。なお、高房は上東門院藤原彰子の乳母子であり（『栄花物語』巻三十六）、こうした人間関係からすれば、後三条天皇と摂関家との間には、かつての通説で言われたような対立関係は認めにくいであろう（服藤早苗『藤原彰子』）。

過差により行事弁を勘当

ところで、造営当初から行事弁を務めていた藤原伊房と源師賢の両名は、治暦四年十月十日の大極殿上棟の日、大工等に与えた禄が過差であったため、後三条天皇から勘当されてしまった（『帥記』同日条、『土右記』延久元年六月十五日条）。

大極殿に木製鴟尾を採用

また延久二年（一〇七〇）五月五日には、大極殿の鴟尾については木を用うべき由の宣下がなされた（『百練抄』）。大極殿焼亡前の天喜五年（一〇五七）四月十四日には、その鴟尾が地に落ちて破損したとあるので（『扶桑略記』）、従前は土製であったのであろう。それを今回は木製に変えるようにという命を出したのである。

この二つの件は、いずれも後三条天皇の倹約策の一環と評価できる。

三　内裏の再建

平安宮の内裏は、天皇や公卿らが恒例あるいは臨時に行う儀式や政務の場であり、またそこには天皇の日常の生活の場である清涼殿や后妃らが住まう後宮の各殿舎が存在した。

平安宮内裏焼亡の歴史

この平安宮内裏は、村上天皇の天徳四年（九六〇）に初めて焼亡した。その際に天皇が大きな衝撃を受けたことはよく知られているが、これを境として、その後も平安宮内裏は頻繁に焼亡し、後三条天皇即位までに、円融天皇と一条天皇の時代にそれぞれ三度、三条天皇・後朱雀天皇・後冷泉天皇の時代にそれぞれ二度、焼亡している。このように平安宮の内裏が平安時代中期以降しばしば焼亡した要因の一つには、内裏での政務の多くが夜型に移行し、明かり取りのために灯明を使用する機会が増えたことがあった（上島享『日本中世社会の形成と王権』）。

ところで、円融・一条両天皇は、いずれも三度目の焼亡ののち、内裏が新造再建されてもそこに還御しなかった。これは還御して内裏を使用することで四度目の焼亡を引き起こすことを避けるためであったと考えられる。すなわち、そこには次の天皇に内裏を完全なままで引き継ぎたいという叡慮があったのであろう。ただし、上述のように後冷泉天皇も二度目の内裏再建のあと同様に内裏へ還御しなかったが、この場合は、残念ながら未使用のままで新造内裏が焼亡することとなった。

内裏造営の経過

このようにして康平元年（一〇五八）二月に焼亡した内裏は、後冷泉朝ではついに再建の動きがないまま約十年が経過した。そして後三条天皇の代になり、治暦四年（一〇六八）十二月二十日の御前定において内裏再建が本格的に検討されることとなった。しかし、そこでは明年に内裏造営を行うことで「当梁年（とうりようねん）」の忌みに触れるか否かが問題となった。

当梁年の禁忌

当梁年とは陰陽道の禁忌の一種で、酉（とり）の年などに建物の梁（はり）を上げ柱を立てることが凶事と認識され、これを忌むものである。わが国では己酉（きゆう）年・己卯（きぼう）年・戊子（ぼし）年・戊午（ぼご）年に梁上げを行うことは凶として忌避された。

ちょうど治暦五年（延久元年、一〇六九）が己酉年であったため、この年の内裏造営の可否が問題となり、同年正月二十六日、天皇出御のもと御前において当梁年の議定が行われた（『水左記』）。そして二月十日には、当梁年に当たるので今年の内裏の造営を停止することが決定された。これは陰陽道・紀伝道官人らの調査報告に基づくものである（『百練抄』）。

造営工事開始

当梁年に相当する延久元年が終わり、翌延久二年（一〇七〇）三月十一日に新造内裏事始（ことはじめ）（造営工事開始）が行われ、可能な範囲で造営工事を進めた。ところがこの年は庚戌年であ

内裏の地鎮遺構（〈公財〉京都市埋蔵文化財研究所提供）

り、中国の陰陽書『群忌隆集』によれば「地梁」の年に当たって立柱が凶とされるため、本格的な造営工事はさらに翌年まで遅れることとなった。

立柱上棟

そして事始から約一年が経過した延久三年三月五日には、内裏の基本部分の完成となる立柱上棟が行われた（『扶桑略記』、『園太暦』貞和二年〈一三四六〉七月二十一日条）。

内裏に安鎮法を修する

上述のように、十世紀以降内裏がしばしば焼失したが、その再建がほぼ成るたびに、慣例として安鎮法（地鎮の修法）が修された。今回の造営でも、延久三年七月十九日に、新造内裏の内郭の八方において阿闍梨八人に安鎮法を修させた。その八方のうち、東方は宣陽門内北辺、東南方は回廊内西角、南方は承明門内方、西南方は進物所壁内、西方は陰

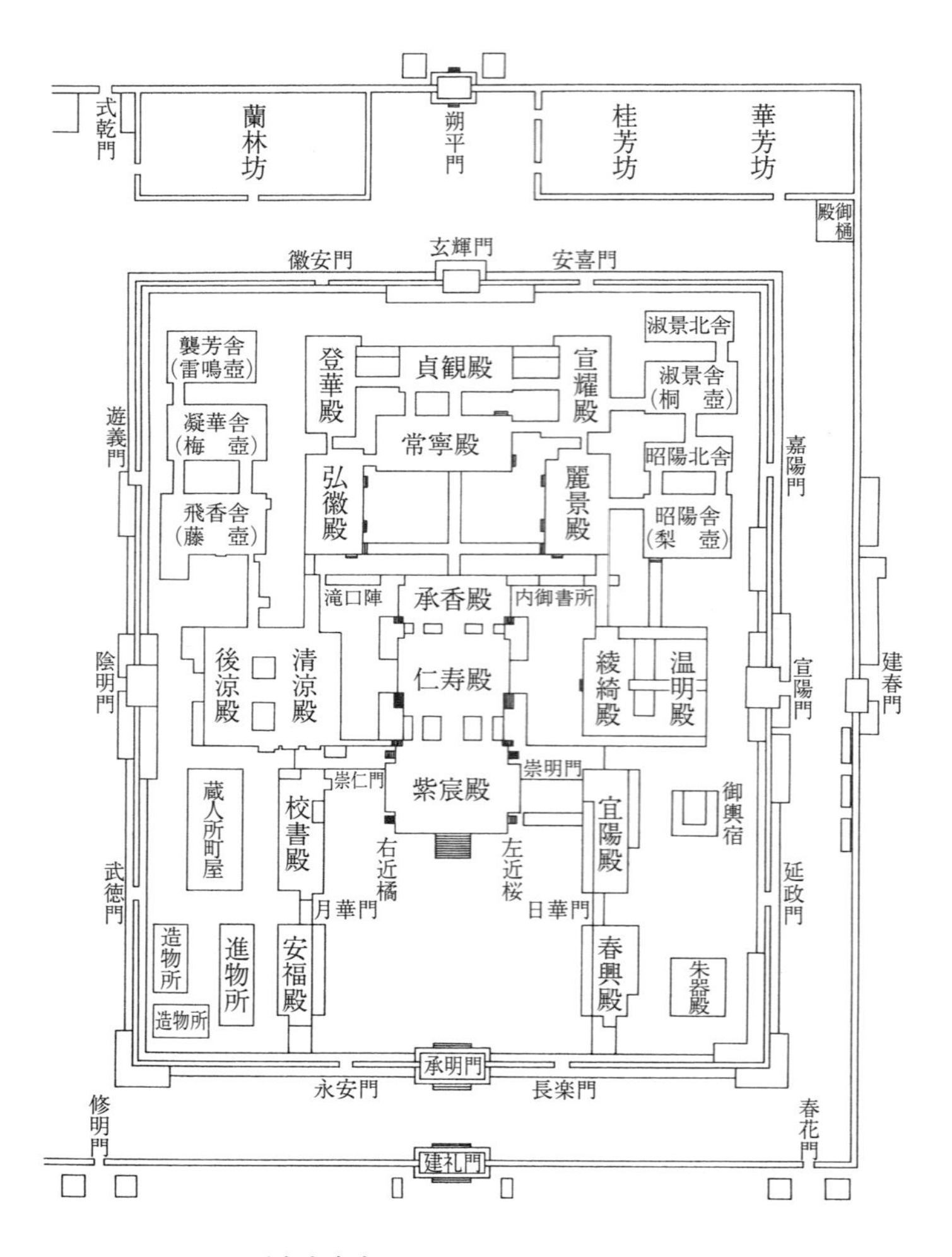

平安宮内裏図（服藤早苗『藤原彰子』より）

明門内方正方、西北方は回廊西北角、北方は玄輝門である。残る東北方は場所が不明であるが、おそらく回廊内の東北角とみられる。現在は、このうち南方の鎮所（承明門内方）と考えられる遺構が発掘調査で確認されている（京都市埋蔵文化財研究所編『平安京跡発掘調査概報　昭和六〇年度』、六七頁の図参照）。なお、安鎮法が行われた鎮所の穴の形状は、円形あるいは方形であり、特に定まっていないという（『安鎮法日記集　甲』延久三年条）。

新造内裏完成

そして、安鎮法から一か月余りが経った八月二十八日に至り、新造内裏がようやく完成した。天皇は里内裏四条殿より新造内裏に遷幸する（『百練抄』、『扶桑略記』、『園太暦』貞和二年〈一三四六〉七月二十一日条）。この時天皇は清涼殿に入り、中宮以下の后妃や皇太子とその妃らは内裏の後宮の各殿舎に入った。『栄花物語』巻三十八（松のしづえ）によれば、居住の殿舎は次のような割り当てとなっている（前頁の図参照）。

中宮　馨子内親王……弘徽殿
皇女　聡子内親王……藤壺（飛香舎）
女御　藤原昭子……承香殿
女御　源基子……梅壺（凝華舎）
東宮　貞仁親王……梨壺（昭陽舎）
東宮妃　藤原賢子……麗景殿

東宮妃　藤原道子……………宣耀殿

この『栄花物語』の記載に従うならば、内裏後宮の中央から西方に位置する各殿舎に天皇の后妃と皇女が、東方にある各殿舎に皇太子およびその妃が入り、それぞれの居住場所になったことがうかがえる。なお、このの後ち十月二十三日に造宮賞（内裏造営の勧賞）が行われ、十二月六日には清涼殿において詩宴が催された（『百練抄』）。また翌延久四年正月二十九日には、仁寿殿御仏事が始められた（『為房卿記』）。

造営形態

では、内裏の造営形態はどのようなものであったのか。まず造営全体を統轄する組織として、朝廷に造内裏行事所が設けられた。これは造八省行事所とは別系統の組織で、諸国および修理職・木工寮を統轄して内裏造営を進めた。造内裏行事所の職員構成は、上卿―行事―弁―史というものである。参議源経信が行事の一員であったことが確認できるが（『弁官補任』延久三年）、それ以外は明確ではない。ただし、延久三年（一〇七一）五月六日に河内国へ、同月十九日に五畿七道諸国へそれぞれ出された寺社領への造宮料物（造内裏役）免除に関する官宣旨（太政官の上卿の命をうけて弁官が発給する文書）が伝わっており（『平安遺文』一〇五六号、一〇五七号）、両官宣旨の宣下の上卿や奉行の弁・史をみてみると、上卿は権中納言源隆俊と権大納言藤原能長、弁は右少弁大江匡房と（右）中弁藤原正家、史はどちらも左大史小槻孝信であることから、これらの各人物が行事所の職員であった可能性が高い。

また、造内裏行事所の職員は記録荘園券契所のそれと相互性があるので、内裏造営事業と荘園整理事業とが一体となって推進されたものと考えられる。この点については「第四　荘園整理事業」で改めて述べることとする。

全国に造内裏役を賦課

延久三年五月十九日、五畿七道諸国に下された官宣旨によれば、神社仏寺領の本免田（太政官符・民部省符や国衙の国図記載により正式に税の免除を認められた荘田）に対しては造宮料物（造内裏役）の賦課を免除することが命じられている（『平安遺文』一〇五七号）。このことから逆に、今回の造内裏の国宛すなわち内裏殿舎や門の造営分担については全国的規模で行われたことが推測でき、造内裏役が一国平均役として全国に課されたことを示すものともみられている（小山田義夫『一国平均役と中世社会』、大津透『律令国家支配構造の研究』）。

造内裏の造営分担

ただし、延久度造内裏の国宛の詳細はよくわからない。そうした中で、凝華舎は摂津国に、陰明門は淡路国に充てられている（『叙位尻付抄』、『朝野群載』巻二十八）。また河内国内の醍醐寺領に「臨時造殿雑事」の名目で「造宮米」が賦課されていることから、同国には内裏の某殿舎が充てられたことが知られる（『平安遺文』一〇五六号）。さらに加賀国がこのたびの造国の一つであったことも確認できる（『公卿補任』承保三年〈一〇七六〉源俊明条）。

以上のような造営体制により、今回の内裏再建事業は比較的順調に進められたのである。

四　築垣の修造

平安宮の築垣

平安宮の築垣には、大内裏を囲む宮城大垣や内裏外郭の中隔垣、中和院の垣などがある。このうち康平元年（一〇五八）二月の内裏焼亡時に罹災した中隔垣については、延久元年（一〇六九）六月以前に淡路国などに国宛がなされていた（『朝野群載』巻二十八）。

修理左右宮城使の新設

延久元年および翌年の築垣修造の具体相については不明であるが、延久三年三月に至り、中央の造宮官司において新たな動きがあった。それは平安宮の築垣修造を担当する官職として修理左右宮城使が新設されたことである（『百練抄』延久三年三月二十七日条）。これは前日の議定を経て初めて設置され、かつて九世紀に置かれたことのある修理左右坊城使（平安京の左右坊城の修造・管理を職掌とする令外官）の例に準じたものであった。

修理左右宮城使の職掌

また『歴代皇紀』後三条天皇条には、修理左右宮城使について「防鴨河使（鴨河の堤防修築を職掌とする令外官）の例に準じて定められ、宮城使・判官・主典を置かるべきやのこと。これ大垣のことを行わしめんがためなり」とあり、その職掌については、宮城の大垣（造営）のことを行わせるとある。ただし、実例によれば、大垣に加えて中隔垣の造営も含まれているので、本使の職掌は、主に平安宮の築垣の管理・修造を司るものであった。ここに後三条朝以降の朝廷には、修理職と木工寮に加え、第三の造宮官司として修理左右宮城使が成立したのである。

修理左右宮城使の官制

修理左右宮城使の官制については、修理左右坊城使や防鴨河使と同様に、使—判官—主典の三等官制で、これが左右に分かれる体制である（『歴代皇紀』、『官職秘抄』）。実例によれば、長官たる使は左右各一人で弁官が兼任している。判官と主典は左右各二人で、判官は史・外記・検非違使などから、主典は式部・民部両省の録や京職の属などから補任されている。そして左右の宮城使はそれぞれ宮城所という役所を構えていた（『続左丞抄』第三）。

初代の宮城使

延久三年三月に補任された初代の宮城使のうち、名前の判明する者を挙げると、左宮城使が左中弁藤原伊房（『弁官補任』）、右宮城使が権左中弁藤原隆方（同）、左宮城判官が左大史小槻孝信（『平安遺文』一〇五八号）である。伊房と隆方は上述のように治暦四年・延久元年に大極殿造営の行事弁を務めていた。伊房は木工頭・造興福寺長官などの経歴もある。また孝信は官務家として太政官の実務の中心にあり、造宮行事や後述の記録荘園券契所の寄人の一員でもあった。以後、代々の官務小槻氏は宮城判官に就任している。

要するに修理左右宮城使は、官制の上では修理坊城使や防鴨河使に准じたが、職員の面では弁官局の官人を主体として構成されたものであり、長官に検非違使が多く任じられた防鴨河使との違いがある。これは、修理左右宮城使に行事所と同じような実務処理面での役割が強く求められたからであろう。

淡路国の例

では、延久年間以降、築垣の修造は実際どのような形態で行われたのであろうか。延久四年（一〇七二）正月に提出された淡路前司中原師平の功過申文（任期終了の受領の成績審査にて提出される次期受領の自薦上申書）によると、師平は淡路守在任中に内裏中隔垣の西面三十丈を割り当てられたが、延久元年六月二日の宣旨によって、高陽院の垣一町を築造するのと引き換えに、中隔垣の方はいったん停止が命じられた。つまり、延久元年には、内裏の中隔垣の造営よりも、当面の里内裏となる高陽院（延久元年六月二十一日に遷御）の垣の造営が優先されたのである。

ところが、その後「延久三年の宣旨」により、淡路国の前司（前任国司）と後司（後任国司）で中隔西面垣三十丈を分担し、そのうちの八丈分に相当する作料を絹と米で右宮城所へ進納して、返抄（領収書）を申請した、と述べている（『朝野群載』巻二十八）。

他の国の例

また鎌倉時代の史料であるが、仁治二年（一二四一）六月一日付の『筑後国検交替使実録帳』（宮内庁書陵部所蔵壬生本、『鎌倉遺文』五八七六号）の一箇条によれば、筑後国の前司が宮城大垣の修造に関し、「延久三年五月宣旨」と「応徳三年九月官符」によって、大垣修造料物を宮城所へ進納し、宮城使の返抄を請うことが流例になっている、と陳述している。中隔垣と大垣の違いはあるが、その内容は中原師平の申文とほぼ同じと言える。

さらに、藤原宗忠の日記『中右記』永長元年（一〇九六）十月二十四日条によれば、東国の武蔵国や出羽国でも大垣が前司と後司で分担されていることが知られる。同じ『中右記』承徳二年（一〇九八）四月二十三日条には「左府（左大臣）に参り中隔大垣注文を献覧す。件の垣、十四ヶ国に所当する中、左右に相分けて宮城使に付さるるの由、延久三年宣旨に見ゆ」ともある。

延久三年の新たな修造形態

以上から、朝廷が「延久三年（五月）宣旨」によって命じた中隔垣・宮城大垣の新たな修造形態を改めて整理すると次のようになる。

・延久三年以降、中隔垣・宮城大垣等を諸国に割り当てる際、これを左右に分けて左宮城使と右宮城使の管轄に付す。

・諸国に充てた築垣修造の負担は、一国の前司と後司とで分担させる。

・国司の負担内容を実際の修築から絹や米などの料物進納に改め、国司はそれを宮城所に納入した後、そこから返抄を受ける。

そして、『筑後国検交替使実録帳』によれば、同様のことが白河朝の応徳三年（一〇八六）九月にも太政官符で命じられたことが知られる。

このような大垣等の修造体制の改変は、延久三年以降、諸国に課した築垣用途を確実に納めさせるための新たな施策であった。そして、こうした改変に伴って多大な実務が生じることが予想されたため、その専当官司として、同年三月に修理左右宮城使が置かれたのである（詫間直樹「延久度造宮事業と後三条親政」）。

なお、内裏や築垣の造営料進納と密接に関わるものに沽価法（古代・中世の売買や貢納における公定価格）や宣旨枡（後三条天皇が制定した公定枡）の制定があると思われるが、この点については「第五　財政政策」で述べることとしたい。

平安宮造営の財源調達方針

本章の最後に今回の平安宮造営に必要とされた財源の調達方針をまとめておきたい。財源確保の基本は、国宛すなわち造営負担を諸国に賦課する方式の採用である。これは大極殿・八省院・内裏・築垣の造営につき、それぞれの造営対象ごとに賦課方式を考慮して、諸国の財源を最も有効な形で取り入れていった。

八省院の造営では、丹波・伊予・讃岐などの熟国（税収が多く安定した国）・大国を中心に賦課が行われ、こうした造国の経済力を吸収することとした。一方、内裏の造営では全国的に国宛がなされ、そこでは造内裏役が一国平均役として徴収されたように、国家としての収取体制を強化する方針が採られた。そして「第四　荘園整理事業」で述べる延久荘園整理令の発令は、国司の徴税活動を朝廷がバックアップすることにもなる。さらに内裏の中隔垣や宮城の大垣については、一国の前司と後司に負担を分担して課す制度を導入し、修造財源の確保を図ったのである。

ところで、内裏等の造営経費調達に関しては、以前より国司（受領）の重任功を採用する場合もあった。重任とは売官制度である成功の一種で、官人が朝廷に私財を出し、任期満了後も引き続き同じ官職に重ねて任じられることである。特に国司が熟国や大国の利権を保持・継続するために行う成功を重任功（重任）という。

重任功の停止

しかし、後三条朝ではこうした重任功は停止したと伝わっている。そしてそれが後三条天皇の善政の一つに挙げられているのである（『続古事談』巻一）。この重任功停止という政策が、実際のところどの程度まで徹底されていたかは明確ではないが、大極殿造営を宛てられた丹波守源高房の場合でみると、大極殿が完成する延久四年に丹波守から但馬守に補任されているので（『魚魯愚抄』）、重任功ではない。また当時の諸国の格付けにおいて、但馬国は丹波国よりも低いものと認識されていたことから、遷任功（受領が現任の国よりも上の国に遷るために私財を出す成功）でもないであろう。よって、重任功停止の方針を打ち出したのは事実であったとみられる。

前後の時代との違い

このような後三条天皇の造営財源確保の方針は、その前後の時期、すなわち藤原道長・頼通父子の時代や白河天皇の時代とどのような違いがあったのであろうか。

藤原道長の時代には、内裏の造営の際、やはり諸国への国宛が基本であり、財源に不足があれば受領(ずりょう)の成功を採用していた。つまり成功はあくまで財源を補塡するものという位置づけである。頼通時代の内裏造営に関しては明確ではないが、一条院(いちじょういん)や高陽院(かやのいん)などの里内裏を造営する場合でも国宛が行われ、しかも一国平均役として徴収することが認められていた。

一方、後代の白河天皇の時代になると、内裏の造営や修造で成功が用いられていることがある（『弁官補任』承保二年源師賢条、『除日大成抄』）。また、六条院や三条院といった里内裏では天皇と個人的関係の深い受領によってそれぞれ造営され、白河院政期の大炊殿(おおいどの)や土御門烏丸殿(つちみかどからすまどの)の造営では明らかに受領の成功が採用されている。つまり白河天皇は国宛とともに成功を多用する方針に傾斜していったのである。

以上のことから、後三条天皇は道長・頼通時代の造営経費調達方針を継承し、さらに重任功を停止するなどの徹底を図ったものと言える。次代の白河朝の方策と比較しても、後三条朝の特質がよく表れているものと思われる。

第四　荘園整理事業

一　延久荘園整理令

後三条天皇の親政の中で、当時の社会に最も大きな影響を与えた政策は、延久の荘園整理事業である。それは全国を対象とした荘園整理令（以下「全国令」という）である延久荘園整理令の発布と、記録荘園券契所の新設に代表される。

荘園整理令とは

そもそも荘園整理令とは、平安時代中期から鎌倉時代前期にかけて朝廷が発令した荘園の停止・制限・認可に関する法令を指す。全国令では天皇の即位年・国司の任期・過去の整理令の年次などが整理基準に採用され、それぞれの基準以前に成立していた荘園は認可するが、それ以後に成立した荘園は停廃するというのが原則である。

新制・起請

荘園整理令は「新制」や「起請」とも称されることがある。新制は、律令・格式以後、天皇が新たな法令として出すもので、全国的に新立荘園の成立を規制する荘園整理令も新制の重要な内容の一つと認識されたのである。

また起請は本来は申請や建議の意であるが、この時代には禁制や制規、誓約の意味が強くなっていた。公卿らが天皇に対して、あるいは公卿相互で誓約をして発令したものが太政官符（太政官が管轄する諸司・諸国に発令する正式の公文書）であったが、荘園整理令についても、天皇が公卿にそれぞれの内容を厳正に実施するという誓約（公卿起請）をさせたから起請と呼ばれたとみられている（下向井龍彦『平安時代の「起請」について』）。延久年間には、寛徳二年（一〇四五）以後の新立荘園停止という決定や同年に出された寛徳荘園整理令を指して起請とも呼ばれている。

荘園整理令前史

全国令として出された荘園整理令の前史をふり返ると、まず延喜二年（九〇二）に延喜荘園整理令が発令され、勅旨田（天皇の命で設置する墾田。詳しくは一二二頁参照）や院宮王臣家の不当な荘園を整理対象とした。そしてこれ以後、永観二年（九八四）の永観荘園整理令、永延元年（九八七）の永延荘園整理令が出されたが、いずれも延喜令（「格」）以後に成立した荘園は停止するというものであった。しかし、後朱雀天皇（後三条天皇の父）が発令した長久荘園整理令では整理基準が当任国司以後と大幅に下げられ、続く後冷泉天皇（後三条天皇の兄）の寛徳荘園整理令では基準が前司任中以後の新立荘園停止と定められた。また後冷泉朝に出された天喜荘園整理令では、寛徳二年以後の新立荘園を停止するという基準が採用された。

このうち、長久令・寛徳令・天喜令については、いずれも平安宮内裏の造営時期と重なっており、全国令が造内裏役を諸国に課すことと関連して出され、国内の荘園と公領の区分を明確化するという役割があったものと思われる（市田弘昭「平安後期の荘園整理令」）。

延久荘園整理令の眼目

以上の前史を踏まえ、延久荘園整理令は、治暦（じりゃく）五年（一〇六九）の二月と三月の二度にわたって発令された（延久改元は四月十三日。以下、それぞれ延久元年二月令、延久元年三月令とする）。命令の内容に違いはあるが、眼目としては次の二点となる。

・寛徳二年以後に成立した荘園は認めない。

・寛徳二年以前でも、証拠不十分や不適切なもの、国衙（こくが）（国の役所）の利益を損なうものは停止する。

延久元年二月令

まず延久元年二月令は、治暦五年（延久元年）二月二十二日に太政官符として出された。これは同年八月二十九日付筑前国嘉麻郡司（かまぐんじ）解案（『東大寺文書』、『平安遺文』一〇三九号）に引用されるもので、次のような内容を持つ。

今年二月二十二日の官符並びに同年四月十六日の府符に依り、同八月廿三日到来の庁宣に云く、神社・仏寺・院宮王臣家の諸荘園につき、或いは停止の寛徳二年以後の新立荘、或いは墝埆（ぎょうかく）の地を嫌（いと）いて膏腴（こうゆ）と相博（そうはく）したもの、或いは恣（ほしいまま）に平民を駈（か）りて公田を籠（こ）め隠したもの、或いは定れる坪付（つぼつけ）なき荘、或いは諸荘園の所在、領主、

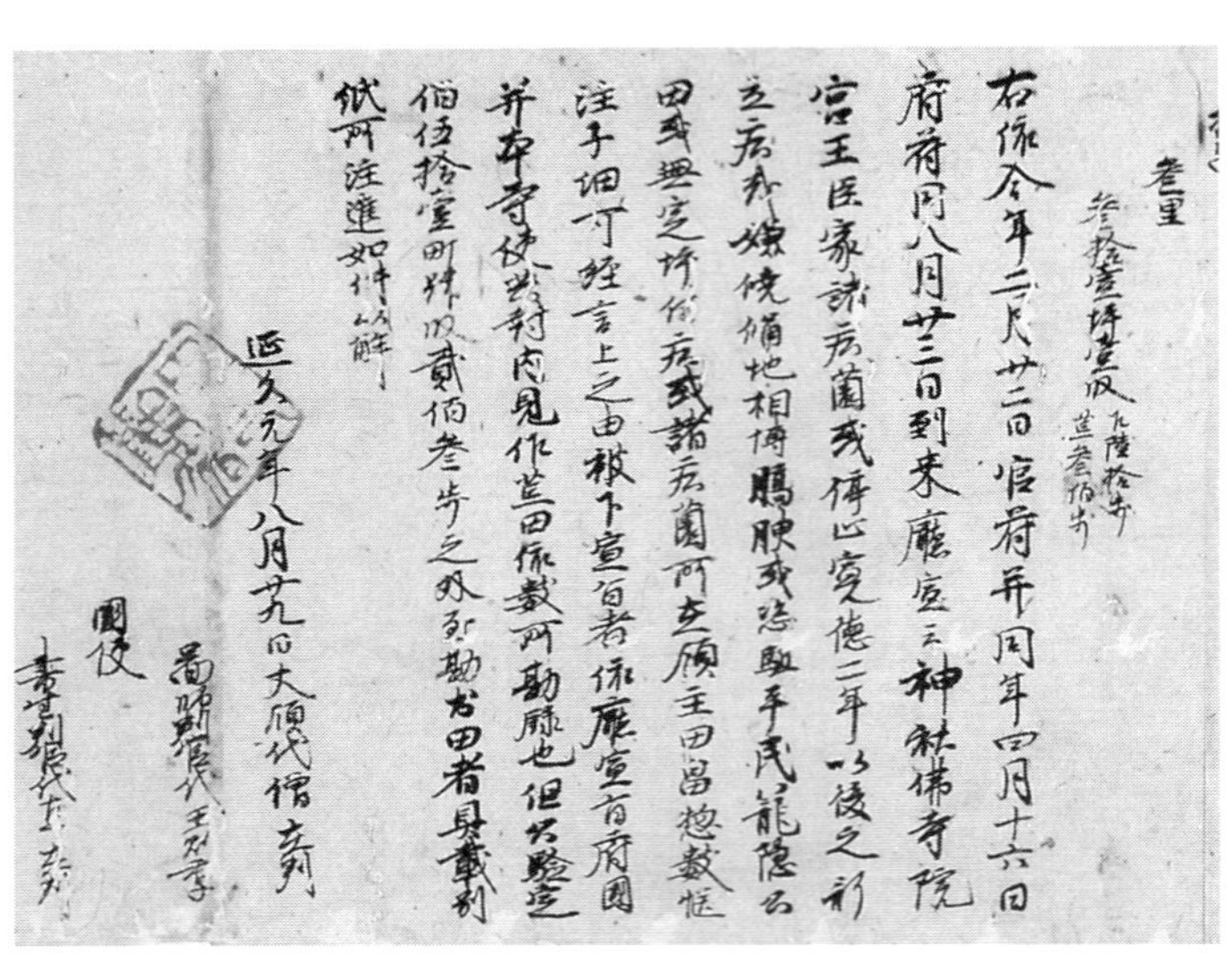

延久元年8月29日筑前国嘉麻郡司解案（百巻本東大寺文書，東大寺図書館蔵）

田畠の総数について、慥（たしか）に子細を注し、言上を経べきの由、宣旨を下さる者（てえり）。

これからまず留意すべきことは、二月の太政官符を承けて四月に大宰府符が出され、次いでその府符に基づいて約四か月後の八月に筑前国の国司庁宣が嘉麻郡に下されているということである。すなわち、太政官符で命じられてから在地の郡に届くまで、約半年も経過しているのである。

そして、太政官符並びに大宰府符を承けて記された筑前の国司庁宣の内容は、神社・仏寺・院宮王臣家の諸荘園について、

諸荘園の報告内容

①寛徳二年（一〇四五）以後の新立荘園で停止のもの
②小石混じりの痩せた土地を肥えた公田と交換したもの
③ほしいままに平民を駆使して公田を取り込んで隠しているもの
④定まった坪付がない荘園
⑤諸荘園の所在・領主・田畠の総面積

の各内容を詳細に注して言上せよ、というものである。

この中で、①にみられる寛徳二年以後の新立荘園停止という内容は、十四年前の天喜三年（一〇五五）に出された天喜荘園整理令を踏襲したものである。一方、当時の荘園拡大の不当な手段として、荘園と公田の不法な交換、加納田・出作田（ともに太政官や国司から税の免除を認められた本免田以外に不当に付加された荘田。荘園の領域内のものを加納、領域外のものを出作という）や浮免田（条里の坪ごとに表示された坪付を定めていない荘園）の設定などがあったが、②～④ではそれらを整理の対象にしようとしており、さらに⑤で諸荘園の所在・領主・田畠の総面積の報告も命じている。

同年二月二十二日の太政官符が全国に出されたことは、延久二年七月二十四日付の官宣旨（『平安遺文』一〇四八号）からもうかがうことができる。それには「彼寺（東大寺）去四月廿五日の奏状に偁く、桑畠は今年より国領なり者。国司に尋ねらるるの処、畠の状に於いては、去年二月廿二日官符により検注するところなり」と記される。これは美濃国の東大寺領茜部（あかなべ）荘の場合であるが、ここでも「去年（延久元年）二月廿二日官符」によって、美濃国司が畠を検注したことが確認できる。

まずは荘園の実態を調査

したがって、延久元年二月令といわれる荘園整理令は、朝廷がまずは全国の荘園の実態を詳細に報告させ、それを確実に把握することに主眼があったものと考えられる（槇道雄「延久荘園整理令考」、鈴木敏弘「荘園制の成立と荘園整理令」）。この点は、従来の全国令にはなかった独自の方策である。

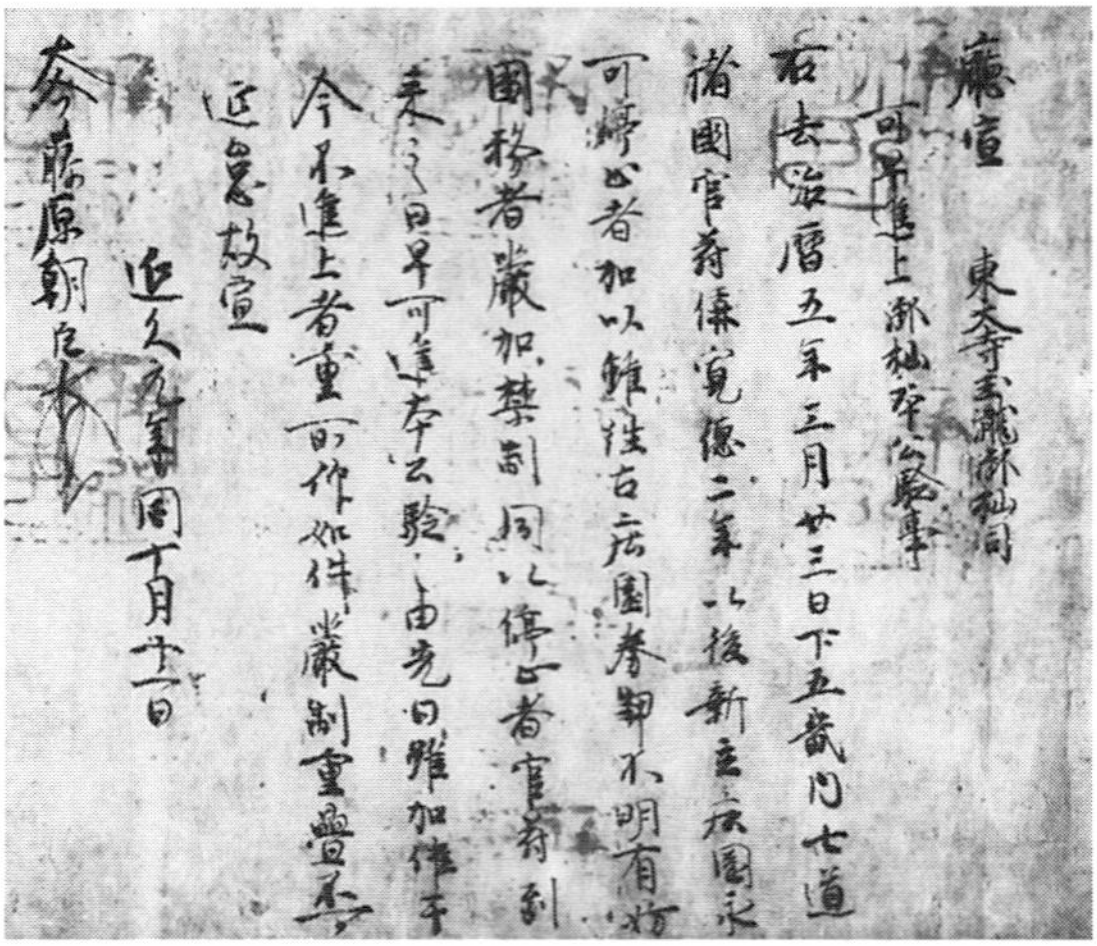
庁宣　東大寺玉瀧杣司
可早進上杣地坪付公験事
右去治暦五年三月廿三日下五畿内七道
諸国官符偁、寛徳二年以後新立荘園永
可停止者、加以雖往古荘園券契不明有妨
国務者、厳加禁制、同以停止者、官符到
来之日、早可進本公験、而先日雖加催
今不進上者、重所仰如件、厳制重畳、不[illegible]
延怠、故宣
延久元年閏十月十一日
介藤原朝臣（花押）

延久元年閏10月11日伊賀国司庁宣（東南院文書，正倉院宝物）

延久元年三月令

延久元年三月令は、同年三月二十三日に太政官符として発令された。これは同年閏十月十一日付伊賀国司（いがのこくし）庁宣（ちょうぜん）（『東南院文書』、『平安遺文』一〇四一号）に引用されているもので、次のような内容である。

　庁宣す　東大寺玉瀧(たまたき)御杣司(みそまのつかさ)

　　早く御杣の本公験(ほんくげん)を進上すべき事

右、去る治暦五年三月廿三日五畿七道諸国に下せる官符に偁(いわ)く、寛徳二年以後新立の荘園は永く停止すべし者(てえり)。しかのみならず、往古の荘園といえども、券契(けんけい)明らかならず、国務に妨げ有る者は、厳しく禁制を加え、同じく以て停止せよ者(てえり)。官符到来の日、早く本公験を進むべき由、先日催を加うといえども、今に進上せざれば、重ねて仰(おお)すところ件(くだん)の如し。厳制重畳(ちょうじょう)す。延怠すべからず。故に宣す。

　　　延久元年閏十月十一日

大介(おおすけ)藤原朝臣（花押）

この伊賀国司庁宣に引用された太政官符によって命じられていることは、

(1)寛徳二年以後の新立荘園は永く停止すること。

(2)往古の荘園（寛徳二年以前に立荘(りっしょう)された荘園）であっても、券契（証拠文書）が不明である荘園、もしくは国務の妨げになる荘園は、厳重に禁制を加え、同じく停止すること。

という内容である。

⑴については先代の天喜令の内容を継承するものであるが、⑵については三月令のみにみえるものである。ただし、古くは延喜二年（九〇二）の延喜荘園整理令で、券契が分明で国務に妨げのない荘園は認められ、また永延元年（九八七）の永延荘園整理令でも、国郡支配の妨げにならない王臣家荘園は整理の対象外とされたように、⑵のような内容は荘園整理令全体に通底するものである。

しかし、延久度の荘園整理事業が画期的と言われるのは、荘園領主から荘園の券契すなわち証拠文書を各国の国衙ではなく中央の朝廷に提出させ、同じく国衙から注進させた荘園の所在・領主・田畠面積などの情報とも併せて審査した点である。

延久荘園整理令にはそれまでの荘園整理令を継承した面と独自の新しい面とがある。独自性は、右に述べたように国司から国内荘園の各種情報を提出させたこと、荘園領主からも証拠文書を提出させたことである。そして、これらのデータや証拠文書を厳重に審査する機関として太政官に新設されたのが、有名な記録荘園券契所である。

二　記録荘園券契所の新設

太政官朝所に記録荘園券契所設置

延久元年（一〇六九）閏十月十一日、初めて記録荘園券契所（以下、略して記録所という場合もある）が太政官の朝所（あいたんどころ）に設置された（『百練抄』）。朝所は太政官の区画の中で正庁の北東に位置する（次頁の図を参照）。

記録所の設置時期

この設置時期については、新訂増補国史大系『百錬抄（ひゃくれんしょう）』では、延久元年閏二月十一日条に「始めて記録荘園券契所を置き、寄人（よりゅうど）（他の機関から寄せ集められた職員）を定む。官の朝所に於いて之を始め行う。」とあり、その次に三月十五日条の記事があるため、古くより問題となっていた。通説では、延久元年の閏月は「閏十月」であるため、「閏二月」は「閏十月」の誤りとされてきた。これに対し、「閏」を「同」の誤写とみて設置を二月十一日とする説も出されたが、『百練抄』諸写本の祖本とみられる金沢文庫本を忠実に写した旧宮崎文庫本（神宮文庫所蔵）などには「閏十月」と記されていることなどから、やはり「閏十月」が妥当であろう。

官底での券契審理

ただし、その場合に問題となるのは、延久荘園整理令が同年の二月および三月に発令されていたわけであるから、閏十月の記録所設置までの七、八か月の間、整理令に関する実務（荘園券契の審理作業など）はどこが行っていたのかということである。これについては、その期間は官底（かんてい）すなわち弁官局の事務部門（官文殿（かんのふどの）スタッフ）が審理作業を行っていたと考えられる。

すでに後冷泉朝の治暦元年（一〇六五）において、越中国では荘園整理を妨害する荘園の

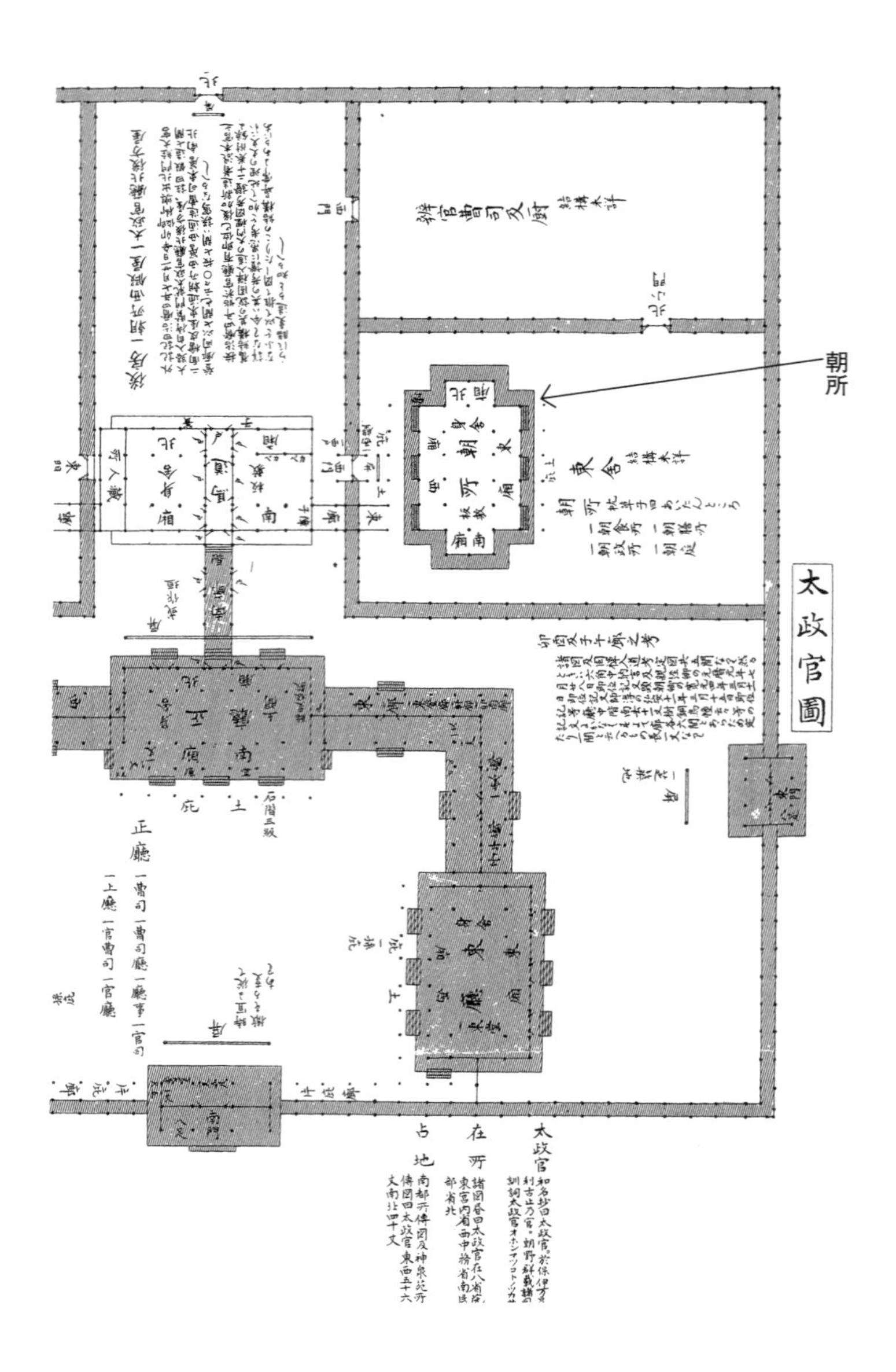

太政官圖
朝所
東舎
正廳
東廳
辨官曹司及廚

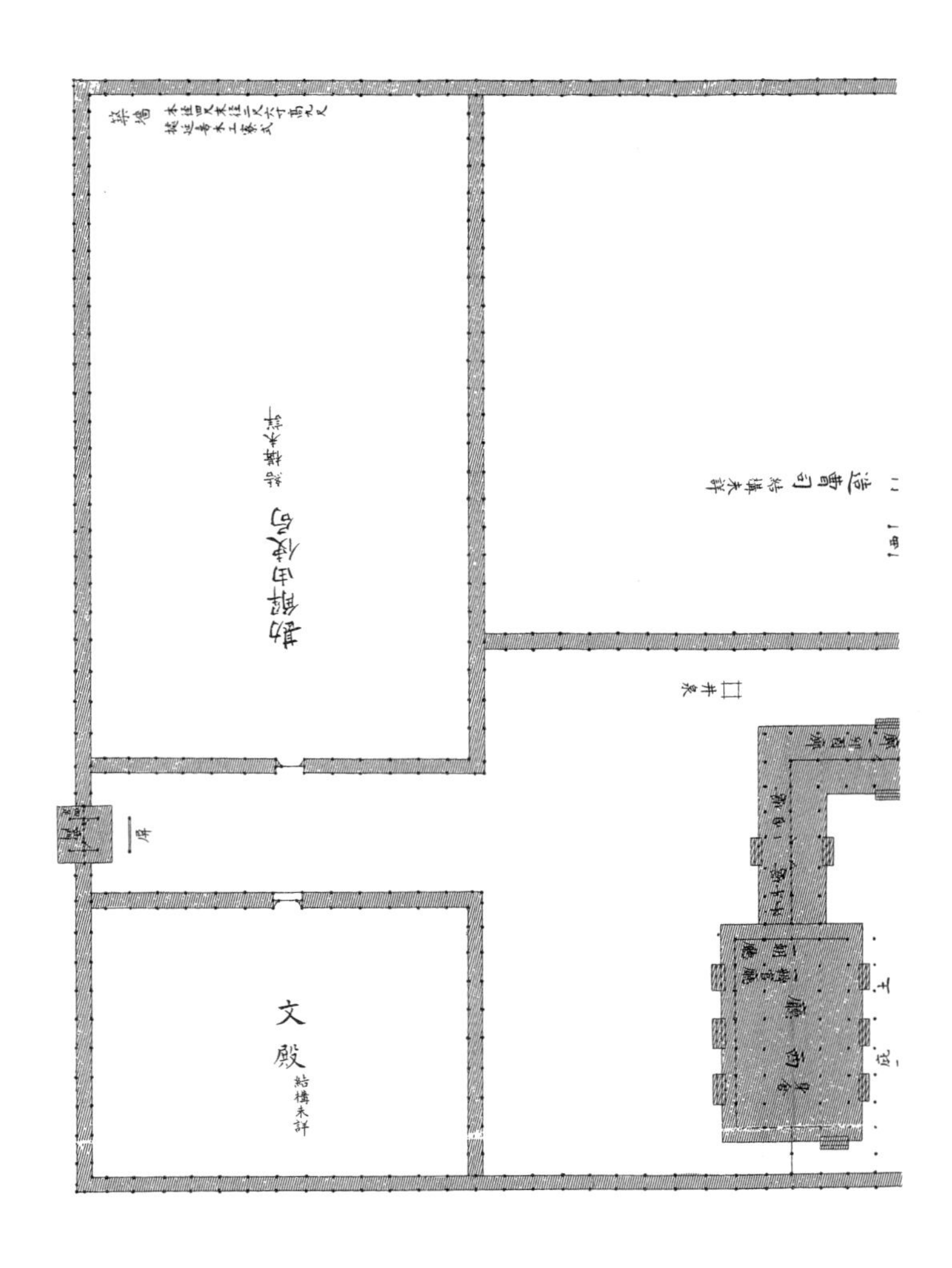

太政官朝所図

(『改訂増補故実叢書　大内裏図 他』「太政官図」〈明治図書出版，1993 年〉より)

公験（荘園の保証文書）を朝廷で審査する試みがなされていた（『図書寮叢刊』壬生家文書）。したがって、この時は官底でそうした作業が行われていたと考えられる。

また後三条朝に入り、延久二年（一〇七〇）七月二十四日付の東大寺に下された官宣旨（『平安遺文』一〇四八号）には「寺家（東大寺）は公験を下し遣わさざるの上、官底が券契を沙汰せらるるの間、裁下を相待ちて、未だ免否が定まらず」という美濃国司の言葉が記されている。このように、延久元年二月令に基づいて中央へ進上されてきた荘園券契などにつき、当初は官底で審理（「沙汰」）しようとしていたのである。

記録所の設置理由

では、官底での審理をやめて朝所に記録所を新設した理由は何であろうか。それはやはり、延久令発令に従って、荘園領主や諸国から、急遽、官底に券契をはじめとする大量の関係文書が持ち込まれ、その事務処理が立ちゆかなくなったためであろう。

ただし、記録所に持ち込まれた事案については、荘園審査一般ではなく、国司と荘園領主の間で紛争が生じた場合に限定されるという見方もある（鎌倉佐保「荘園整理令と中世荘園の成立」）。

たとえば肥前国では、新制すなわち延久荘園整理令の発令を受けて、国司が現地において荘園の停廃を強行したため、荘園領主（この場合は観世音寺）との間に紛争が生じている（『平安遺文』一七五三号）。こうした国司と荘園領主の間の相論を審議するに当たっては、弁官局の官人のみでは不十分ゆえ、先例に詳しい外記や法律に明るい明法博士なども寄人として加える必要が出てきたのであろう。そして、肥前国への命が出された数日後に記録所が設置されているので、政府の意図として、記録所の新設は、延久令の方針に背いて収公を行う国司に対して規制を加えるという側面もあったのではなかろうか。

慈円（じえん）が著した『愚管抄（ぐかんしょう）』では、記録所の設置理由について、諸国に荘園（特に摂関家領）が満ちて受領（ずりょう）の勤めが果たし難いという国司の要求を天皇が聞き入れたことに求めている。しかし、右の肥前国の例を勘案すると、実状は、荘園側と国司側の双方の主張が対立する所領を、朝廷が国家的立場から公正かつ迅速に判断・裁定することが記録所設置の最大の理由であったと考えられる。

記録所設置と伊賀国司庁宣

なお、記録所の設置月日が延久元年閏十月十一日であるならば、延久令のうち三月令の内容を記した伊賀国司庁宣の発せられた日と同日であることが留意される。ここから次のようなことも考えられる。

伊賀守の素早い行動

庁宣を発した伊賀守は藤原康基（やすもと）（一〇一三〜七五）という人物であるが（『花押かがみ』一、『平安遺文』一一四五号）、康基は延久元年当時京都におり、閏十月十一日の記録所新設のことを見聞したので、その日のうちに在地の玉瀧杣（たまたきのそま）の杣司に対して本公験の進上を重ねて命じたのではないかということである。庁宣に記された「厳制重畳す。延怠すべからず」という文言からは、延久令（三月令）の発令に加え、記録所までもが新設されたことに促され、態度を引き締めて臨もうとする康基の気持ちが推察できるとともに、伊賀国では東大寺領の玉瀧杣を停止する可能性があり、早期に記録所でその審査を行うため、国司が本公験の提出を命じたのであろう。

こうした杣は、もともと国家や寺社などが大規模造営事業に要する材木を確保するために設置した山林であったが、次第に周辺の田畠も併せ荘園化していったのである。

三　記録荘園券契所の活動と天皇裁定

記録所の職員

先述のごとく、記録荘園券契所（記録所）は、延久元年閏十月十一日に太政官朝所に新設されたが、職員については「寄人を定む」（『百練抄』）としか記されていない。しかし、後世の天永（てんえい）・保元（ほうげん）・文治（ぶんじ）の記録所がいずれも上卿―弁―寄人から成っていることからすれば、最初の延久の記録所でも、寄人の上に上卿と弁が置かれたものと考えられる。これを推測しうる史料としては、記録所の勘奏（かんそう）（審査報告）に基づいて裁定を下した太政官符・太政官牒（かんちょう）（太政官から直接の管轄下にない寺社などに発する公文書）の合わせて五通が存する。次頁の表の通りである。

これら五通の文書によれば、太政官裁定が延久二年（一〇七〇）の一通（①）は権大納言源経長（つねなが）が宣下し、延久三年の三通（②③④）と同四年の一通（⑤）はすべて権中納言源隆俊（たかとし）が宣下している。また、五通はすべて右少弁大江匡房が奉行している。こうした点からすると、宣下の上卿と奉行の弁が、記録所の上卿と弁であったと考えられる（橋本義彦「貴族政権の政治構造」）。

上卿源経長と源隆俊

そうであれば、源経長は延久元年閏十月頃から同三年四月九日病気により権大納言を辞任するまで記録所上卿を務め、経長の後任に源隆俊が就いたことになる。隆俊はその才能が後三条天皇に認められ、近臣として用いられた人物の一人であった（『古事談』巻二）。

記録所勘奏を引く官符・官牒

荘園	記録所勘奏	太政官裁定	期間	出典
①感神院領	延久二・正・二六	延久二・二・二〇	約一か月	平 一〇四三号
②正子内親王家領	延久二・一二・一一	延久三・六・二四	約六か月	平 補一一号
③薬勝寺領	延久三・三・二九	延久三・六・二二	約三か月	平 一〇五八号
④東大寺領	延久三・五・一四	延久三・六・三〇	約一か月半	平 一〇六〇・六一号
⑤石清水八幡宮護国寺領	延久三・五・二八	延久四・九・五	約一年三か月	平 一〇八三号

（出典の「平」は平安遺文を指す）

弁大江匡房

記録所の弁には大江匡房が任じられていた。匡房が右少弁となったのは記録所設置より少し遅れた延久元年十二月十七日であるので、これ以降、記録所の活動が本格化したものと思われる。匡房は天皇の即位に伴って蔵人に補され、延久元年正月には左衛門権佐にも任じられていた。天皇は、即位前より東宮学士として仕えていた匡房を即位後も次々と要職に就かせ、また同人を蔵人弁として記録所運営の中心にも据えたのである。

寄人小槻孝信・中原師平

延久の記録所では、寄人が五人置かれたという（『玉葉』文治三年〈一一八七〉二月五日条）。先の記録所勘奏五通すべてに奉行の史として左大史小槻孝信の名前がみえることから、孝信が記録所の寄人の一員であったことは間違いない。また、外記の中原師平についても、延久三年四月の宣旨で「券契所に候す」とみえるので（『地下家伝』）、師平も寄人に選ばれていた。残りの三人は不明であるが、後世の例から考えると明法博士なども含まれていたものと思われる。

なお、外記中原師平に関しては、次のような話が伝わっている。それは、後三条天皇が早くに亡くなったのは、客星（彗星や新星などの一時的に現れる星）について天皇が安倍有行ではなく中原師平の説に同意したからであるというものである（『玉葉』嘉応元年〈一一六九〉四月十日条）。この背景には、延久当時、天文関係の業務をめぐって安倍氏と中原氏の競合があり、客星の出現に関する有行と師平の相論の中で、天皇は師平側を支持した。しかし、後世、安倍氏の子孫はこうした天皇の判断が間違っており、それが天皇の早期の崩御につながったのだと述べたものである。これは延久年間において中原氏を優遇する天皇の人材登用の方針から生じたあつれきの一端を示すものと言える。

記録所の活動の流れ

さて、記録所の活動は、おおむね次のような流れで行われる。第一に、荘園領主・国司からの申状（もうしじょう）や証拠文書・荘園目録などを受理する。第二に、記録所の寄人がそれらを審査し、統一見解を記録所勘奏（きろくしょかんそう）という形で弁そして上卿に提出する。第三に、天皇に奏上して裁定を仰ぐ。第四に、天皇の裁定が下ると、その内容を記した官符や官牒を記録所と一体化した弁官局で作成し、国司・荘園領主に発給して通達する。

以下、それぞれの段階について例を挙げながら具体的にみていきたい。

関係文書の受理

第一段階の記録所への関係文書の提出とその受理については、興福寺の大和国雑役免（ぞうやくめん）荘園の例がある。当時、田畠に課せられている主な税には、官物（かんもつ）（租税）と臨時雑役（労役を米・絹などで代替）があったが、興福寺は延久元年の荘園整理令に従って「興福寺大和国雑役免坪付帳（つぼつけちょう）」（『平安遺文』四六三九・四六四〇号）を作成した。これは興福寺が大和国内に有する百五十余荘についてそれぞれの面積や坪付などを逐一書き上げたものであり、翌延久二年九月に記録所へ進上された。

そこに記された田畠の総面積は二三五七町余りに及び、そのうちの約八割が雑役免田

『一遍聖絵』に見える石清水八幡宮護国寺
＊右下（国立国会図書館デジタルコレクションより）

（田畠）であった。雑役免田とは、雑役分の負担（雑役勤仕は段別一斗の米などに換算して代納された）を国衙（国の役所）に納入することを免除された荘園で、その免除分は領主である興福寺が取得した。ただし、官物分は国衙に納入される。

　このように、興福寺という大寺院であっても、大和国内の雑役免田について調査・報告させ、その関係文書を記録所が受理しているのである。

審査から裁定通達まで

　次に第二段階の記録所での審査から第四段階の裁定内容の通達までについては、石清水八幡宮護国寺領のケースを例として確認したい。

石清水八幡宮護国寺領の例

　石清水八幡宮護国寺は、同宮の境内に位置する神宮寺である。その寺領荘園は畿内・近国の六か国に散在し、計三四か所の荘園がこのたび記録所で審査された。そして、延久三年（一〇七二）五月二十八日に記録所勘奏が出され、最終的には翌延久四年九月五日付の太政官牒により、三四か所のうち、二一か所は旧のごとく領掌（免除認可）され、一三か所は停止された。しかし、領掌されたものでも八か所は一部が停止されたうえでの認

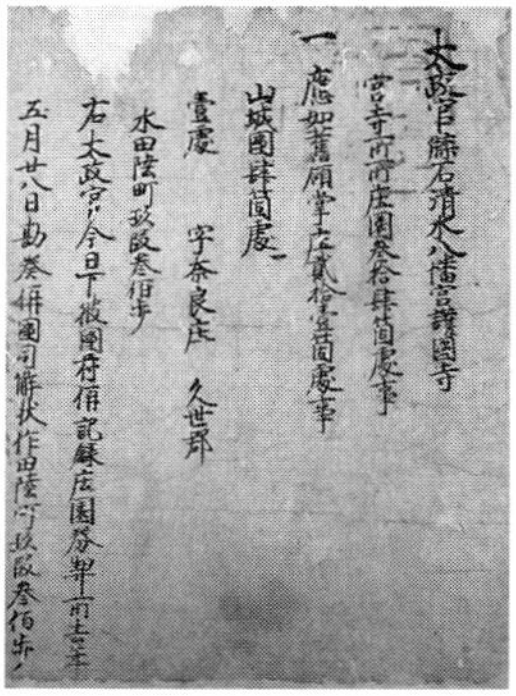

（中略）

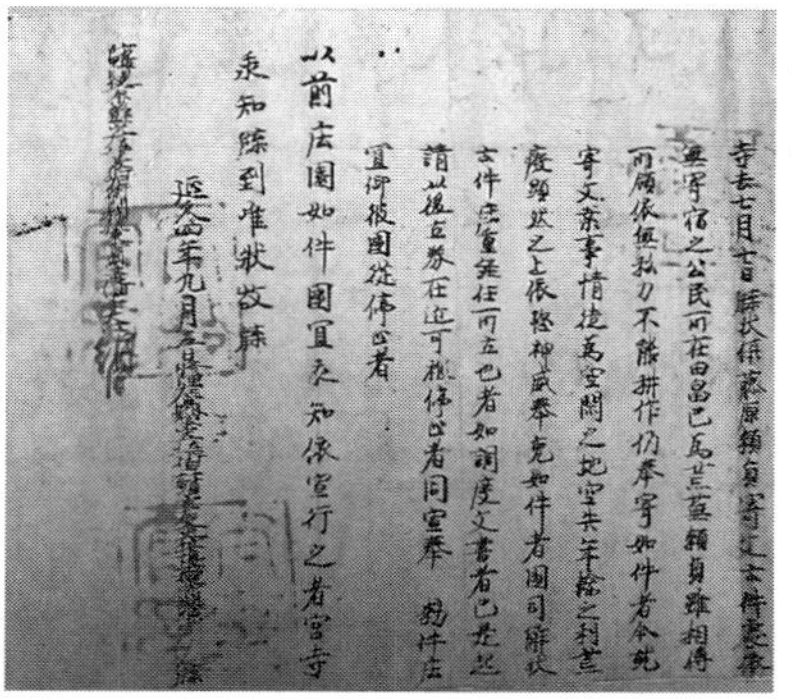

延久４年９月５日太政官牒（石清水文書，石清水八幡宮蔵）

可となっている（『平安遺文』一〇八三号）。

　この護国寺領荘園につき、領掌と停止を一覧にしてまとめると次頁の表のようになる（西岡虎之助「後三条天皇の荘園整理政策下の石清水八幡宮宮寺領荘園」、西谷正浩「平安時代における荘園制の展開と土地制度の転換」、鎌倉佐保「荘園整理令と中世荘園の成立」）。表の「免除認可分」と「停止分」の欄の田畠面積等については、「免除認可分」が荘園領主たる石清水八幡宮護国寺の権利認定を、「停止分」が各国衙の権利認定を意味する。

　表の「停止理由」の欄において「寛徳二年以後」とあるのは、史料上「起請以後」と記されているもの、もしくはそのように判断されるものである。よって荘園が停止された理由としては、寛徳二年以後に新たに荘園となったことがあり、他には荘園の成立が寛徳二年以前であっても公験がないこと、相博（そうはく）田（でん）（やせた土地を肥えた田地と交換したもの）や籠作公田（ろうさくこうでん）（本来正式に租税を免除された荘田である本免田以外の土地を荘田と称して耕作したもの）とみなして国衙に税を納めず国務に妨げが生じていることなどがあった。この石清水八幡宮護国寺領の全体像から、まずは各荘園の認可と停止が、延久荘園整理令の整理基準および整理内容を遵守した上で判定されていることが確認できよう。

さらにこの諸荘園の中から若干の例を取り上げ、もう少し立ち入って記録所の活動の

停止分	停止理由
作田 2 町	寛徳二年以後
作田 10 町 9 段余	公験なし
相博田	相博田
本免以外	非本免田
浮免田 40 町	寛徳二年以後
籠作公田官物雑事	籠作公田
加免 50 町	寛徳二年以後
新免田 20 町	寛徳二年以後

停止分	停止理由
畠 8 町，在家本空閑地 2 町	公験なし
権現燈油奉仕の住民田畠	公験なし
田 26 町 9 段	籠作公田
田 7 町 9 段 60 歩	籠作公田
田 2 町 2 段 180 歩	籠作公田
田 8 町 5 段 180 歩	籠作公田
田 6 町 300 歩	籠作公田
田 17 町 160 歩	籠作公田
田 1 町 2 段 240 歩	籠作公田
田 8 町 1 段 280 歩	籠作公田
田 7 町 7 段 180 歩	籠作公田
田 3 町	寛徳二年以後
藤原頼貞寄進荒廃地	寛徳二年以後

石清水八幡宮護国寺領34か所の認可と停止

〔免除認可すべき荘園21か所〕

No.	国名	荘　園	免除認可分
1	山城	奈良荘	水田6町9段300歩
2	〃	川原畠	本免畠12町
3	〃	奈美・富野	火長2人臨時雑役
4	〃	稲間荘	水田29町2段50歩
5	河内	三宅山	山1400町，御倉町幷館院等内地6町，免田23町
6	〃	掃部別宮	御供田5町9段
7	〃	誉田山陵三昧田	田地15町
8	〃	甲斐・伏見荘	山地，宅，栗林，田地
9	〃	矢田荘	墾田6町8段
10	〃	大地荘	田畠25町3段282歩
11	〃	林燈油薗	免田14町5段200歩
12	和泉	放生米代荘	放生米代荘園
13	〃	御香薗	免田10町，寄人15人臨時雑役
14	美濃	泉江荘	田地110町4段240歩
15	丹波	安田園	田地10町
16	紀伊	野上荘	田32町1段
17	〃	鞆淵薗	水田13町180歩
18	〃	隅田荘	水田29町
19	〃	衣奈園	水田4町6段
20	〃	薗財荘	水田30町，畠20町
21	〃	出立荘	荘田荒熟幷20町

〔停止すべき荘園13か所〕

No.	国名	荘　園	免除認可分
1	山城	河原埼地	
2	〃	寺戸・蝦手井	
3	河内	錦部郡内一所	
4	〃	古市郡内一所	
5	〃	安宿郡内一所	
6	〃	讃良郡内一所	
7	〃	若江北条内一所	
8	〃	志紀北条内一所	
9	〃	志紀南条内一所	
10	〃	八上郡内一所	
11	〃	交野南条内一所	
12	和泉	山本浮免田	
13	紀伊	名手荘	

河内国大地荘の場合

実態をみてみたい。

まず河内国大地荘（おおじのしょう）の場合である（表のNo.10）。この荘園は田畠合わせて二五町三段二八二歩の広さを有するもので、長保年間（九九九〜一〇〇四）以後、代々の国司が免除を認定してきた国免荘（こくめんのしょう）である。荘園領主の宮寺側の言い分は、八幡宮を創建した行教（ぎょうきょう）の毎年正月の遠忌会料（おんきえりょう）に当てるために荘園として必要だという。一方、国司側は荘園の面積を二五町一三〇歩であると主張してきた。

これらを踏まえ、記録所の審査結果は、荘園の成立が「起請以前」すなわち寛徳二年（一〇四五）以前であるので、裁許（免除）でよいのではとした。ただし本免田以外は停止すべしと判定したが、一応保留し後三条天皇の裁定にゆだねた。これをうけて天皇は、大地荘を旧のごとく免除するが、本免田以外は停止するという裁定を下した。それは記録所勘奏に基づくものであった。

丹波国安田園の場合

次に丹波国安田園（やすだのその）の場合である（表のNo.15）。この荘園は田地が一〇町の広さを有する。宮寺側の見解は、長元（ちょうげん）八年（一〇三五）に国司が一〇町の免田と寄人二〇人の雑役を免除して以来、代々の国司も免除してきたという。つまり国免荘である。これに対し、延久年間の国司の解状（げじょう）では、現在国免荘が三〇町あり、その中の一〇町は長元八年に初めて免除されたが、残りの二〇町は治暦二年（一〇六六）に追加で免除されたものという。

これらに基づき、記録所の審査結果は、起請（寛徳二年）以前の一〇町は本免田として裁許し、それ以後の二〇町は停止すべしと判定した。そして天皇の裁定も記録所勘奏の通りとなっている。

審査の判断基準

こうした事例からわかることは、記録所では荘園領主と国司の双方の申告（注文）を聞き、それに基づいて記録所の審査結果を勘奏として太政官に提出した。その内容は、免除、停止、判定保留の三種に分かれており、保留については、太政官が最終的に天皇の判断を求めその裁定に従った。そして、免除、停止、保留の判断基準となったものは、言うまでもなく延久荘園整理令で示された内容であったということである。改めてそれを記せば、寛徳二年という基準線の前後、本公験（荘園認可の官省符や国司免判）の有無、国務遂行妨害（徴税忌避など）の有無である。

また右に挙げた二荘園の例では、ともに荘園としての裁許が本免田に限定されていることも重要である。これは、先にみたように、寺社に対する造内裏役の賦課につき、本免田は除外するという方針と密接に関わっているものであろう。

ところで、石清水八幡宮護国寺領の場合、記録所勘奏から太政官裁定までの期間が約一年三か月という長期になっているが、これは審査対象となる荘園の数が非常に多いことに加え、記録所での判断が保留され天皇の裁定が求められた荘園がいくつかあるように、朝廷の尊崇が篤い石清水八幡宮の宮寺領であったため、特に裁定を慎重に行ったからであろう。

天皇裁定

右の石清水八幡宮護国寺をはじめ記録所勘奏が残る史料全般によれば、天皇の裁定はほぼ勘奏の追認となっている。記録所が判断を保留した案件についてはもちろん最終的な天皇の裁定が要請されたが、その場合でも多くは勘奏の判定案をほぼそのまま裁可している。こうしたことから、後三条天皇は、記録所において審査し提出された勘奏の内容に大きく依拠していたということが言えるであろう。

関係者への通達

そして天皇の裁定が確定すると、記録所の上卿・弁・史（寄人の）が弁官局として通達文書を作成し、国司には太政官符を、寺社などの荘園領主には太政官牒を発給したのである。

国司・荘園領主双方の荘園整理の意味

延久荘園整理令は国司と荘園領主の双方にとってどのような意味があったのであろうか。国司にとっては、国内の公領が増加することで国衙財源が好転し、また同時期に行われた内裏造営のための造内裏役を円滑に徴収する上で大きな後ろ盾を得ることになった。

一方、荘園領主にとっては、多くの荘園が寛徳二年以前の本免田に限定されたとはいえ、荘園整理によって逆に荘園の領有を国家から確実に認定されたこととなり、以後の荘園存続や拡大につながるという重要な意義を有したのである。

では、延久の荘園整理事業において、政治史上重要な存在であった摂関家領についてはどのように扱われたであろうか。

摂関家領で整理対象となったことが確認できる例として上野国の土井荘がある。これは後三条天皇が記録所を創設した時に停止されたという（『後二条師通記』寛治五年〈一〇九一〉十二月十二日条）。土井荘は、起請以前すなわち寛徳二年以前の券契（証拠文書）が存在したにもかかわらず、官物の未進があったため、国務の妨げをなしたとして停廃された荘園である。

また延久時に左大臣であった藤原師実は、後年、自分は後三条天皇の時代の荘園整理に際して荘園関係文書を天皇の召しにより進上したので、これを進上しなかったという話は誤りであると述懐している（『後二条師通記』康和元年〈一〇九九〉六月十三日条）。

さらに、鎌倉時代の建長五年（一二五三）に作成された『近衛家所領目録』には、宇治殿領（関白頼通の荘園）の伝領の次第が書かれ、その奥書に「所領の濫觴（始まり）は、委しくは延久二年十月六日の進官目録に見える」と記されている。延久度の荘園整理に際して、摂関家は延久二年十月に所領の「進官目録」を作成し、朝廷に進上していたのであった。

これらから、延久の荘園整理事業では、原則として摂関家の荘園であっても全体として整理の対象となっていたとみられる。

藤原頼通の平等院領

そうした中で整理の対象外となった荘園があった。藤原頼通の平等院領(びょうどういんりょう)である。頼通は、後三条天皇が即位すれば必ず摂関家領も例外なく荘園整理の対象とされることを予測していたので、後冷泉朝のうちに、いわば駆け込みで平等院領を成立させておいた(藤本孝一「延久荘園整理令に関する学説批判」、同「治暦四年における後三条天皇と藤原頼通」)。

そもそも平等院は、後冷泉朝の永承(えいしょう)七年(一〇五二)に藤原頼通が宇治の別荘に建立したもので、翌年には阿弥陀堂(鳳凰堂)が建てられた。後冷泉天皇はその晩年の治暦三年(一〇六七)に平等院へ行幸し、封戸(ふこ)(食封(じきふ)ともいう律令制下の給与で、五〇戸を単位としその税を収入として与えた)三〇〇戸を寄進している。そして頼通は、その翌年三月に荘園整理の予防策として後冷泉天皇から課税の免除を獲得して平等院領を立荘(りっしょう)したのである。

しかし、それは寛徳二年以後成立のため、延久荘園整理令の整理基準からすれば明らかに違反したものとなっている。『古事談(こじだん)』巻一に掲載された逸話には、平等院に国司の使者が調査に向かったところ、頼通は丁重に接待する用意をしていたが、使者の方が恐れをなして逃げ帰ったという一件があるが、これは前関白頼通の権威がいまだ絶大であったことを示す一方で、本来は平等院領も荘園整理の対象であったことを示唆しているものと考えられる。

平等院領は整理対象外

ただし、その後、平等院領を含む頼通の荘園のみは整理の対象から外されたようである。そのことを伝える慈円（じえん）の『愚管抄（ぐかんしょう）』には次のようにある。

天皇が宣旨を下し荘園領主が所有する荘園の証拠文書を提出せよと命じたところ、宇治殿藤原頼通の返事は、「私は五十余年も天皇の後見を務めてきたので、所領を持つ者が私と強縁を結ぼうとして荘園を寄進してきたが、自分は、そうか、などと言うだけで、受け取って過ごしてきた。したがって、どうしてそのような荘園に証拠文書などがあるでしょうか。よって私の領地だと称している荘園で、不当なものや不確かなものがあれば、少しも遠慮されずに停止してください。そもそもこうした荘園の整理は、関白であった私が沙汰すべき事柄ですので、すべて廃止されるべきです」というものであった。そして、頼通がこのようにきっぱりと返答したので、天皇の計画とは齟齬することとなり、天皇は長い間思案した結果、別に宣旨を下し、記録所への文書提出について、頼通の荘園は除外することにしたというものである。

頼通の荘園の中心は平等院領であったと思われるので、これを今回の整理・停廃から除外したということになろう。その際、後三条天皇が頼通領の扱いについて長く思案したのは、平等院領が兄後冷泉天皇および関白頼通の意志と深く関わって立荘されたからであり、それゆえに例外的に扱われ、記録所での審査を不問としたのであろう。

その後の記録所

延久の記録所は、荘園整理を強力に進めるため、摂関家や大寺社といえども荘園の券契や目録などを進上させ、それを審査する機関であった。しかし、この組織は恒久的とはならず、次に設置されるのは、白河院政期の天永二年（一一一一）である。天永の記録所では、訴訟審理機能が中心となり、主に伊勢神宮領の拡大を抑える目的があった（下向井龍彦「天永の記録所について」）。次は後白河天皇親政期の保元の記録所である。この場合は荘園券契の審査に加え、「社領並びに神事用途」と「寺領並びに仏事用途」の調査機能を持った。さらに後白河院政期の文治三年（一一八七）に設置された文治の記録所では、諸司・諸国・諸人の訴訟および荘園の券契に関する審査決定と、朝廷の公事に必要な費用の定数を調べて報告する機能などを備え、伊勢神宮・宇佐宮の役夫工米（両宮の式年造替に際し諸国に課される臨時課役）の賦課にも関与した（『玉葉』文治三年二月二十八日条）。

このように、天永の記録所以降は、その機能として荘園券契の審査よりも訴訟の裁決や、仏神事用途・朝廷公事用途の確保といった財政維持機能が重視されるようになっていく。そして鎌倉時代以後は記録所がほぼ常置されるようになるが、特に後嵯峨院政期より朝廷の訴訟制度がいっそう整備され、院政時に院文殿が置かれたのに対し、記録所は天皇親政時に雑訴処理の中枢機関として重要な役割を果たすようになる。さらに後醍醐天皇の建武政権では新政を象徴する機関にもなるのである。このように院政期から中世に及ぶ記録所の機能は重要となるが、その起点は後三条天皇が新設した記録荘園券契所にあり、延久の記録所創設の歴史的意義は大きい。

平安宮造営事業との一体性

以上、延久の荘園整理事業について述べてきたが、これは当時の平安宮造営事業と一体性を持ちながら遂行された。たとえば記録所の職員は弁官局の弁や史が実務の中心的役割を果たしたが、それは造内裏行事所や修理左右宮城使も同様であり、大夫史小槻孝信など実際に兼任する人物もいた。また荘園整理令に基づいて国司の公領確保の動きが促進されることは、平安宮の造営経費に宛てられる国衙財源の確保にもつながるものである。特に延久荘園整理令で荘園の本免田を確定し、それ以外の荘田は公領とともに造内裏役が一国平均役として課されたことは重要である。

こうしたことから、延久年間には荘園整理事業と平安宮造営事業とを相互に関連させながら、一体的政策として推進していったものと捉えられる。

後三条天皇の新政策

本章と前章で述べてきたように、後三条天皇は荘園整理と平安宮造営の両事業に関する新たな政策として、荘園関係文書の進上、その集中審査のための記録荘園券契所新設、重任功の停止、築垣修造経費の前司・後司分担、そのための修理左右宮城使の新設などを行った。さらに後述する宣旨枡（せんじます）の制定などについても、大量の造宮料米を円滑に収納する上で画期的な政策となった。

前代からの継承

ただし、荘園整理令（全国令）の発布と造内裏役賦課との関連は、実はそれ以前、後朱雀天皇の長久年間からみられ、造内裏役を一国平均役として課す方式が実施されたのも同じ時期からである（詫間直樹「一国平均役の成立について」）。また延久令で採用された整理基準（寛徳二年以後の新立荘園停止）は後冷泉朝に出された天喜令のそれを引き継いだものであり、官底や記録所での公験の中央審査方式も、その端緒は同じく後冷泉朝の治暦元年（一〇六五）にみられた。

延久の記録所の臨時性

延久年間には造内裏役の全国的賦課、記録所での厳格な荘園審査が行われたが、これらはいずれも前代からの政策を継承し、それを発展・強化したものと言える。後三条朝の政治には、こうした性格もあったのである。

なお、延久の記録所は恒常的な組織とはならず、実質四か年ほどの臨時的機関として存在した。このことからも、記録所は内裏の再建が成ったことをうけ、一定の役割を終えて組織が解消されたものと考えられる。記録所のこうした臨時性にも注目すべきであろう。

第五　財政政策

後三条天皇は荘園整理事業を遂行して公領を確保することと並行して、国家財政の再編にも取り組んでいった。天皇が政治の主導権を発揮するためには、当然のことながら中央財政の経済的な裏付けが必要とされたからである。ここでは、延久(えんきゅう)の宣旨枡(せんじます)をはじめとする国家財政基盤の確立を目指した主要な財政政策を取り上げ、それらと当時の基幹政策である平安宮造営事業との関わりをみてみたい。また内廷経済の再編などについても併せて述べることとする。

一　国家財政基盤の確立

絹と布の品質を公定

延久の荘園整理令を発した翌年の延久二年（一〇七〇）二月七日、天皇により絹と布の品質が公定された。絹と布はともに古代の税品目であったが、絹が生糸(きいと)で織った絹織物を指すのに対し、布は一般的に麻で織られる。このような素材の違いがあるように、両者の品質には大きな差異があった。

絹については、原則として一疋分の重さを三両二分（約五〇グラム）とした。「疋」は「匹」とも記され、絹織物の規格寸法の単位である。律令の規定では、一疋の長さと幅の規定があったが、絹織物の品質は絹糸の重量で左右されるため、天皇はその重量を明確にすることで朝廷に納入される良質の絹の確保を図ったのである。なお、麁糸の国（『延喜式』では貢納する絹の品位によって国が区分され、その中で粗い糸を産する国。駿河以下の十一か国）については、過去のある年の疋別数を用いさせることとした。

また布については、布の品質を定めた「布法」が近代には見当たらないので、それぞれの国ごとに布をできばえ良くすべきことなどが定められた。

延久二年の措置は、絹や布といった貢納物の品質が定まっていない状況の中で、改めてこれを公定したところに意義が認められ、こうした措置により、国家財政の安定化を図る目的があったものと思われる。そして、これはその二年後に行われた沽価法の制定とも関連していくこととなる。

沽価法の制定

延久四年（一〇七二）八月十日には、沽価法が定められた（『百練抄』）。「沽価」は「估価」とも記し、売買の価格の意である。沽価法とは、古代・中世において朝廷や国衙の市場で売買される公定価格や物品の換算率を定めた法である。律令制にも沽価（估価）はあったが、平安時代中期からは特に京の市での価格を規定する法令として朝廷がいく度か沽価法を制定していった。延久以前の例としては、村上天皇の天暦元年（九四七）と応和年間（九六一〜九六四）、花山天皇の寛和二年（九八六）、後一条天皇の万寿二年（一〇二五）の沽価法がある。これらの前例は、各天皇とも代始めの新制の一環として、施行もしくは計画されたものとみられている（保立道久「中世前期の新制と沽価法」）。

延久の沽価法

しかし、延久の沽価法発令については、即位後四年目に当たることから、代始めではないことに注意しなければならない。

延久四年の沽価法は、『百練抄』に「沽価法を定む」と記されるのみで、その詳細は不明である。しかし、寛和の例で「京中の物直、沽売法を定めらる」（『本朝世紀』）とあることなどからすると、今回も延久当時、平安京の市において取り扱われる諸物価や、諸国から納入される物資の交換比価を新たに決定したものと考えられる。

延久から約百年後の治承年間には、沽価法の実施に関して、九条兼実の日記『玉葉』に「寛和・延久の聖代、其の法（沽価法）を定め下され了ぬ」、「年々の沽価法天暦・応和・寛和・延久等なり。長寛の比、この沙汰に及ぶと雖も、始終の事なし。を尋ね見るに、此の中、延久は尤も委細」と記されている（治承三年〈一一七九〉七月二十五日・二十七日条）。

ここで「延久は尤も委細」とあるように、京中の市の価格を規定した法令として、延

寛和・延久沽価注文

久度のそれは最も詳細なものであったのだろう。このように後世においては延久度の沽価法が高く評価されているが、史料的制約からその実態についてうかがうことは難しい。ただ、治承三年には、官務家（太政官弁官局の史の最上首を世襲する家）の小槻隆職が九条兼実の許に「寛和・延久沽価注文」という書類を持参していることが留意される（『玉葉』治承三年七月二十八日条）。残念ながらこの注文の内容までは知りえないが、そこには寛和二年と延久四年のそれぞれの時点における平安京市場価格が詳細に記されていたものと思われる。さらには、中央と国衙との間における納入物資の換算率などが記載されていた可能性もあろう。

延久の宣旨枡

延久四年九月二十九日、後三条天皇は新たに公定の枡を定めた。延久の宣旨枡（宣旨斗）と称されるものである。『扶桑略記』同日条に「斗升法、長保の例を拠用すべきの由、下知す」とあるように、このたびの斗升法すなわち量制の制定は、一条天皇の長保年間（九九九〜一〇〇三）に定められた長保例に拠るべきことが「宣旨」によって諸国に命じられた。ただし、長保年間の斗升法については史料的に明らかでない。また『東寺長者補任』には「延久四年、今年、斗升の寸法、之を定めらる」とあり、一斗や一升（一斗の十分の一）の容量を量る枡の寸法が決められたという。

宣旨枡の大きさ

たとえば、『伊呂波字類抄』には「斗延久宣旨云、方一尺六分、高三寸六分、」と記される。これに従えば、

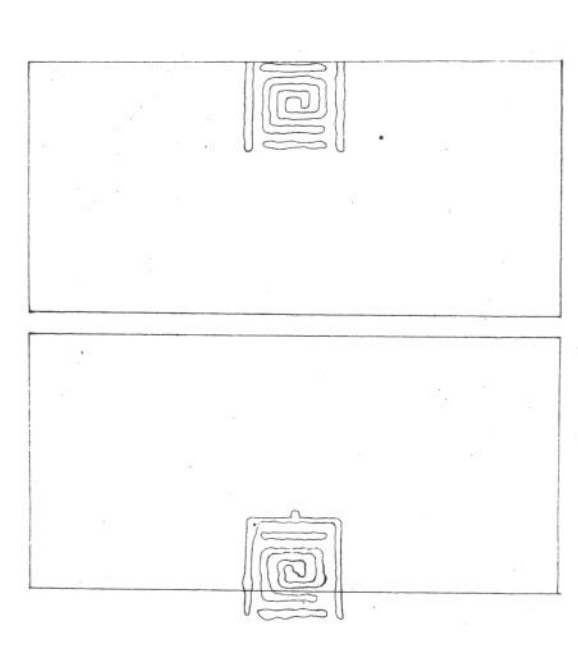

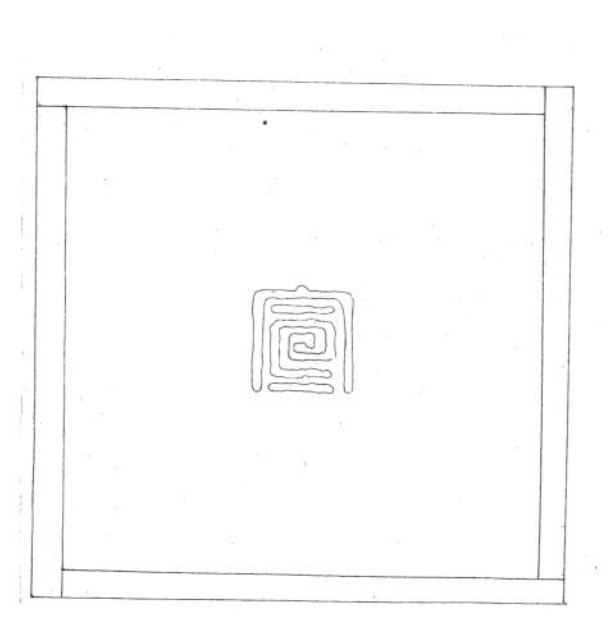

『集古図』所収の「宣字升」図（国立国会図書館デジタルコレクションより）
＊底面（右）と側面（左）

「宣旨斗」は延久の宣旨により一斗の枡として定められたものであり、その大きさは、約三〇センチ四方で、高さ（深さに同じ）が約一〇センチであった。宣旨枡の一升は、後世の京枡（中世に京都を中心に用いられた枡。織豊政権下で公定枡となる）の約六割の容積（六合二勺余）に相当する。

延久の宣旨枡の実物は今に伝わっていないが、江戸時代後期の好古家藤貞幹（一七三二～九七）が著した『集古図』に、宣旨の意を表す「宣」の字の印が捺された枡の図が記載されている。

この宣旨枡については、延久当時の貴族の日記などに関連する記述が残っていないため不明な点が多いが、鎌倉時代に成立した歴史書『愚管抄』（慈円著、一二二〇年頃成立）や説話集『古事談』（源顕兼編、一二一二～一二一五年に成立）に関係史料が存しているので、これらを掲げておきたい。

まず『愚管抄』巻四の記述を示す。

関係史料

愚管抄

この後三条天皇が皇位にあられる時、延久の宣旨斗というものが定められて、今までそれを基準として用いられている枡についてまでご指示があった。枡を用意して御前に進上したところ、天皇は清涼殿の庭において実際に砂を入れてお試しになった。それにつき「これは大変なことだ」と天皇を賞賛し尊敬する人もあった。

ここでは、今まで基準としてきた枡にまで天皇の指示があったと記しているので、これから考えると、基準枡以外のさまざまな容量の枡も取り寄せて計測したことがうかがえる。すなわち清涼殿の庭で同量の砂を入れて、それぞれの枡の容量がどのように異なるのかを計測したのであろう。つまり、枡の基準が統一されていない現状の確認であったと思われる。

古事談

また『古事談』巻一には次のように記される。

延久の善政と称されるもののうちでは、まず後三条天皇が器物を作られたことがある。蔵人頭藤原資仲がこれを奉行したという。枡を召し寄せられて、いろいろと取り回して御覧になり、御簾を折って枡の寸法を計られた。また米を穀倉院から召し寄せて、御殿の小庭において蔵人・出納らが検知して、雑役に従事する小舎人に計測させた。その計測した米を紙屋紙に包んで持ってこさせたので、これを天皇が御覧になり、容量に誤りがないことを確認し、封をしてから御持僧（護持僧）のもとに遣わされた。一斛（十斗、宣旨斗の一〇倍）を量る大型の枡として方形の箱を一方に取り付け、他方に石を括り付けて下げて重しにして、両者を跨木（ふたまたに分かれた木）にかけ、穀倉院において諸国から進上された米を納められた。こうしたことから、「何石」という際に石の字を用いることとなったのである。その器物の石等は、今も穀倉院にあるという。

ここでは延久の善政と称されるものの中で、後三条天皇が米の容量を計る枡を決めたことが挙げられる。天皇は、当時使用されていたさまざまな枡を取り寄せて、その内法を計測した。計測の際には、内裏の殿舎に懸けている御簾から部材を引き抜いて物差しがわりに使用した。実際の米をそれらの容器に入れて、米の容量（体積）を蔵人などに計らせた。そして計測した米は紙に包んで基準とし、天皇が見て容量に誤りがないかを確認した上で封をして護持僧のもとに届けた。これはこの分量で定まるように祈禱をさせたのであろう。また跨木の両端に一斛を量る大型の方形枡と基準重量の石をそれぞれかけて、米と計測器を穀倉院に納めたという。

右の二つの史料から、後三条天皇は、内裏清涼殿の庭で、用意されたさまざまな枡に砂や米を入れ、自ら容積を調査・確認して新たな公定枡の作成に取り組んだ様子がうかがえる。天皇は、こうした積極的な作業を経て量制の再制定を図ったのである。

制定時期の異説

なお、宣旨枡の制定時期については、堀河天皇の寛治年中（一〇八七〜九三）に下るという説もあり、合・升・斗・斛を寸法で定めたとして、具体的な数値が記された史料もある（『潤背』）。しかし、寛治年間より前の応徳三年（一〇八六）の文書に「宣旨御斗」とあり（『東寺百合文書』）、また鎌倉時代前期の文書（『大東文書』、『東寺百合文書』）に「延久宣旨斗」という注記がなされていることなどからすれば、やはり「宣旨斗」の制定は、寛治年間より前、すなわち後三条朝の延久年間と考えて間違いない（宝月圭吾『中世量制史の研究』）。

鎌倉時代の宣旨枡

延久の宣旨枡は、これ以降、少なくとも鎌倉時代末期までは国家公定枡として位置づけられ、米の計量において統一的基準を保つこととなった。鎌倉末期の元徳二年（一三三〇）には、後醍醐天皇が京都の米価について宣旨枡の一斗（十升）の米価を銭百文と公定している例もある（『東寺執行日記』）。

以上に述べたように、延久二年（一〇七〇）に絹・布の品質の公定化が行われ、次いで延久四年（一〇七二）八月には物価公定策である沽価法が決定され、さらに同年九月には公定枡である宣旨枡が制定された。

これらはそれぞれに財政上の意義を有したが、特に沽価法の制定については、二年前に品質規格が定められた絹・布の現物貨幣として利用を統制する意味があった。またそれは、価格を公定する上で大きな意味を持つ米穀の量制を確定させるための宣旨枡制定にもつながるものであって、これらは一連の経済政策と評価することができる。

平安宮造営事業との関わり

先に「第三　平安宮造営事業」でも述べたように、延久三年以降は宮城大垣などの修造において、その経費（料物）が絹や米で納入されるようになった。つまり、築垣(ついがき)修造で必要とされる物資を絹・米などに換算する必要が生じたが、そこでは延久の沽価法が有効に機能したものと思われる。

また宣旨枡制定については、後三条朝当初からの荘園整理事業や内裏造営事業などに伴って進上されてきた大量の米につき、その統一基準を定める必要性が大きくなり、実施されたものであろう。すなわち、宣旨枡は内裏や大垣などの造営料としての米を検納する上で、重要な役割を果たしたのである（詫間直樹「延久度造宮事業と後三条親政」）。

平安京再建の意図

さらに視点を広げると、沽価法や宣旨枡の制定は京内や京と諸国の流通経済をも促す効果が期待されたことから、天皇は平安宮（大内裏）にとどまらず都市としての平安京全体を再建しようとする意図があったと考えられる。

このように、絹・布の品質の公定、沽価法の制定、宣旨枡の制定などの各政策はそれぞれ密接に関わり合うものであり、かつ平安宮造営事業や平安京の都市機能を財政面で支える重要な経済政策であったと言えるのである。

二　内廷経済の再編

天皇主導の下に新政策を行う前提として、天皇家の内廷経済を充実させることも必要となった。そのために内廷官司の財源確保や天皇への供御米（くごまい）の徴収など、いくつかの施策が行われる。これは平安宮造営事業が遂行される一方で、天皇・皇族の日常の内廷活動を安定的に併走させるための諸政策とも言える。

諸司納物等の注進

後三条天皇は即位した翌年の延久元年（一〇六九）六月七日、勅により、諸司の損色（そんじき）（建物の破損や修理の見積）および納物数（諸国から収められる税）・累代相伝物などの注申（ちゅうしん）を命じた（『土右記』）。これは、当時の諸司の財政状況について現状を把握するための第一段階の施策である。そして、その報告に基づいて内廷官司を中心に諸司納物の確保を図っていくことにした。

料国制

天皇が諸司への納物を滞りなく納めさせる方策として採用したのは、中央出納官司を介さずに諸国から直接各官司に料物（りょうもつ）を納めさせる方式の「料国制（りょうこくせい）」であり、その拡大化であった。そもそも料国制は中央諸司への納物を諸国に割り当てて納めさせる仕組みであり、すでに九世紀末から十世紀初め頃には部分的に導入されていたが、その段階では臨時に官符や宣旨を発給して命じるものであった。それが長久年間に至ると「永官符」（朝廷が国を指定して永代にわたり賦課を命じる官符）により国宛を指定する方式が採用された。

主殿寮の例

たとえば主殿寮では、後朱雀朝の長久四年（一〇四三）の段階で、宮廷殿舎や神事・仏事に際して用いる灯明の主殿寮納油について、三十四か国が永官符の国宛国に設定されていた（治承五年〈一一八一〉正月十九日主殿寮解、『平安遺文』三九九四号、勝山清次「便補保の成立について」）。

造酒司の例

こうした料国制を後三条天皇が拡大再編した具体例として、造酒司のケースがある。鎌倉時代の嘉禄二年（一二二六）十一月三日、造酒司に下された官宣旨（『平戸記』仁治元年〈一二四〇〉閏十月十七日条所引）によれば、造酒司への諸国の納物の色目（種類）は、「延久宣旨」と「康和抄帳」に載せられていたという。そしてそれが「式数」（定数）として、鎌倉時代に入っても固定されているのである（福島正樹「中世成立期の国家と勘会制」）。ここにみえる「延久宣旨」や「康和抄帳」については、いずれも内容の詳細は不明であるが、延久の宣旨が起点となって造酒司への諸国納物が定められたことがうかがえる。おそらくこうした方式の採用は、他の内廷官司や朝廷諸公事用途を扱う官司にも適用されたものと推測される。

すなわち、料国制は十一世紀中葉の後朱雀朝に主殿寮などで制度的に確立したが、それを延久年間には後三条天皇が造酒司など他の官司にも拡大したのである。

便補保

十二世紀以降になると、延久年間に拡大した料国制による諸司納物の調達制度は、便補保という土地が設定され、そこからの収穫物が充てられるようになる。そして、この便補保は少なくとも鎌倉時代まで存続し機能していく。

大炊寮御稲田

さらに、天皇家の内廷経済を充実させるための一方策として、天皇の食膳に出す供御米を確実に徴収する目的で新たに大炊寮御稲田の制度が採用された。大炊寮は宮内省の被官官司の一つで、諸国の舂米（稲穀をついて精白した米）や雑穀を収納し、また宮中の神事・仏事の供物等を諸司に分給したり、天皇の食膳の米や宴の管理などを行うという職掌を有した。しかし、延久年間にはその収取体制が十分に機能しなくなっていたことから、新たな措置が必要とされたのである。

畿内官田から供御田へ

もともと令制では、供御米を納めさせるため、畿内の大和・摂津・河内・山城四か国に官田（天皇に食料を供するために置かれた田地）百町を設置しており、これを宮内省が管轄していた。そしてそこに宮内省から雑任を田司として送り込んで作田と収納を行わせていた。しかし、平安時代前期の天安元年（八五七）には、供御料稲を進納する国が山城・摂津・河内の三か国になっており（『類聚三代格』貞観四年〈八六二〉二月十五日付太政官符）、大和国がはずれていたのである。

この供御料稲進納国（山城・摂津・河内）では、在地の郡司の責任で郡単位に供御料稲が進納されたと考えられているが、十一世紀半ば頃からはそうした体制が十分に機能しなくなったようである。そこで、これに代えて後三条天皇が採用したのが、山城・摂津・河内の三国内に供御田として御稲田を設定し、そこから稲を大炊寮に納めさせるという制度である。そのために、三か国には一、二反程度の御稲田とともに、稲を貢納させる供御人も定められた。供御人とは、中世において天皇に食事などを貢納する人々で、貢納と引き換えに免田を給付され、その分の課役を免除された。

御稲田の設置は延久年中

「御稲田供御人」の史料上の初見は、『本朝世紀』久安五年（一一四九）十一月三十日条に「河内国石川御稲田供御人」とみえるものであるが、文保元年（一三一七）六月の文書には「当御稲田は、日別厳重の供御米、重色無双（並びなき重要品目）たるに依り、後三条院の御宇、延久年中、料田を三ヶ国山城・河内・摂津、に定め置かれ」（『師守記』紙背文書「大炊寮領河内国河内郡御稲田雑掌左衛門尉国友申状」）とあるように、御稲田の創設は後三条天皇の延久年中であった（橋本義彦「大炊寮領について」）。

南北朝期、北朝の関白二条良基撰『百寮訓要抄』の大炊寮条には「後三条院、大炊寮の御稲田とて、諸国に定をかれし。今も禁中の第一の要脚なり」とあるように、後三条天皇による御稲田の設定は、延久年間以降、中世を通じて皇室経済を支える中心的な財源になっていたのである。

受領の内蔵頭兼任

また、内廷経済の補強や確保という視点から、諸国の受領の財力を取り込むための施策も行われた。それは、受領を内蔵頭（くらのかみ）（宮中の財産を管理した内蔵寮（くらりょう）の長官）に兼任させる方式を採用したことである。

堀河天皇朝の承徳（じょうとく）元年（一〇九七）四月、右中弁藤原宗忠（むねただ）が内蔵頭に任ぜられた。宗忠はこの補任に際して天皇から就任の意向を尋ねられ、次のように答えた。自分より前に、内蔵頭となった八人はすべて受領経験者であった。これは、近来天皇の服装などが美麗となり寮納が不足するようになったからであるが、自身のように受領経験がない者が内蔵頭を務めたならば、内蔵寮の財源に不足を招くことになりかねないというものである（『中右記（ちゅうゆうき）』承徳元年四月三十日条）。

十一世紀後半に受領を歴任した内蔵頭

	内蔵頭	受領等の官職
一	藤原顕綱	但馬守
二	藤原経平	播磨守
三	藤原公基	周防守
四	橘　俊綱	修理大夫、播磨守、讃岐守
五	源　高房	丹波守、但馬守
六	藤原定綱	伊予守
七	藤原師信	修理権大夫、播磨守
八	源　政長	備中守

ここからは、律令制本来の内蔵寮支給体制が行き詰まり、その財源を受領を務めた官人個人の財力に依存しようとしたこと、そしてそれが十一世紀後半の時期に八人も続いたことが知られる。

『中右記』承徳元年閏正月四日条裏書の「内蔵頭次第」などにより藤原顕綱以後の八人を列記すると前頁の表のごとくである。

このうち、藤原顕綱は後三条天皇の皇太子時代からの近臣であり（『後拾遺和歌集』巻十六）、顕綱が内蔵頭の任にあったのは、後冷泉朝末期の康平七年（一〇六四）から治暦三年（一〇六七）までの間とみられる。また七人目の播磨守藤原師信が内蔵頭に任じられたのが永保元年（一〇八一）、八人目の内蔵頭兼備中守源政長が没したのが承徳元年（一〇九七）であるので、こうした受領を内蔵頭に任ずる方式が始まったのは後冷泉朝であるが、それが定着したのは、次の後三条天皇から白河天皇にかけての時代と言える。この頃から受領の財力を内蔵頭を通じて内蔵寮に引き入れる体制が慣行化したのである（河野房雄『平安末期政治史研究』、橋本義彦「貴族政権の政治構造」）。

贄の制度

諸国より天皇に貢進される食品・食材である贄については、『延喜式』巻三十九（内膳司）にその内容が詳細に記されている。また『侍中群要』巻二（日中行事）によれば、朝廷は延喜十一年（九一一）十二月、畿内五か国に近江国を加えた計六か国へ官符を下して日次御贄（毎日貢納される贄）を割り当て、それを天皇の食事を担当する官司の内膳司や御厨子所（蔵人所の配下で諸国の贄を朝夕の御膳として天皇に供した）などへ貢進させる制度として恒例化した。

贄停止と精進御菜供進

ところが、後三条天皇は延久元年（一〇六九）七月十八日に、内膳司の饌（供え物）、および諸国の御厨子所の贄の貢進を停止させた（『扶桑略記』）。また併せて後院（内裏以外の予備的御所）等への贄も停止させた（『帝王編年記』）。その一方で、四日後の七月二十二日には、「御厨子所預をして、はじめて精進御菜を供せしむ」（『百練抄』）とあるように、御厨子所から初めて精進御菜（蔬菜類）を供進させたのである（『扶桑略記』、『元亨釈書』巻二十五）。

さらに翌年の二月十四日には、近江国筑摩御厨を廃し、同国の今年の日次御贄を停め、また高砂の御厨の貢魚を停廃して、精進の物（蔬菜など）を進上させるようにもした。延久元年・二年ともに諸国からの贄の貢進を停止して、代わりに精進物を進上させることに主眼があったのである。後三条天皇によるこうした措置は、財政問題ではなく宗教上の問題（仏教の教えに従い、なるべく魚を食べないようにしたか）の可能性もあるが、いずれにしても天皇の内廷改革の一つとして注目すべきものである。

また、このような改変に着目して、天皇に贄を貢進する贄人やその所領であった御厨が、中世の供御人や供御人免田（供御人の荘園）に転化していくのも延久年間の頃からであるといわれている（網野善彦『日本中世の非農業民と天皇』）。

三　過差の停止

後三条天皇は即位後に綱紀の粛正や財政支出の削減などのため、朝廷内の過差（分に過ぎた華美、奢侈）を停止することに努めた。

その例として、大極殿造営の過程で屋根の鴟尾を木製にしたことや、工人への禄の過差を戒めたことは第三の二「大極殿・八省院の再建」で述べたが、天皇は公卿の服制においても過差を抑制したことが天皇の日記の逸文（『局中宝』衣寸法事）から確認できる（史料は「第六　日記と儀式書・年中行事書」で掲出）。

下襲の裾の長さを規制

これによれば、天皇は延久元年十月、蔵人頭藤原実季に命じて右大臣源師房に指示を出し、公卿の下襲（束帯の装束で袍の下にかさねて着る衣）の裾（背面の足下に長く伸びた裾衣）の長さが長くなり過差と認められるので、大臣以下の公卿と殿上人の下襲の長さを定めた。それは、大臣は七尺、大納言は六尺、中納言は五尺、参議は四尺、殿上人は三尺とするべきという内容であった。ただし、殿上人については右大臣には仰せず、蔵人頭実季から直接に宣下させている。

ところが、それは遵守されなかったようであり、翌年三月、天皇は再び大臣に仰せて、

束　帯（『国史大辞典』より）

公卿らの下襲の裾の長さが先日の宣旨どおりになっていないと叱責している。ここからは、天皇の過差禁止への徹底ぶりがみてとれる。

天皇は過差の停止と並行して倹約も励行した。『古事談』巻一には、後三条天皇の倹約に関する説話がいくつか掲載されている。たとえば、後冷泉朝末期には過差が甚だしく、外記（げき）や弁官（べんかん）ら事務官人の乗る車にも金物（かなもの）を用いていたが、後三条朝に入って石清水八幡宮行幸の折には物見車の外金物（とかなもの）の装飾をはずさせたこと（六五話）、天皇が所持する扇の骨については、檜に藍を塗った質素なものを持っていたこと（六六話）などがみえる。後者の扇の話については、使い損じたものを捨てずに藍を塗って使用し続けたということかと思われる。また天皇は食事として提供された鯖の頭に胡椒を塗り、これをあぶって食べていたという逸話もある（六九話）。魚の頭まで捨てずに食べたのであろう。

こうしたことから、「延久の聖主（後三条天皇）は、物ごとに倹約を基本とされる御方だ」（『浅浮抄』）と評されるまでになった。内廷経済の維持において、天皇による過差の停止とともに、天皇自らが倹約を実施することで、内廷経済の緊縮化を目指したものと思われる。

第六　日記と儀式書・年中行事書

後三条天皇は即位後に国政を意欲的に行うとともに、宮廷の儀式や行事に関しても、自身が主導権を確保しようと努めた。その様子は、天皇の日記の逸文や、近年存在が明らかにされた天皇撰の儀式書・年中行事書などからうかがうことができる。以下、順次みていこう。

一　天皇の日記

後三条院御記・延久御記

後三条天皇の日記は、「後三条院御記」あるいは「延久御記」などと呼ばれる。また醍醐・村上両天皇の日記が「二代御記」と呼ばれたのに対して、父の後朱雀天皇の日記と合わせて「後二代御記」とも称された。後三条天皇は父の日記を常に自らの近辺に置き、折に触れてこれをひもとき儀式や政務の参考にしていたからであろう（『江記』天仁元年〈一一〇八〉十一月二十一日条）。

逸　文

もとは相当な巻数があったとみられているが、現在は、わずかな逸文を除いて原本・写本ともに伝わっていない。そこでまずはその逸文の内容を確認していくことにしたい。

逸文とは、散逸した日記や書物のうち、他の文献に断片的に引用されて現存する記事である。現在、後三条天皇の日記の逸文は、治暦四年（一〇六八）から延久四年（一〇七二）までの間で、年月日のわかる逸文が十二か条、年月日不明の逸文が三か条、合わせて十五か条が伝わっている（和田英松『皇室御撰之研究』、米田雄介『歴代天皇の記録』）。以下、これを内容別に分類しながらみていきたい（便宜上、各逸文に番号を付す）。

過差禁止の逸文

まず過差の禁止について。先に「第五　財政政策」でも述べたように、次の二つの逸文から、天皇は公卿の服制において過差を禁止したことが確認できる。

(1)延久元年（一〇六九）十月二十八日「実季朝臣をして右大臣に仰せしめて云く、公卿の下襲、尤も先例を過ぐ。宜しく大臣七尺・大納言六尺・中納言五尺・参議四尺・殿上人三尺を仰すべし。ただし殿上人の事は大臣に仰せず、直に実季朝臣をして宣下せしむ」（『局中宝』衣寸法事）

(2)延久二年三月十七日「実季朝臣をして左〔右カ〕大臣に仰せしむる公卿等の下襲、先日の宣旨に違う事」（同前）

逸文(1)によれば、天皇は延久元年十月、蔵人頭に命じて右大臣に指示し、公卿の下襲の裾の長さが長くなり過差であるので、大臣以下それぞれの下襲の長さを定めて宣下したことがわかる。しかし、⑵を見るとそれは遵守されなかったのか、翌年三月、天皇は再び大臣に仰せて公卿らの下襲が先日の宣旨に背いていると叱責しているのである。

天皇作法に関する逸文

次に儀式における天皇の作法についての逸文がいくつかある。

大嘗祭での潔斎の作法

大嘗祭での作法に関して次のように記される。

⑶治暦四年十一月「天羽衣を着しながら、入りて御槽に下りせしめ給う」（『江家次第』巻十五、大嘗会）

これは大嘗祭の廻立殿で潔斎を行う際の作法についての記文であり、天皇は御帷（天羽衣と言われる浴衣）を着しながら御槽に下りたということを記したものである。

叙位における天皇の作法

⑷延久元年十一月二十二日「朔旦叙位の事あり。申文を下し給いて云く、春叙位、筥蓋に入れ下し給うの時、関白（藤原教通）筥蓋に入れるべからず。仍て取出し給う。是に依りて今日筥蓋より取出してこれを給う。左大臣（藤原師実）、関白に目くばせす。仍りて関白筥蓋に入れるべきを（天皇に）申す。仍りて元の如く筥蓋に入れてこれを給う。左大臣に依りて以て先に申す所の儀を改むること、頗る軽きに似たり」（『魚魯愚別録』）

⑸延久二年正月二十六日「関白、風病発動の由を称し参仕せず。左大臣（藤原師実）、吾が公卿の内給を給う申文を執行す。匣蓋に入れずにこれを給う」（同前）

この二つの逸文は、叙位の儀における申文の扱い方、具体的にはそれを筥蓋に入れるか否かの問題について天皇の作法を記したものである。(4)の延久元年春の叙位では天皇が筥に入れたところ、関白教通（のりみち）は「入れるべからず」と言ったので取り出した。よって同年秋の叙位では筥蓋に入れずに渡そうとしたところ、左大臣師実（もろざね）が関白に目配せをして作法が誤っていることを示した。そこで関白は筥蓋に入れるようにと天皇に申したのである。このように関白が左大臣の指示によって先の言を改めたことは、すこぶる軽薄なことであると天皇が関白を非難しているのである。

逸文(5)の翌年春の叙位では、関白教通が風病で出仕しなかったので、左大臣師実が叙位の儀式を執行し、公卿の申文を天皇より受けることとなった。しかし、そこで天皇はあえて申文を筥蓋に入れないで師実に下した。こうした対応は摂関家本流の師実ひいてはその父頼通（よりみち）へのあからさまな反発であったとする見方もある（遠藤基郎「天皇作法をめぐる確執と協調」）。

斎王群行

(6)延久三年十月「十一日以前に群行（ぐんこう）有るの時、神嘗祭（かんなめさい）幣例幣なり。群行勅使に付せらる。仍て両段これを仰す。まず幣の事。次いで斎王の事。例幣以後に群行有るの時、臨時幣たるにより、奉幣を仰せざる事。仍て両段の儀なし。即ちこれ貞元（じょうげん）・天喜（てんぎ）の例たり」（『玉葉』文治（ぶんじ）三年〈一一八七〉九月十八日条）

この逸文は、斎王群行の実施が十月の神嘗祭例幣の以前か以後かによって、奉幣の次第などに違いがあることを記したものである。

行幸関係

次に行幸関係の逸文が三件ある。

(7)延久二年二月二十六日「閑院に幸す」（『御遊抄』）

閑院に朝覲行幸

この時、閑院には母后陽明門院（禎子内親王）がおり、朝覲行幸（天皇が父上皇や母女院などの御所へ出向く行幸）を行った。この日は閑院において御遊（管絃などの遊び）が催されている。

(8)年月日未詳「朝覲行幸の時、院（陽明門院）の門前に於いて神祇官大麻を献ずる事、然るべからず。中古以来、毎度これを献ず。然れども献ずべからざる事なり」（『世俗浅深秘抄』）

本条は年月日未詳の逸文であるが、右と同じく朝覲行幸に関するものである。これまで朝覲行幸の時に院の門前で神祇官の大麻が献上されてきたが、これを行わないこととしたという。

(9)延久二年十一月二十八日「平野・北野行幸、同日に有り」（『殿暦』永久元年〈一一一三〉八月十四日条）

平野社・北野社に行幸

平野・北野両神社へ同日に行幸したことを記したものである。この行幸については、『十三代要略』や『陰陽博士安倍孝重勘進記』などの史料にもみえる。

壺切御剣の模様

次に壺切御剣について。

⑽年月日未詳「東宮御剣、壺斬。蒔絵海浦、龍摺貝の如く有り。装束は青滑革。この事は諸家の記に見えず」（『世俗浅深秘抄』）

「第一　誕生・幼年期・皇太子時代」でも述べたように、この逸文は、後鳥羽天皇撰『世俗浅深秘抄』に「延久御記」として引かれているものであり、皇太子に伝わる壺切御剣の模様を明記した史料としてよく知られている。

伊勢関係

次に伊勢関係の逸文が二件ある。

伊勢月次祭幣使の穢れ

⑾治暦四年十二月十三日「去る十日、神祇祭主元範の家の下女死去す。十一日、元範月次祭幣使として伊勢太神宮に参向すと云々。仍て使を太神宮に遣わし、月次の幣しばらく奉るべからざる由を仰す」（『園太暦』観応二年〈一三五一〉十二月九日条）

これは伊勢神宮月次祭の幣使となった大中臣元範が穢れを帯びたまま伊勢神宮に向かったため、月次の幣の奉仕をしばし止めたことを伝えている。

伊勢奉幣

⑿延久元年二月二十一日「今日、伊勢奉幣あり。去年十二月十一日、月次幣、使神祇少副元範の家の穢れにより、件の御幣なお離宮に在り。仍りて延喜廿一年八月十日の例により、浄清の幣を相副えて奉らしむるなり」（『園太暦』観応二年十二月九日条）

逸文⑾から内容的につながるものである。去年十二月の月次幣が穢れに触れて離宮に留められていたが、翌年の二月に至り、かつての延喜二十一年（九二一）八月の先例に従い、清浄な幣をそえて奉仕することで解決したことがわかる。

仏事関係

最後に仏事関係について。

公家三壇御修法

⒀延久元年正月十四日「覚尋権僧正／時に権律師、大内に於いて不動法を始め行うと云々」、「信覚法眼／大内に於いて如意輪法を始め行う。阿闍梨真覚と云々」、「成尊権少僧都／大内に於いて延命法。後夜時より始め行うと云々。時に凡僧」（『護持僧補任』）

これはいわゆる公家三壇御修法を初めて修した時の記録である。公家とは天皇であり、玉体安穏を祈願するため、延暦寺覚尋・東寺信覚・同成尊の三僧にそれぞれ長日不動法・如意輪法・延命法の三法を「大内」（この時は里内裏三条大宮殿）で修させたのである。そしてこの修法は、以後も代々の天皇に受け継がれていく。

なお、この仏事を維持するための経費については、造営事業の負担と同じく諸国に課された。たとえば同年五月の陣定では、近江国が申請した「御祈願料」や「臨時召物」などが審議されているが（『土右記』）、このうち御祈願料は近江国に課された公家三壇御修法料とみられる。こうして新たな修法でも安定的な財源確保を図ったのである。

仁寿殿観音像事

⒁延久四年三月十日「仁寿殿観音像事／白檀を以て高さ七寸の梵天帝釈を作り奉る」（『年中行事秘抄』）

⒂年月日未詳「仁寿殿観音像事／神事に当たりて神を修せず」（同前）
延久三年に内裏の再建が成り、仁寿殿も完成したことから、この二つの逸文はともに新造内裏の仁寿殿に安置された観音像に関して記したものである。

以上、いずれも断片的な記事ではあるが、後三条朝における朝儀での天皇作法や神事・仏事のあり方などに関して興味深い内容を有する逸文が残されている。そしてこうした点からも、散逸する前の天皇の日記はかなり詳細なものであったことが想像される。

日記の伝来

では、後三条天皇の崩御後、その日記はどのように伝来していったのであろうか。まず堀河天皇の時代には、白河上皇がこれを所持していた。藤原宗忠（むねただ）の日記『中右記（ちゅうゆうき）』（康和四年〈一一〇二〉十月二十三日条）には次のようにみえる。

白河上皇が所持

白河上皇が受け継いだ父後三条天皇の日記は、白河自身にとって「秘書」であったため、自ら手放すことをしなかった。ただし、それは後三条天皇がその父後朱雀天皇の日記を白河天皇にも早くに渡さなかったことと同じであり、吉例と言える。そして、このたび堀河天皇に渡そうとする「後三条天皇御記」は類聚本（るいじゅうぼん）、すなわち部類記（ぶるいき）であり、全二十巻で構成され、他に目録一巻がある。二十巻の内訳は、年中行事四巻、臨時九巻、神事二巻、仏事五巻となっている。しかし、本書（原本の日次記（ひなみき））はまだ白河上皇の許に留めているらしい、と。

日記原本から部類記を作成

つまり、堀河天皇は白河上皇から後三条天皇の日記の原本ではなく、それを書写して類聚した部類記を受け取ったのである。藤原忠実の言談を筆録した『中外抄』下―四十、仁平元年（一一五一）七月六日条には「白河院、先年に後三条院の御記を我（藤原忠実）に下し給う。仰せて云く、『部類すべし。一本書き進らすべし。』仍て目の前にして、仰せの如く書き進らせ了ぬ。帝王の事は、件の御記（後三条天皇の御記）に委しく見えたり。中にも解斎粥事、委しく見えたり。除目・叙位事は少々僻事あり。其の由、故院（白河上皇）に申し了ぬ」と記される。これによれば、摂関家の藤原忠実は、白河上皇から部類記を作成するため「後三条院御記」を書写するように命じられた。その折、後三条天皇の日記を見た忠実は、「帝王の事は、件の御記に委しく見えたり」と述べるように、儀式等における天皇の作法は後三条天皇の日記に詳しく記載されていると証言する。そして特に「解斎粥事」ではそれが顕著であると述べている。「解斎粥事」とは、六月・十二月の月次祭や十一月の新嘗祭などののち潔斎を解くため、清涼殿の昼御座において粥を食する儀式である。

しかし、一方で忠実は「除目・叙位事は少々僻事あり」と指摘している。つまり人事関係の重要儀式である除目・叙位の両儀については、摂関家からみると後三条天皇の作法が「僻事」（正しくないこと）と捉えられることがあったのである。

その後の日記原本の伝来

その後の「後三条院御記」原本の伝来をたどると、鳥羽天皇の代においては鳥羽離宮の勝光明院の宝蔵に「後朱雀院御記」と併せて一緒に納められた。この状態が中世になっても長く続いたらしいが、後醍醐天皇の時代に群盗が宝蔵に乱入することがあったので、検知を行うため、宝蔵の御物をいったん後宇多法皇の御所である常盤井殿に移した（『東宝記』）。そして、「後三条院御記」はそのまま宮中に置かれ、その後「後朱雀院御記」とともに南朝の小倉宮聖承（?〜一四四五、後亀山天皇の皇孫）へ伝わることになったようである。

しかし、永享七年（一四三五）八月二十五日には「抑も今日御雑談の次いでに、南朝小倉殿（聖承）より、後朱雀院・後三条院両代の宸筆御記二合、室町殿（足利義教）へ進められ、則ち内裏（後花園天皇）へ進められると云々」（『看聞日記』同日条）とあるように、南朝の小倉宮聖承より将軍足利義教に進められ、義教から後花園天皇に進上されたのである。後花園天皇は、「後二代御記」を数年間は宮中に置いたが、これをさらに伏見殿に預けて伏見の蔵光庵文庫に納めた（『看聞日記』嘉吉元年〈一四四一〉六月二十七日条）。

こうして「後三条院御記」は「後朱雀院御記」とともに、南朝そして足利将軍家を経て北朝の天皇家に戻ったのである。

書写本の作成

一方、「後三条院御記」には書写本が存在した。平安時代末期の二条天皇の代、藤原範兼を奉行として経師らに命じ、「後三条院御記」を書写させている。そしてこれも鳥羽の勝光明院の宝蔵に納められたという（『玉葉』治承元年〈一一七七〉十一月十八日条）。『玉葉』文治三年（一一八七）九月十六日条には「件の御記（後三条院御記）、草子廿帖の書写本なり。目録一巻相い副えらる。範兼の筆なり」とみえることから、二条天皇の時に藤原範兼の差配によって書写されたこの写本は、員数の一致から類聚本であったとも考えられるが、「目録」は範兼が副えたと解されるので、やはり日次記の写本であろう。

その後も朝廷では儀式や政務の参考とするため、「後二代御記」が勝光明院の宝蔵から取り出されている（『玉葉』建久六年〈一一九六〉二月十八日条、『玉蘂』寛喜元年〈一二二九〉五月九日条など）。鎌倉時代後期に花園天皇が正中元年（一三二四）に目を通した記録等の一つに「後三条院御記」が挙げられているが（『花園天皇宸記』同年十二月晦日条）、これも書写本であったのだろう。

次いで南北朝時代には、崇光上皇から伏見宮家初代の栄仁親王に伝えられた。同宮家の伝来書籍目録である応永二十七年（一四二〇）二月二十七日付「法安寺預置文書目録」（『看聞日記』巻七の紙背文書）には、貞成親王の代に「一合　延久御記　平手箱」とみえる。また五年後の応永三十二年（一四二五）九月二十日には「両社行幸記録、八幡賀茂部類記二巻、延久御記、平手筥一合、仙洞（後小松上皇）へ進らす」とあるように（『看聞日記』同日条）、「延久御記」一合が伏見宮家から後小松上皇に進献された。このように天皇の日記の書写本は持明院統に伝わったことがわかる。

以上のように、天皇の日記は最終的には北朝の天皇家に戻ることとなった。しかし、その後の伝来は明らかでなく、応仁の乱後に原本はもとより書写本も失われたものとみられる。

二　儀式と儀式書

現代では儀式というと一般の政治とはかけ離れたセレモニーのみの印象が強い。しかし平安時代の儀式は政務と一体化した重要なものであり、年中行事等はもとより行政的な手続きなどについても、一つ一つ先例に則り、作法を整えて行われていた。

宮廷の儀式には、毎年同じ日程で行われる恒例のものと、定まった期日がなく臨時に実施されるものがある。儀式書とは、朝廷で行われるそのような儀式の作法や次第などを単独あるいは全体的にまとめた書物である。わが国では九世紀以降、朝廷によって『内裏式』や『儀式』（貞観儀式）などが編纂され、十世紀以降には村上朝の『新儀式』のほか私撰の『西宮記』（源高明撰）や『北山抄』（藤原公任撰）などが著されたが、後三条天皇も自らこうした儀式書をいくつか撰述している。

大嘗祭の儀式書「後三条院御次第」

たとえば天皇は自身の大嘗祭挙行を踏まえ、「後三条院御次第」と呼ばれる大嘗祭の儀式書を作成した。ただし、この原本や写本は伝わっておらず、それが存在したことを示すわずかな史料しか残されていない。それは九条家本『大嘗会叙位除目等雑注文』であり、次のように記されている。

一、後三条院御次第。左右なく、明鏡たるか。
一、本端書に云わく、後三条・白河・堀川〔河〕・鳥羽・新院（崇徳）・近衛・当院（後白河）、用いせしめ給う次第、秘すべしと云々。

この「後三条院御次第」の具体的な内容については不明であるが、卯日の大嘗祭における天皇の作法を詳細に記したものとみられる。そしてこの儀式書の次第は、「明鏡」（すぐれた手本）として白河天皇から後白河天皇に至る六代の天皇も、それぞれの大嘗祭において用いたことが知られる（田島公「「公卿学系譜」の研究」）。

なお、大嘗祭卯日の天皇作法の一端を記したものとして、『江家次第』巻十五（大嘗会）には「東方小床に御し天羽衣を着し、御湯を供す。了りて中央御帖に御す。次いで西方にて御装束に供奉す。治暦・長元御記、天羽衣を着しながら、入りて御槽に下りせしめ給う。又一領拭い奉ると云々」とある。これは大嘗祭の廻立殿で天皇が潔斎を行う際の作法について記したものであるが、天皇は「天羽衣」という特別な湯帷子

（浴衣）を着て、用意された浴槽に入って潔斎すること、またそうした作法は後三条天皇の日記（『治暦御記』）だけでなく、父の後朱雀天皇の日記（『長元御記』）にも記載されていたことがわかる。つまり、大嘗祭の潔斎の場面で天羽衣を着しながら御槽（浴槽）に入るという作法は、後三条天皇が父である後朱雀天皇の作法を踏襲したものであった。

また大江匡房の日記『江記』天仁元年（一一〇八）十一月二十一日条によれば、鳥羽天皇も確かに大嘗祭の潔斎において御帷（おんかたびら）を着しながら御槽に下りたという。その時、匡房は故右大臣源師房の説として、天皇はもっぱら御槽に下りず、床子を立てて沃懸（いかけ）（湯や水をかけて身を清めること）するべしという作法があったことを紹介している。しかし、後三条天皇は父後朱雀天皇の作法に従って天羽衣を着しながら御槽に下りたと記しており、匡房は『江家次第』と同じ内容を自身の日記でも改めて述べている。

叙位と除目の儀式書「院御書」

大嘗祭が臨時儀式であるのに対し、毎年恒例の行事でかつ重要な朝儀であったのが叙位と除目である。叙位とは皇族や臣下らに位階を授与する儀式、除目とは京官や国司などの官職に適任者を任命する儀式である。叙位と除目は、いずれも平安貴族社会の人事に関する最重要の政務・儀式であった。

そしてこの両儀について、後三条天皇撰の次第書として注目されるものが『院御書（いんのおふみ）』である。本書は、かつては「院御書云……」という逸文のみが知られていたことから、天皇の叙位・除目に関する失われた儀式書とされていたが、近年、田島公氏により尊経閣文庫本『無題号記録』（尊経閣文庫所蔵）と三条西本『除秘鈔』（明治大学図書館所蔵）がそれに相当することが指摘された。両本の内容を見ると、除目の前半部分が一致することから、ともに「院御書」の古写本であり、この両本によって本書の全貌がうかがえるようになった（田島公「尊経閣文庫所蔵『無題号記録』解説」、同「除秘抄」）。

尊経閣文庫本『無題号記録』は『院御書』全体の前半部分であり、三条西本『除秘鈔』は『無題号記録』の後欠部分を補って除目全体の内容を有する。

本書の構成は、叙位は叙位儀（通常の叙位）と女叙位に、除目は春県召除目（国司などを任命）と秋京官除目とに分かれる。さらに「除秘鈔」の末尾には延久二年（一〇七〇）正月と十二月の「尻付」（任官者の名簿や注）も付されている。この「尻付」により、後三条朝の延久二年の除目の全容が判明したことは重要である。

儀式次第の作成理由

では、後三条天皇はいかなる理由でこうした大嘗祭や叙位・除目などに関する次第書を撰述したのであろうか。大嘗祭については、天皇でしか行えない儀式作法があり、それを後代の天皇にも確実に継承させたかったからだと思われる。一方、叙位・除目については、天皇が当時の朝廷の人事を掌握し、朝廷運営の諸課題を人事の面からも達成するためであろう。すなわち、天皇自身の側近人事などを自分の意志で実行するために、その作法の基盤を形成しようとしたからではないかと考えられる（佐古愛己「『除秘鈔』にみる後三条天皇と除目小考」）。

なお、除目については『古事談』巻一に権大納言藤原俊家（としいえ）の逸話がある。俊家が後三条朝になって初めて除目の執筆（しゅひつ）（除目の儀の責任者）を奉仕した時、先帝後冷泉天皇の様子とは異なり、後三条天皇は任人（にんじん）のことを声に出して命じたことから、除目儀における天皇の積極性に対して俊家が深く恐懼したというものである（六三話）。この話からは除目の儀における天皇の主導性がうかがえ、天皇が儀式次第の作成に着手した理由の一端が示されているように思われる。

儀式での天皇主導権

このように大嘗祭や叙位・除目の儀に共通するのは、やはり恒例・臨時を問わず儀式の遂行においても天皇が主導権を握るという姿勢である。

神今食次第

さらに、宮中祭祀である神今食（じんこんじき）に関しては後三条朝に作成されたとみられる『神今食（じんこんじき）次第（しだい）』（九条家本、一帖）という儀式書がある。神今食とは、毎年六月十一日と十二月十一日の月次祭（つきなみさい）の夜、天皇が中院（中和院）の神嘉殿（しんかでん）に行幸し、そこに神を迎えて酒食をともにする祭祀儀礼である。儀の内容は新嘗祭や大嘗祭卯日とおおむね同様であるが、新嘗祭と大嘗祭が新穀を使用するのに対し神今食では旧穀を用いること、奉る神饌の平手（ひらで）（神饌を盛るため柏の葉で編んだ皿形の器）が神今食は新嘗祭・大嘗祭の半数となることなどの違いがある。

この『神今食次第』には、蔵人式・内裏式・清涼記・西宮記や醍醐天皇御記・村上天皇御記などが引用されるが、後半部には延久年間の事例が多く引用されることから、本書の成立時期は、後三条天皇の時代と推測されている（西本昌弘『日本古代の年中行事書と新史料』）。

延久年間の記事

本書には延久年間の記事が十七件ほど記載されているが、そのうち若干の例を次に挙げておく。まずは延久二年（一〇七〇）六月十一日の記事で、「神今食、行幸なし。仍て内侍の許に催送し、神祇官に参向せず」とあるものである。この日は神今食の日であったにもかかわらず、行幸がなかった。それは内裏や中和院の再建が未完成であったからであるが、代替の神祇官にも行幸しなかった。それは別のところで「延久二年六月、神今食、御物忌なり」とあるように、天皇が物忌であったからである。

次に延久四年（一〇七二）六月十一日の記事がある。これは「中院行幸の間、留守の蔵人なし。仍て左衛門尉 橘 資清が中院より帰参す」や、「留守蔵人なきにより、下侍の辺りに侍す。御殿祭の事においては、橘資清が中院より帰参しこれを行う」と記される。この段階では平安宮の内裏や中和院が再建されており、この日、後三条天皇は内裏から中和院に行幸して神今食を行った。しかし、「御殿祭」すなわち天皇が居住する内裏殿舎に対してなされる祭祀いわゆる大殿祭(おおとのほがい)については、留守の蔵人がいなかったため、左衛門尉橘資清を中和院より内裏に帰らせて行わせたのである。

この二つの事例から、平安宮の内裏と中和院の存否によって、神今食の実施に明確な差異があったことがうかがえよう。

成立時期

『神今食次第』における引用事例で最も年次が下るものは、右に挙げた延久四年六月十一日の記文である。したがって、本次第の成立はこれ以降のことになり、本書は延久四年六月以降さほど期日を経ない時期に成立した可能性が高いと言えよう。

撰者

また本書の撰者を確定はできないが、後三条天皇自身もしくは天皇より作成依頼を受けた近臣の可能性が考えられよう。本書の中で、醍醐・村上両天皇の日記や村上天皇の「清涼記」を引用していること、本書の中にいくつかみえる「近代」が父や兄である後朱雀朝や後冷泉朝を指していると考えられること、天皇は延久四年十二月に譲位するが、右に述べたように本書での引用記事にその頃以降のものがないことなどが理由である。

天皇の儀式観の基準

では、以上の各儀式書にみえる後三条天皇の儀式観は、どのようなものを基準としていたのであろうか。端的に言えば、それは右にも記したように、村上天皇の日記やその時代の儀式書にみえる天皇作法、および後朱雀天皇が行った儀式作法であった。

天皇作法は新儀式に拠る

後三条天皇が子の白河天皇に残した儀式の天皇作法に関する教命(きょうめい)(口頭で教えを伝授す

ること）について、「故院後三条院なり。の教命に云わく、西宮記・四条大納言の記（北山抄）等、しかのみならず諸家の日記の中に、主上の御作法は全く見えず。新儀式という日記の中にすこぶる相見える。しからば且つまた新儀式を御覧になるべきなり」という史料がある（『中右記』嘉保二年〈一〇九五〉十月十二日条）。当時の朝廷で重用されていた儀式書の『西宮記』（源高明撰）・『北山抄』（四条大納言藤原公任撰）や諸家の臣下の日記には天皇の作法がまったくみえないが、村上天皇の時代に編纂された『新儀式』には詳しく記されているので、まずはそれに拠るべし、と述べているのである。

後三条天皇が大きな指針とした村上天皇（九二六～六七）は醍醐天皇の皇子で、十世紀中葉に在位した（在位九四六～六七）。関白藤原忠平の死後は関白を置かずに親政を行い、収取制度や政務などの面で改革を進めた。在位中の天徳四年（九六〇）には平安宮内裏が初めて焼亡したが、すぐに再建を実現した。後世、その治世は聖代視され、「天暦の治」と称された。また学芸を好み、自身の日記のほか儀式書『清涼記』を撰述するなどし、のちの天皇にも多大な影響を与えた。

後三条天皇が村上天皇を手本とした理由は、村上天皇が親政を行い、政務のみならず儀式の面でも主導性を発揮した天皇であり、『新儀式』や『清涼記』には、儀式で天皇が行うべき作法について詳細に記載されていたからである。

現存する『新儀式』は臨時儀式の一部しか残っていないので、大嘗祭や叙位・除目について『新儀式』がどのように記していたかは不明である。しかし、後三条天皇が在位中に実施した恒例・臨時の諸儀式において天皇作法の拠り所としたものの中では、『新儀式』や『清涼記』の存在が非常に大きかったのである。

父後朱雀天皇の作法を継承

また上述のように、大嘗祭の卯日に廻立殿で潔斎を行う作法は、「御槽」に下りずに体に湯をかけるという源師房の説ではなく、後三条天皇が父後朱雀天皇の日記に記されている所作に拠るものであった（『江記』）。すなわち、大嘗祭で後三条天皇が実際に行った儀式作法は、父の後朱雀天皇の作法を継承したものであった。

後朱雀天皇

後朱雀天皇（一〇〇九〜四五）は一条天皇の皇子で、十一世紀中葉に在位した（在位一〇三六〜四五）。政務では関白藤原頼通の補佐を受けたが、それは必ずしも十分ではなく、荘園整理政策や山門・寺門間の抗争の対応策などで苦慮した。剛直な性格であったといわれるが、在位中に皇居が焼亡して神鏡も焼失したため大きな衝撃を受けた。

ところで、後三条天皇が継承した儀式作法の一部が、摂関期の天皇である後朱雀天皇のものであったことから、後三条天皇といえども、儀式の面では摂関政治以来のあり方に従わざるをえなかったと評価する見方もある。しかし、そのように捉えるのではなく、後三条天皇が父後朱雀天皇の行った儀式作法を拠り所にして、改めて自身の作法として実行した点を重視すべきかと思う。

三　年中行事と年中行事書

宮廷の年中行事は毎年の正月から十二月に至る間の恒例の儀式・行事や政務であり、年中行事書はその内容や次第などを全体的に記した書物である。

後三条院年中行事

後三条天皇は、自ら年中行事書をまとめていた。一般に「後三条院年中行事」と呼ばれるものである。平安末期の藤原俊憲撰『貫首秘抄』には「後三条院年中行事一巻、院(後白河上皇)に在り。また院より献ぜらる。内の御作法、大都年中行事は此の記に過ぎざるなり。もし尋ね仰せらるることありて不審あらば、件の御書を見るかの由、奏し務むべきなり。予(藤原俊憲)は度々件の御書を以て、折紙に註し出して奏覧す」とある。

これによれば、後三条天皇が著した『後三条院年中行事』一巻があり、それは「内の御作法」すなわち天皇の儀式作法を記したもので、年中行事の書の中ではこれに優るものはないという。

後三条院年中行事の伝存

従来、『後三条院年中行事』は室町時代以後に失われたとされてきたが、近年、遠藤基郎氏は『続群書類従』巻二四九に収められた『年中行事』を『後三条院年中行事』に比定し、その伝存を明らかにした。また白河天皇の撰とみられていた『近代禁中作法年中行事』についても、『後三条院年中行事』と同じものを指すことを指摘した（遠藤基郎「後三条・白河院の年中行事書」）。

成立時期

遠藤氏によれば、『後三条院年中行事』の成立時期は、白河朝に入って直後、円宗寺最勝会が初めて催されたとみられる延久五年（一〇七三）二月（『江家年中行事』）以降で、石清水八幡宮への定例行幸が開始される承保二年（一〇七五）三月以前であるという。ただし八月の「臨時仁王会事」に「法勝寺」とあり、法勝寺が落慶供養したのは承暦元年（一〇七七）十二月であるので、これについては本書成立後の追記と考えざるをえない。

内容上の特徴

以下では『続群書類従』所収の『年中行事』を『後三条院年中行事』とみなし、その内容を改めて確認することとしたい。ただし、本書の全体の内容を示すと分量が膨大になるので、ここでは正月の行事項目のみを表として掲げ（次頁）、その中で元旦の四方拝と十六日の踏歌節会の記事を例としてみてみたい。

元旦四方拝

元旦の四方拝（元日の早朝に天皇が清涼殿の東庭で拝礼する儀式）では次のような次第が記される。

・蔵人が諸司を召して装束（設営）を命じる。
・掃部寮が清涼殿東庭に薦や筵を敷いて大宋御屏風（天皇の御座の周りに立てめぐらす屏

『年中行事』（『後三条院年中行事』）の正月の行事項目　（◎は詳しい記事があるもの）

元日、四方拝事（◎）（「近代」）
同日早旦、供御歯固事
同日早朝、供御薬事（◎）
第三日、供膏薬
同日、小朝拝事（◎）
同日、節会事（◎）（「近代」）
同日、内蔵寮給酒肴於殿上男女房及蔵人所事
立春日、主水司進立春水事（◎）
上子日早旦、内蔵寮供若菜
上卯日、献卯杖事（◎）
同日、内侍所献御杖幷御体杖事
二日、二宮大饗事〈別に在り〉
五日、叙位儀事（◎）
七日、宴会事（◎）
八日、御斎会始事
同日、給女王禄事
同日、女叙位事（◎）（「近代」）
同日、太元御修法事
同日、真言院御修法事
十四日、御斎会終事
　内論義事（◎）
十五日、主水司供七種御粥事
同日、内蔵寮給殿上男女房及蔵人所酒肴事
同日、宮内省御薪事
同日、兵部手番事
十六日、踏歌宴事（◎）
十七日、射礼事
十八日、賭弓事（◎）
除目事（◎）

風。唐人の打毬が描かれる）を八帖立てる。

・その中に御座を三所設ける。一所は属星を拝する座（西北角）、一所は天地を拝する座（東北角）、一所は山陵を拝する座（南辺）である。

・蔵人は御笏などを属星の座の前に置く。ただし近代は御笏を屏風の外に置き、中に入る際にこれを奉る。
・寅の刻（午前四時頃）、出御し、先ず属星の座に着く。笏を正して北に向き、属する星の名を称する（七遍）。次いで再拝す。次いで呪を称する。
・次に天地の座に着く。北に向いて天を再拝する。次いで西北に向いて地を再拝す。次いで四方（東西南北）を再拝する。
・次に山陵の座に着く。両段再拝。もし二陵あらば各々両段再拝する。
・入御する（清涼殿に）。

ここには元旦四方拝の儀場の敷設や天皇作法の次第が簡潔に記されるが、その中で注目されるのは、蔵人による天皇使用の笏の置き場所である。通常は属星の座の前に置くとするが、「近代」は御笏を屏風の外に置き、天皇が屏風の中に入る際にこれを奉る、と注記している。

「近代」の表記

本書全体ではこうした「近代」という表記が他にも八か所、「近代例」の表記が一か所用いられている。そして、それらから読み取れることは、「近代」が特に父である後朱雀天皇以降の時代を指しているということである。「近代」の表記は、前述の『神今食次第』でも多用されていた。年中行事において後三条天皇の拠らんとするところが現れていると思う。

正月十六日の踏歌節会とは、内裏の正殿に天皇が出御し、天皇の長久とその年の豊穣を祈って歌舞を行う宮廷年中行事である。『後三条院年中行事』では「踏歌宴事(とうかのえんのこと)」として立項され、おおまかに次の次第が記される。

・天皇が南殿(紫宸殿)に出御する。
・開門ののち王卿が入り再拝する。
・一献、二献、三献がある。
・楽が奏され、舞妓(ぶぎ)による歌舞が行われる。
・王卿が庭上で拝舞し、列立する。
・宣命使(せんみょうし)が宣制を行う。
・王卿が座に復す。
・天皇が入御する。

この項目と次第の存在から、延久年間にも正月に踏歌節会が内裏で行われたようにみられるが、実際には、前代の後冷泉朝に続いて後三条朝においても踏歌節会が実施されることはなかった。それは、両天皇の父である後朱雀天皇の忌月が正月であったからである。後朱雀天皇は寛徳(かんとく)二年(一〇四五)正月に崩御したため、その子らは同月に宴を行うことを避けたのである（『百練抄』後三条天皇条末尾）。

それにもかかわらず、『後三条院年中行事』に踏歌節会が立項され、その次第の記述があるのは、年中行事書としての体裁を保持するためであり、今後の再開に備えておくという意図もあったのであろう。

内容全体の特徴

また『後三条院年中行事』の全体からうかがえる特徴としては、行事の内容を詳しく記している項目がある一方で、項目名しか挙げられていないものがあることである。

本書において最も詳しく記述されているのは十一月の「新嘗祭事」である。これは年中行事の中でも天皇の作法が最も細かくなるものであり、それが本書の記述にも対応している。一方、項目名しか記されていないものとしては、たとえば正月二日の「二宮（にぐうの）大饗事（たいきょうのこと）」がある。ただし、そこには「別に在り」と注記されているので、別書として「二宮大饗事」の次第を詳しく記した儀式書が存在したものと推定される。また六月十一日の「神今食事」、十二月の「大殿祭事」・「供解斎御粥事（げさいのおんかゆ）」では「新嘗祭の所を見よ」とあるように、他の項目にゆだねている場合もある。

内裏復興との関係

さらに、『後三条院年中行事』では平安宮内裏の門名や殿舎名も多く記されている。そもそも儀式書や年中行事書は、本来的に儀場を平安宮内裏に想定して儀式次第が作成される。その点からすれば、本書において平安宮内裏の門名や殿舎名が多く出てくることも当然と言えるが、後三条朝では延久三年に平安宮内裏が復興したこともあり、本書に記された年中行事は、同年以降、実際に本来の儀場である平安宮内裏において行われるものとなったのである。つまり、そこには再建された平安宮での威儀を整えるという意味があったのであろう。

時代は下るが、保元度の平安宮内裏復興に伴い、後白河天皇が『年中行事絵巻』を作成して内裏などの状況を克明に記録させたように、後三条天皇は延久度の内裏再建を契機として年中行事書をまとめたのではないだろうか。つまり、儀式書や年中行事書の作成の背景には、平安宮内裏の復興があったと考えられるのである。

前代の史料を引用

本書の引用史料の中には、村上天皇の日記「応和元年十月廿八日御記」（十一月上酉日、当宗祭事）、村上天皇朝の「新儀式」（十一月卯日、新嘗祭事）、一条天皇朝の「寛弘抄」（十一月卯日、宴会事）がある。いずれも前代の天皇の時代に記録ないし撰述されたものであり、これらは後三条天皇の手許にあって天皇が参考にしたものとみられる。

後世の史料での呼称

『後三条院年中行事』は、後世の史料で、別の呼称で呼ばれたことも確認できる。九条道家の日記『玉蘂』承久二年（一二二〇）四月二十四日条には、「昨日内裏（順徳天皇）より下し給う延久聖主御製作の年中行事の銘、仰せによりてこれを書す。よくよく校合を加え、返上せしむ。御使信定朝臣・資頼朝臣これを示し送る」とある。

順徳天皇は九条道家に命じて、後三条天皇が製作した「年中行事」の銘を書かせ、これを校合せしめたのである。なお、同年十二月、道家はこの書によって官奏（天皇決裁を要する諸司・諸国の案件を奏上し、結果を伝宣する政務）の疑義を質している。

その後の史料でも、鎌倉時代末期の『花園天皇宸記』元弘二年（一三三二）正月一日条に「後三条院年中行事」とあり、室町時代の一条兼良撰『江次第抄』には「延久年中行事」ともみえるので、朝廷において長く尊重されていたようである。

禁秘記抄

後三条天皇が著した儀式書については、早くに和田英松氏の研究があり（『皇室御撰之研究』）、そこでは「禁秘記抄」の項目を掲げて「禁中に於ける諸公事を記し給える御抄なり」とある。鎌倉時代後期成立の『本朝書籍目録』に「禁秘記抄　一巻 後三条院御抄、諸公事。」とあり、ここにみえる「禁秘記抄」とは「後三条院御抄」であり、それは後三条天皇が諸公事について撰した書であるというのである。

後三条院御抄

また『園太暦』観応二年（一三五一）十二月二十六日条に「四方拝条々／一、御装束事、行事蔵人、例に任せ申沙汰すべく候か。説々同じからざる事ありといえども、延久御抄は正説たるべし」とあり、『江次第抄』正月御薬条にも「延久御抄」とあることから、「禁秘記抄」すなわち「後三条院御抄」は「延久御抄」とも呼ばれていたらしい。

延久御抄

江戸時代後期、柳原紀光の『閑窓自語』には「禁秘記御抄は、後三条院勅撰なり。

兼宣公記、及びふるき目録などにもたしかに見ゆ。応永の比までは、御府にありしよし、兼宣公、記せり。今は伝わらざるにや、たえて聞も及ばず」とある。現在伝存する広橋兼宣の日記『兼宣公記』には、「禁秘記抄」や「後三条院年中行事」などの記事はみえないが、応永年間、あるいは『江次第抄』が書かれた頃までは朝廷に存したということであろう。

そして、和田氏の研究以降は、「後三条院年中行事」と「禁秘記抄」・「後三条院御抄」・「延久御抄」とは異名同書と考えられている。

『禁秘抄』の天皇観

鎌倉時代前期の順徳天皇撰になる故実書『禁秘抄』の「諸芸能事」には、

第一学問なり。（中略）後三条・高倉は大才といえども天運久しからず。（中略）後三条・白川、殊に有識なり。

第二管絃。延喜天暦已後、大略絶えざる事なり。必ず一曲に通ずるべし。（中略）笙は、後三条院学び給う。（中略）和歌は光孝天皇より未だ絶えず。

とある。後の世であっても、後三条天皇は高い学識があり、有職故実にも詳しいこと、また管絃では特に笙を深く学んだことなどの天皇観が記されている。

天皇の豊かな才識

学識については、『今鏡』巻一（すべらぎの上）では、後三条天皇のことを評して「世を治めさせ給うこと、昔かしこき御代にも恥じずおわしましき。御身の才は、やむごとなき博士にもまさらせ給えりけり」とある。すなわち、天皇はすぐれた博士にも優るような豊かな才識を備えていたと称されているのである。

儀礼や故実に通じる

また宮廷の儀礼や故実に明るく、その日記は天皇作法の規範として以後の歴代天皇にも重用された。前述のように、部類記作成に当たり天皇の日記を拝見した藤原忠実（ただざね）は「帝王の事は、件の御記に委（くわ）しく見えたり」（『中外抄』）と述べ、またその息子忠通（ただみち）は天皇の「延久三年群行御記」を見て「文筆甚だ妙にして、儀式分明（ぶんめい）なり」（『法性寺殿御記』天治（てんじ）二年〈一一二五〉九月十四日条）と記し、儀式の不審がこの日記によって多く解消したとたたえている。

音楽の才

音楽については、平安時代中期の醍醐天皇以降、歴代天皇はいずれも管絃に通じ、何らかの楽器に精通していた。それは学問とともに天皇として身につけるべき教養・芸能であったが、後三条天皇はその中で笙を選び学んだのである。なお、歴代天皇の中で他に笙の演奏に秀でた人物としては、前代では村上天皇、後代では堀河（ほりかわ）天皇がおり、この両天皇は笙の相承次第の中に位置づけられている。後三条天皇が楽器の中でも笙を選択した動機として、儀式の面で村上天皇にならったことに通じるものがあったのかもしれない。

第七　神社および寺院政策

本章では、後三条朝における神社および寺院に対する政策についてみていきたい。『今鏡』巻二（すべらぎの中）の中で、後三条天皇は、神社に関しては石清水八幡宮の放生会に上卿（使者上首の公卿）以下を発遣して公祭化（朝廷の公的祭祀化）したことと日吉社へ初めて行幸したことが挙げられ、寺院に関しては円宗寺で二つの法会（法華会と最勝会）を開き、延暦寺と園城寺の高僧を講師に任じて僧綱（仏教を統轄する僧官）への昇進ルートを新たに設けたことが特記されている。

これらは後三条天皇の主要な宗教的事績であるが、では実際に神社や寺院に対して行われた諸政策の内容はどのようなものであったのだろうか。以下に述べていこう。

一　神社行幸

神社行幸の変遷

平安時代における神社行幸は、朱雀天皇が天慶五年（九四二）四月に賀茂社へ行幸したことを初例とする。これは天慶の乱の平定を祈願する目的があった。その後、円融天皇の時には賀茂社のほか石清水八幡宮と平野社にも行幸があり、一条天皇の時にはさらに春日社・大原野社・松尾社・北野社へ初めて行幸がなされ、神社行幸は計七社に増加する。また一条朝以降は、石清水八幡宮と賀茂社への行幸が大嘗祭の翌年に必ず実行され、この両社への行幸が代始めの儀式として位置づけられる。

こうした中で、各天皇の代において石清水八幡宮が常に最初の行幸対象とされたが、それは九世紀の後半、藤原良房が幼少の惟仁親王（清和天皇）の即位を祈願して創祀したように、石清水八幡宮が皇位継承に深く関わる神社であったからであろう（岡田荘司「神社行幸の成立」）。

一条朝には、石清水八幡宮以下七社への神社行幸が形作られたが、以後、これは後一条・後朱雀・後冷泉の各天皇にも踏襲され、定着していった。そして後三条天皇も在位中、同様に神社行幸を実施した。

後三条朝の神社行幸

後三条朝における神社行幸をまとめると次頁の表のようになる。ここからは、次の諸点が指摘できる。

第一に、従前の例にならい、大嘗祭の翌年に石清水八幡宮と賀茂社へ行幸が行われ、次いで春日社行幸が実行されていることである。これは後三条天皇が前代までの例を踏

後三条朝の神社行幸

年	月日	神社	備考
延久元年	三月十五日	石清水八幡宮	
	八月九日	賀茂社	
延久二年	八月二十二日	春日社	
	十一月二十八日	平野社	
	同日	北野社	
延久三年	三月二十二日	大原野社	
	三月二十六日	松尾社	
	十月二十九日	日吉社	（初度行幸）
延久四年	三月二十六日	稲荷社	（初度行幸）
	同日	祇園社	（初度行幸）

襲したものである。天皇は藤原摂関家との外戚関係から離れたとはいえ、藤原氏の氏社である春日社へも同様に行幸したことは、政治体制の変化とは関わりなく、それまでの神社行幸を継承することが重要であると認識していたことを示している。

第二に、石清水八幡宮から松尾社までの七社行幸が、実質約二年で行われていることである。これは前代までと比べると短期間での実施となっている。特に場所が隣接している関係から平野社と北野社への行幸は同日に行われている。このように七社行幸を終えるまでの間隔が従来に比べて短いのは、できるだけ早くこれを終え、次に述べる日吉社・稲荷社・祇園社への初度行幸を実施せんとするためであったとみられる。

神社行幸の拡大

第三に、延久(えんきゅう)三年から四年にかけて、日吉社・稲荷社・祇園社の三社への行幸が初めて行われていることである。これにより神社行幸は計十社に拡大された。この三社が行幸対象に追加されたことは後三条朝独自のものであり、そこには天皇の対神社政策の特質が現れていると言える。

日吉社に行幸

三社の中では、まず延久三年十月二十九日に初めて日吉社に行幸が行われた。この時天台座主勝範（しょうはん）（九九六〜一〇七七）は行幸の賞として僧位の最上位である法印に叙されている（『扶桑略記』）。この背景には、当時天台宗内部で激しく対立していた山門（さんもん）・寺門（じもん）両派の関係の安定を祈願する目的があったと考えられている（松本公一「後三条天皇と神祇信仰」）。

稲荷・祇園両社に行幸

次に翌延久四年三月二十六日には稲荷・祇園両社に初めて行幸した。両社の位置は離れているが、平安京の五条以南の住民が稲荷社の氏子に組み入れられていたため、平安後期における京中の庶民信仰を重視して祇園社と稲荷社の行幸が同日になったのではないかと考えられる。つまり両社への行幸は、ともに平安京の治安維持を祈願したものであろう。祇園社には疫病鎮圧を願う目的もあったであろう。

こうして、後三条天皇の時代には、神社行幸の対象がさらに広がり、後冷泉朝までの七社行幸から拡大し、以後は十社行幸として固定化することとなった。歴代天皇の神社行幸という点からみれば、それは後三条朝に一つの完成期に達しており、次の白河（しらかわ）朝に引き継がれていくことになるのである（岡田荘司「神社行幸の成立」）。

二　神事と神社政策

神鏡と内侍所御神楽

ここでは後三条朝の神事と主な神社政策をみておきたい。まずは伊勢神宮・神鏡と内侍所御神楽についてである。平安時代、伊勢神宮の天照大神を崇拝するため、宮中では三種の神器の一つである神鏡が内裏温明殿の内侍所に祀られていた。神鏡は天照大神の御霊代とされ、内侍所御神楽は、神鏡の神慮をなぐさめるため、これを安置する場において行われる神事である。内侍所御神楽が始められたのは後三条天皇の祖父一条天皇の時代であり、しばらくは臨時の祭祀儀礼として行われた。

もともと天皇の出御はなかったが、後朱雀天皇の時からは天皇自身もこれに臨席するようになった。また同じ時期から毎年十二月に行われるようにもなり、後三条・白河天皇の頃には朝廷の年中行事として恒例化することとなった。その次第は『江家次第』に詳しく記されている。

さて、後三条天皇は、延久三年（一〇七一）十二月十五日、内侍所御神楽に出御している（尊経閣文庫所蔵『大府記』〈『為房卿記』〉）。これは平安宮内裏が再建された直後の実施と天皇出御である。先に述べた『後三条院年中行事』の十二月にも「内侍所御神楽事」が立項され、場の設えや天皇出御・天皇拝礼の次第などが記載されている。すなわち延久度の内裏再建を契機として、『後三条院年中行事』や『江家次第』などに記される内侍所御神楽の次第が本来の平安宮内裏で復興することとなった。また『明文抄』(『続群書類従』巻八八六)所引の『江記』逸文では、後三条天皇が、内侍所に安置された神鏡を特別に神聖な宝物として把握していたことを伝えている(杉田建斗「平安時代中後期の神鏡を巡る祭祀・信仰」)。こうした神鏡と内侍所御神楽をめぐる事柄は、天皇と伊勢神宮との関係を強化するものであったことをうかがわせる。

石清水放生会の公祭化

次に石清水八幡宮への政策についてである。十世紀以降、石清水八幡宮では毎年の石清水臨時祭に祭使が派遣されていたが、後三条天皇は新たに石清水放生会に際し、行幸の儀式に準じて上卿以下の官人を派遣することとした。放生会とは殺生禁断の仏教思想に基づき魚鳥等の生類を放つ法会である。これは延久二年(一〇七〇)八月のことで、勅命によって上卿権大納言源隆国・参議藤原経信・権左中弁藤原隆方・外記・史以下の廷臣が八幡宮に参上し、同月十五日に放生会が行われた。そしてこれ以降もこの例によることとしたのである(『扶桑略記』八月十四日条)。いわゆる石清水放生会の公祭化である。

公祭とは朝廷が公的立場から関わる祭祀のことであり、同様のことは、すでに春日社や賀茂社などでも行われていた。したがって、今回の石清水放生会に対する措置は、石清水八幡宮への厚遇ぶりを示すものと言える。

放生会公祭化の理由

天皇は皇太子時代に、皇位に就くことを石清水八幡宮に祈願し、それが叶えば、毎年の放生会を公に執行すると約していた（『年中行事秘抄』、『宮寺縁事抄』）。したがって、即位後の石清水放生会の公祭化は、その願いが実現したことに対する感謝の証として、いっそうの崇敬を示すために始められたのである。

石清水八幡宮（石清水八幡宮提供）

放生会公祭化の背景

また放生会公祭化の背景として注目すべきことは、延久二年の春から夏頃にかけて天皇の意向によって、奥州の北部沿岸地域や北海道南部で蝦夷との合戦（「延久蝦夷合戦」）が行われ、一応の平定がなされたことである（「第八　京中・東北の支配と対外関係」で後述）。公祭化が延久二年八月となったのは、奥州での戦勝の御礼などを石清水八幡宮に行う意味もあったのではなかろうか。

さらにもう一点留意されるのは、前年（延久元年）三月十五日に即位を奉告するため石清水八幡宮に行幸し、翌日還幸した際、その両日ともに天皇の乗輿（じょうよ）が損壊するという事態が発生したことである（『扶桑略記』、『百練抄』、『禁秘抄』）。天皇はこれについて御卜（みうら）を行い、畏怖の念を抱いたことから、放生会を重儀として公祭化することにつながったともみられている（岡田荘司「石清水放生会の公祭化」）。

石清水八幡宮神殿の修造

ところで、延久元年（一〇六九）、石清水八幡宮護国寺別当の清秀（せいしゅう）より、神殿が朽損して倒壊の恐れがあるという訴えがなされた。このため、朝廷はこれを修造することにしたが、修造開始までには曲折があった。

延久二年三月十二日、公卿らが神殿修造中に御神体を仮殿に奉移することの可否を検討した（『百練抄』）。四日後の十六日には、陰陽寮の占文により、仮殿を造り、御神体をいったんそこへ移すことを決定する。しかし、そうした対処には拠るべき先例がないとの理由で、神殿の修造開始が未着手となっていた。

賀茂・安倍両氏の意見対立

この間、陰陽道に関わる賀茂・安倍両氏において修造のあり方をめぐる意見の対立もあったが、同年十月二十八日、御神体は仮殿などの他所には移さないで神殿を修造することに決定した。これにより御神体は殿内の別の部屋に移して修造されることになったのである。

しかし、朝廷ではその後もまだ議論が行われたらしく、工事が開始されたのは、翌延久三年四月九日であった（『八幡宮造営日時勘文等』〈『石清水文書』〉、『百練抄』延久二年三月十六日条）。この修造開始に当たっては、天皇より改めて宣命が出されている。

このように、石清水八幡宮の御神体動座の可否が長期にわたって問題化したわけであるが、逆に言えば、そのことの中に、石清水八幡宮の霊威が当時の国家にとっていかに重いものであったかが示されている（吉原浩人「『石清水不断念仏縁起』考」）。焼失などが発生した事後の理由ではなく、石清水八幡宮から事前の申請を受けたことによって修造が行われた点にも、朝廷の崇拝の厚さが表れている。

日吉祭の公祭化

次に日吉社に対しては、後朱雀天皇の長久四年（一〇四三）六月、内蔵寮より幣（奉献物）を毎年下すという宣旨が出され、同社は二十二社に加えられることとなった（『年中行事秘抄』等。『扶桑略記』は長久五年とする）。他の二十一社はすでに朝廷から祭礼に際しては幣を下されていたが、日吉社にはそれがなかった。そして、後三条朝の延久四年（一〇七二）四月二十三日に「今日比叡祭なり。今年より始めて官幣を立てらる」（『師光年中行事』）とあるように、これ以降、日吉祭においては朝廷より正式に幣が下されることになった。すなわち、日吉祭は延久四年に明確に公祭化され、日吉社の社格が上げられたのである。

公祭化の背景

公祭化の背景としては、前述したように後三条天皇が延久三年十月に日吉社へ行幸したことが重要である。この行幸は、治暦三年(一〇六七)正月に日吉社が焼亡し、それが再建されたことが大きかったと思われる。行幸に際しては、天台座主勝範と法性寺座主覚尋がともに行幸賞として法印の位を授けられた(『扶桑略記』)。

勝範は延久二年に第三十三世天台座主となり、後述のように天皇の皇太子時代からの関係から、同年円宗寺権別当にも任じられる。翌延久三年には日吉社に検校(神社の業務を統括する職)が置かれ、延暦寺の座主がこれを兼ねることになった。こうして日吉社は延暦寺と強い結びつきを持つこととなり、この延長上に天皇の日吉社行幸が実現するに至る(松本公一「後三条天皇と神祇信仰」)。もう一人の覚尋は第三十二世明快の弟子である。天皇が皇太子の時代、日吉社への願文を同社へ携えていった人物であり、同じく天皇との関わりは深いものがあった(『古事談』巻三)。

このような勝範や覚尋らの活動と後三条天皇への働きかけが背景にあり、延久四年より、四月の申日に毎年日吉祭が行われ、そこに朝廷から奉幣されるようになる。こうして日吉祭の公祭化が実現したのである。

祇園社の焼亡と再建

石清水八幡宮の神殿修造方針がなかなか決定しない頃、延久二年十月十四日には、祇園社において火災が発生し、本堂・宝殿・大回廊・舞殿・鐘楼といった建物や多くの仏像が焼亡した（『扶桑略記』、『百練抄』、『玉蘂』承久二年〈一二二〇〉四月十四日条）。朝廷は同月二十七日に官使を同社に遣わし、焼亡の様子を実見させた。そして、翌二十八日にはその報告に基づき公卿議定において再建・造作のことを定めた。なおこれと同日に、上述の石清水八幡宮作事も定められている。

その後の祇園社再建の過程をたどると、同年十一月七日、祇園社に奉幣して災変を謝し、社殿造営の日時を定めた。これによれば、木作始（造営開始）は十一月十六日、立柱上棟は同月二十三日とし、神殿一宇は感神院（祇園社の本所）に、それ以外は諸国受領に造営させることとした。翌延久三年八月二十五日には神殿等の新造が成り、祇園社の遷宮が行われた。なお、その間の同年六月十四日には、祇園御霊会が常のごとく行われている（『玉蘂』承久二年四月十四日条）。これにより前代同様、疫病を封じることが祈願されたのである。

後三条天皇は、こうした祇園社の焼亡と再建を経たうえで、翌延久四年三月二十六日、初めて同社に行幸した。同日には稲荷社にも行幸があったことは前述の通りである。

地域の神社対策

また地方に目を向けると、阿波・摂津・上総の各国の神社では、後三条天皇の政治について「明王の治世」と賞賛したという（『古今著聞集』）。このように地域の神社が後三条天皇を名君と認識しているのは、天皇が諸国の神社に対しても崇敬策をとったからであり、そのことがひいては平安宮再建のための国衙財源確保に有効であったとみられている（遠藤基郎「後三条天皇」）。諸国より造内裏役を徴収する際、地域の神社が国司に協力したということかと思われる。

三　御願寺円宗寺の建立

円宗寺の創建

後三条朝に内裏や大極殿が再建され、王権の回復が成し遂げられたことは「第三　平安宮造営事業」で述べたが、こうした平安宮の造営と並行する形で、天皇の御願寺（天皇や皇族の発願により建立された寺院）である円宗寺（初名は円明寺）が創建された。堂舎の落慶供養は、延久二年（一〇七〇）十二月と翌三年六月の二度に分けて行われた。

四円寺の四番目

円宗寺はいわゆる「四円寺」の四番目として、これに先行する「円」のつく三つの御願寺すなわち円融寺・円教寺・円乗寺を継承する寺院であったが、これらの三寺よりも伽藍の規模が拡大し、また鎮護国家の理念が新たに掲げられた点でも（『扶桑略記』延久二年十二月二十六日条所引の供養願文）、それまでの三寺とは一線を画するものであった（平岡定海「四円寺の成立について」)。

「四円寺」の四寺院はいずれも現存しないが、円宗寺の前史として、まずは円融寺・円教寺・円乗寺の三寺について触れておこう。

円融寺

最初の円融寺は、円融天皇の御願寺である。もとは仁和寺別当を務めた寛朝僧正(敦実親王の王子、宇多法皇の孫)の禅室であった。それが円融天皇の御料となり、永観元年(九八三)に改修されて御願寺となったのである(『仁和寺諸院家記』)。当初は七仏薬師像などを安置する堂と法華堂から成っていた。翌年に天皇は譲位し、その次の年には出家してここを住房とした。その後、永祚二年(九九〇)には五重塔が建立されており、敷地内には池も存した。法華堂は池の東にあったらしい。寺の位置は、現在の龍安寺の場所に相当すると考えられている(杉山信三『院家建築の研究』ほか)。

円教寺

二番目の円教寺は、一条天皇の御願寺として長徳四年(九九八)正月に落慶供養が行われた(『扶桑略記』)。寺は一条通り末で、西京極大路の西辺に位置したらしい(『中右記』保安元年〈一一二〇〉三月十八日条)。創建当初の堂舎の様子は判明しないが、中心となる御願堂のほか、長和年間(一〇一二〜一六)には東廊・西廊・南大門・塔などがみえる(『小右記』長和元年〈一〇一二〉五月二十七日条、同二年六月二十二日条)。

円教寺は寛仁二年(一〇一八)六月に焼亡するが、長元七年(一〇三四)十月に再建された(『左経記』）。この間の治安二年（一〇二二）には「円教寺材木国」（『小右記』治安二年四月三日条）、長元三年（一〇三〇）には「造円教寺国々」（同長元三年九月十二日条）などの記事が確認できるので、その再建においては、諸国に国宛して行われたことがうかがえる。

円乗寺

三番目の円乗寺は、後朱雀天皇の御願寺として造営が始められた。しかし、落慶前に天皇が崩御したため、次の後冷泉天皇が受け継ぎ、後朱雀天皇崩御から十年後の天喜三年（一〇五五）十月二十五日に新造供養された。これは円教寺の新堂として造営されたらしい（『扶桑略記』、『百練抄』）。その位置は、『扶桑略記』によれば「仁和寺の南」とある。仁和寺南で円教寺に接したとすれば、円教寺の西側の場所が考えられる。建物は新堂のほかに大門・廻廊・経蔵・鐘楼などが確認される（『扶桑略記』）。寺院としては小規模なものであったのだろう。

また後冷泉天皇の晩年に当たる治暦四年（一〇六八）正月には五大堂造営の日時定が行われ、同月二十九日に木作始がなされた。二月二十三日には五大堂に収める仏像の修理に関する議定も行われており、円乗寺の五大堂はこの頃に建立されたようである（『本朝世紀』）。

円宗寺造営の早期着手

以上のような円融寺・円教寺・円乗寺の建立の経緯を踏まえ、後三条天皇は即位の翌年すなわち延久元年（一〇六九）から自らの御願寺となる円宗寺の造営に取りかかり、翌延久二年末に金堂・講堂など主要堂舎の落慶供養がなされた。円融寺が円融天皇即位後十四年、円教寺が一条天皇即位後十二年、円乗寺が後朱雀天皇崩御・後冷泉天皇即位後十年にそれぞれ完成したことに比べると、今回は造営の着手・完成が非常に早くなっている。これは、後三条天皇が皇太子時代に即位後の御願寺造営計画をある程度作成していたからだと思われる。

円宗寺の位置

円宗寺の位置については、供養願文に「仁和寺の南傍、一吉土（良い土地・場所）あり」（『扶桑略記』）、鐘銘に「地を仁和寺勝形の左に択び、処を古先帝山陵の前に卜す」（『本朝続文粋』巻十二）とあることから、仁和寺の東南の一画に求められる。平安宮の一条大路を西に延長したその道路に南面する場所である（一八二頁参照）。そこは現在の右京区御室小松野町・御室竪町辺りに比定されるが、今は全面がほぼ住宅街となっている。遺構としては寺院西限の南北溝が検出されている程度であり、遺物も軒平瓦・軒丸瓦などが多少出土しているにとどまる（京都市埋蔵文化財研究所『昭和六一年度京都市埋蔵文化財調査概要』）。

円宗寺の国宛

円宗寺の造営を始めるに当たっては、『江家次第』巻五に「延久元年、播磨国に仰せて造進せしむ」とあるように、円宗寺は延久元年（一〇六九）に播磨国の負担で造営が開始された。先に「第三　平安宮造営事業」で述べたように、当時は大極殿を中心とした八省院が丹波国などに命じられて造営中であり、翌二年三月からは内裏の造営も始まる。したがって、これらの造宮事業と並行して円宗寺の造営が進められることになったのであり、その造営にかける天皇の周到な計画と熱意のほどがうかがえよう。

播磨国司橘俊綱が造営

この時円宗寺造営を命じられた播磨国の国司は橘俊綱であった。俊綱は播磨守のあと讃岐守に遷任したようである。また宮中の財産を管理した内蔵寮の長官である内蔵頭にも任じられた。こうした経歴は大極殿造営を行った源高房とも通じている。俊綱は『作庭記』(平安時代成立の日本最古の庭園書)の作者ともみられている人物であり、その実父は関白藤原頼通である。

また、当時の播磨国は、丹波国と同様に国内の瓦生産体制を拡大させており、寺院のような瓦を大量に必要とする建造物の造営においては非常に有効な国宛であった。ただし、これは後三条朝に入ってからの新規の方法ではなく、すでに後冷泉朝の治暦年間に興福寺再建で採用されていた播磨系軒瓦等の調達方式を、今回も同じように用いたものである。この興福寺再建を主導したのは関白頼通であったので、このたびの円宗寺造営は、頼通が推進した摂関家の造営方式を天皇が踏襲したものと言える(上原真人「院政期平安宮」)。

円宗寺の堂舎の上棟

延久元年、播磨国に充てられた円宗寺の造営は、翌年に入って順次進展した。『陰陽博士安倍孝重勘進記』によれば、各堂舎の上棟は表の

円宗寺の堂舎の上棟

年	月	日	堂舎	
延久二年	二月	二十九日	金堂	上棟
〃	三月	十九日	灌頂堂	上棟
〃	十月	七日	法華堂	上棟
〃	同月	十六日	常行堂	上棟

ような経過をたどる。

これにより、金堂と灌頂堂が早くに上棟し、それから約半年後に法華堂と常行堂の上棟がなされたことがわかる。講堂の上棟月日は不明であるが、金堂に準じる中心堂舎であるため、金堂とほぼ同じように造営が進んだのではなかろうか。次述のごとく、この年の年末には金堂・法華堂とともに講堂も完成しているからである。

金堂・講堂・法華堂の落慶供養

さて、延久二年十二月二十六日に至り、天皇が御願寺円宗寺（この時の寺名は円明寺）に行幸した上で、建造堂舎のうち金堂・講堂・法華堂の落慶供養が行われた。

供養の次第

供養の次第については、参議右大弁源経信の作になる「円明寺供養式」が『朝野群載』巻二に収載されている。これによれば、前日には陽明門院御在所・皇太子御座・王卿座などが設けられた。当日は卯刻（午前六時頃）に天皇が行幸、次いで辰刻（午前八時頃）天皇は腰輿にて金堂に遷御し、御座に着す。次いで皇太子が参上、王卿も着座する。次いで導師以下僧侶の礼仏等が行われる。この間には舞楽も演奏された。

なお、次代の白河天皇は洛東白河の地に法勝寺を造営するなどして仏教政策を大きく発展させていくことになるが、その前段階の皇太子時代に、父天皇の円宗寺（円明寺）落慶供養の儀式に臨んでいたことの意味は大きかったのではなかろうか。

常行堂・灌頂堂の落慶供養

次いで延久三年六月二十九日に至り、円宗寺の常行堂と灌頂堂の落慶供養が行われた

（『扶桑略記』、『百練抄』）。このため天皇は今回も同寺に行幸した。「常行堂を供養す。ただし灌頂堂は真言宗を以て秘密の法を修せしむ」（『扶桑略記』）とあるので、灌頂堂以外の堂舎では天台宗の法会が行われていたことになる。このことは、従来、三円寺がすべて真言宗の下に運営されていたのに比べると大きな変化と言える。

円宗寺伽藍の復元

円宗寺の伽藍については、寺域の発掘調査が進んでおらず、信頼できる図面類も残されていないため、これまでにまとまった伽藍復元図は作成されていない。したがって、円宗寺の伽藍を復元するに当たっては、各堂舎や門などに関する史料を個別に検討し、それを総合する方法を取る必要がある。

金堂

金堂は円宗寺の中心堂舎であり、境内のほぼ中央に置かれた。その構造については不明であるが、源経信が作成した延久二年十二月二十六日付「円明寺供養式（後に円宗寺と改む）」（『朝野群載』巻二）によれば、金堂の内部には、本尊として二丈金色摩訶毘盧遮那如来像一体、丈六同薬師如来像一体、同一字金輪像一体、丈六彩色六天像各一体が安置された。

講堂

講堂は金堂の北側に位置し、金堂に合わせて中心線上に置かれた主要堂舎である。講堂も具体的な構造はわからないが、内部には一丈八尺金色釈迦如来像一体、丈六同普賢・文殊・観音・弥勒等像各一体が本尊として安置され、最勝会・法華会などの主要法会が行われた（『扶桑略記』延久二年十二月二十六日条）。

常行堂

常行堂については、延久三年六月落慶時の「円宗寺五仏堂供養願文」（『江都督納言願文集』巻二）が参考になる。五仏堂とは五体の仏像を安置する堂舎の意味で、常行堂と同じ堂舎を指す。この願文には「金堂の東の頭に卜し」とあり、常行堂は金堂の東に位置したことがわかる。また「台嶺の前跡を尋ね」という文言があり、そこから比叡山延暦寺の常行三昧堂の例を参考にして造営されたとみられ、建物の構造は方五間（一辺五間の正方形）であったらしい。そして、本尊としては等身阿弥陀像、三尺観音像、勢至・弥勒・地蔵像各一体の計五体の仏像が安置された（『仁和寺諸院家記』）。

法華堂

法華堂の位置を示す史料は確認できない。しかし、常行堂と同様に延暦寺の伽藍を参考にしたとすれば、金堂もしくは講堂を中央にして常行堂と東西対称の位置にあったと考えられる。そうであれば金堂の西側に建てられたことになる。比叡山の横川楞厳三昧院では、講堂とその東西に法華堂・常行堂の三堂が南面して並ぶ配置であることが参考になろう（櫻井敏雄「伽藍に於ける常行堂・法華堂の位置」）。構造は比叡山の堂に倣えば、常行堂と同じく方五間と推定される。堂の内部には三尺金銅の塔一基が置かれ、さらにその中には金字妙法蓮華経一部八巻が安置された（『扶桑略記』延久二年十二月二十六日条）。

灌頂堂

灌頂堂については、堀河朝の康和五年（一一〇三）十二月六日に結縁灌頂が行われた際、公卿らが講堂の東庇から灌頂堂の南庇に登ったとする記事があるので（『中右記』）、人々の動線から判断すると、灌頂堂は講堂の北東に位置したと考えられる（杉山信三『院家建築の研究』）。構造は不明であるが、内部には胎蔵曼荼羅と金剛曼荼羅が安置された（『仁和寺諸院家記』）。

五大堂

五大堂は不動・降三世・軍荼利・大威徳・金剛夜叉の各明王を安置する堂舎である。後三条天皇は生前に五大堂を供養する宿願を持っていたが、在位中には造営に着手できず、天皇の崩御から四十二年が経過した永久三年（一一一五）三月、円宗寺内に五大堂が供養された（『御室相承記』）。すなわち、五大堂は白河上皇が父の意志を継いで造営し、円宗寺の伽藍を完成させたのである。

その位置について『江都督納言願文集』巻一「円宗寺五大堂供養願文」（作成は天仁三年〈天永元年、一一一〇〉）では「北門の中、灌頂堂の西」と記すので、五大堂は伽藍の北門を入って灌頂堂の西側、講堂から見れば北西に位置したと考えられる。本尊は彩色一丈八尺（約五・五メートル）の不動明王像一体と一丈六尺（約五メートル）の四明王像各一体である。

鐘楼と経蔵

以上の堂舎のほかに、鐘楼・経蔵・諸門・回廊などが存在した。鐘楼についてはその存在は確認されるが、位置は不明である。また経蔵については、延久四年（一〇七二）四月三十日に円宗寺の経蔵に多宝塔および御仏が奉納されたとあるので（『百練抄』）、この時までに円宗寺には経蔵も建てられていた。位置は後世の「円宗寺図」（『仁和寺諸院家記』、二三七頁参照）では、金堂の東方に記載されている。

諸門・回廊

円宗寺には南面の正門として南門があり、その北側には中門があった。そして中門から東西廊が付いていたようであり、金堂廻りの中枢部はロの字型の回廊の形をとっていたものと考えられる（冨島義幸『密教空間史論』）。また北面の中央には北門（北大門）があった。

北御所・小寝殿

なお、白河天皇の時代には、以上のほかに「北御所」や「小寝殿」といった建物が所見する（『御室相承記』巻二「大御室」）。これらは伽藍内の北方にあったとみられる。

塔は不存在

ところで、円宗寺には塔も存在したとする見解がある。これは「円宗寺鐘銘」（『本朝続文粋』巻十二）に「金堂宝塔」と記すことに拠っているようであるが、この「宝塔」は法華堂内に安置された「三尺金銅塔」（『扶桑略記』延久二年十二月二十六日条）のことと理解されるので、円宗寺の伽藍には建造物としての塔はなかったものと思われる。

池

池については、常行堂と灌頂堂の落慶供養の日、「左右の近衛、各供養の態、龍頭鷁首、池の上に棹を鼓つ。夜に入りて車駕は還宮す」とあり（『扶桑略記』延久三年六月二十九日条）、ここから円宗寺の伽藍には池が存在したことが明らかである（清水擴『平安時代仏教建築史の研究』）。この池は金堂から延びる回廊に囲まれた中にあったのであろう。

後年、天皇の第三皇子輔仁親王が詠んだ歌には「いにしへの影やみゆると人しれず池のみくさのはらはるゝかな」（昔の面影が見えるかもしれないと人知れず円宗寺の池の水草がはらわ

伽藍の復元試案

れていることよ）とあるが、ここでは昔の父の面影を偲ぶものとして円宗寺の池が取り上げられている。

以上を総合すると、円宗寺の伽藍配置の復元試案は図のようになる。特徴としては、法成寺や法勝寺にある阿弥陀堂が存在しないこと、金堂の前庭に池があり、それを回廊が囲むことなどである。なお、ロの字型の回廊については、承徳元年（一〇九七）までに追加造営された法成寺の中門・回廊（『中右記』同年十月十七日条）や、康和四年（一一〇二）七月に供養された堀河天皇の御願寺尊勝寺でも確認できることから、円宗寺の伽藍形式が白河院政期以降の法成寺や尊勝寺に影響を及ぼした可能性もある。

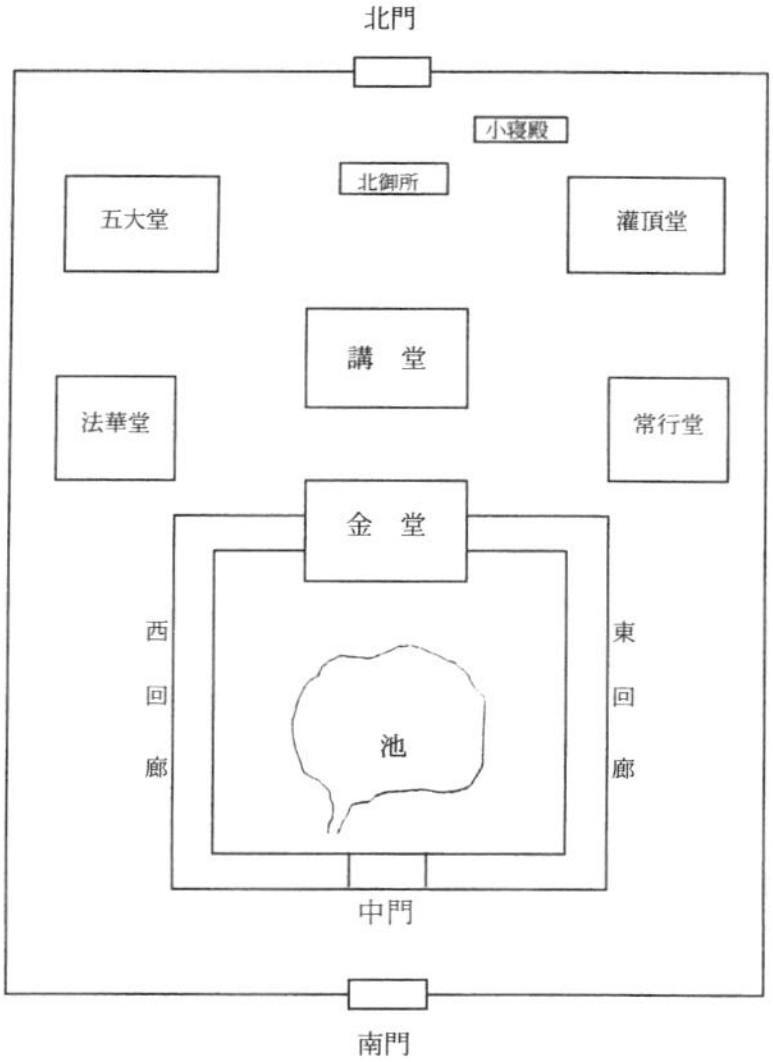

円宗寺の伽藍配置試案

円明寺を円宗寺に改号

延久三年（一〇七一）に入ると、正月八日に円明寺の金堂で修正会始（年頭に国土安穏・五穀豊穣を祈願する仏教法会）が行われた（『扶桑略記』、『師光年中行事』）。ところが、その後、円明寺の寺名をめぐって一つの問題が生じた。それは、同名の寺がすでに他に存在したことが明らかになったことである。このため天皇は、同年六月三日に至り、円明寺の号をやめ円宗寺と改めたのである（『百練抄』延久二年十二月二十六日条、『十三代要略』）。

このようにいったん定めた寺号を改めるきっかけになったのは、藤原頼通の発言であった。頼通は山崎の地にすでに円明寺という寺があることを知っており、そこが庚午（こうご）の日に供養を行っていることから、同名となった天皇の御願寺も庚午日に供養をするべきではないか、と皮肉を込めて示唆したのである（『古事談』巻五）。天皇側の事前の確認が行き届いていなかったためであろうが、この頼通の言葉を受けて、天皇は早々に寺号を改めたのである（伊東玉美『院政期説話集の研究』）。

また『中外抄』下は、この件について別の伝承を伝える。円明寺が円宗寺と寺号を改めたのは円明寺が不吉の寺であるからで、これも頼通の意見によるものである。円明寺は正暦（しょうりゃく）三年（九九二）に源保光（やすみつ）が建てた松崎（まつがさき）（現左京区松ヶ崎）の寺と同名であり、建立直後に保光と姻戚関係にある藤原伊尹（これただ）が死去したことから不吉の例とされていた。頼通の弟教通は関白でありながら後三条天皇の円明寺命名に対して意見を述べなかったことから、「関白は腹黒き人かな」と非難したという。ここでは頼通が弟教通を牽制した話となっている。

寺内組織

さて、円宗寺の寺内組織としては、検校・別当・権別当などが置かれた。延久二年十二月金堂等供養の日、仁和寺の性信が検校、同じく仁和寺の長信が別当、延暦寺天台座主の勝範が権別当としてみえ、翌三年六月常行堂等供養の日には頼信が法務として現れている（『僧綱補任』、『天台座主記』）。また円宗寺の管理に当たっては阿闍梨六人が置かれ、そのうち金堂に三人、灌頂堂に三人が配分されたという（平岡定海「四円寺の成立について」）。

勝範を権別当に補任

この中で特に注目されるのは、仁和寺の僧侶以外に、延暦寺の勝範が円宗寺の権別当に任ぜられたことである。天皇と勝範との関係については、天皇が皇太子時代から帰依していた関係の深い僧侶の一人が勝範であったが（『今鏡』巻二）、この人事からは、天皇の延暦寺に対する優遇策がうかがえる。

皇居四条殿に遷御

ところで、円宗寺造営期間中の延久二年（一〇七〇）十二月十七日、後三条天皇は前年より皇居としていた里内裏高陽院から四条殿（四条南・西洞院東）に遷御した。四条殿は前代の後冷泉天皇の時に初めて里内裏として使用され、同天皇崩御後はその皇后藤原寛子（皇太后）の御在所となっていた。後三条天皇の四条殿遷御は、円宗寺金堂等の落慶供養を行う九日前に当たる。ただし、この遷御のことを示す史料は『十三代要略』（村上天皇から崇徳天皇までの歴史事象を編年的に記した年代記）だけで、しかもそれは「四条宮に遷幸す」

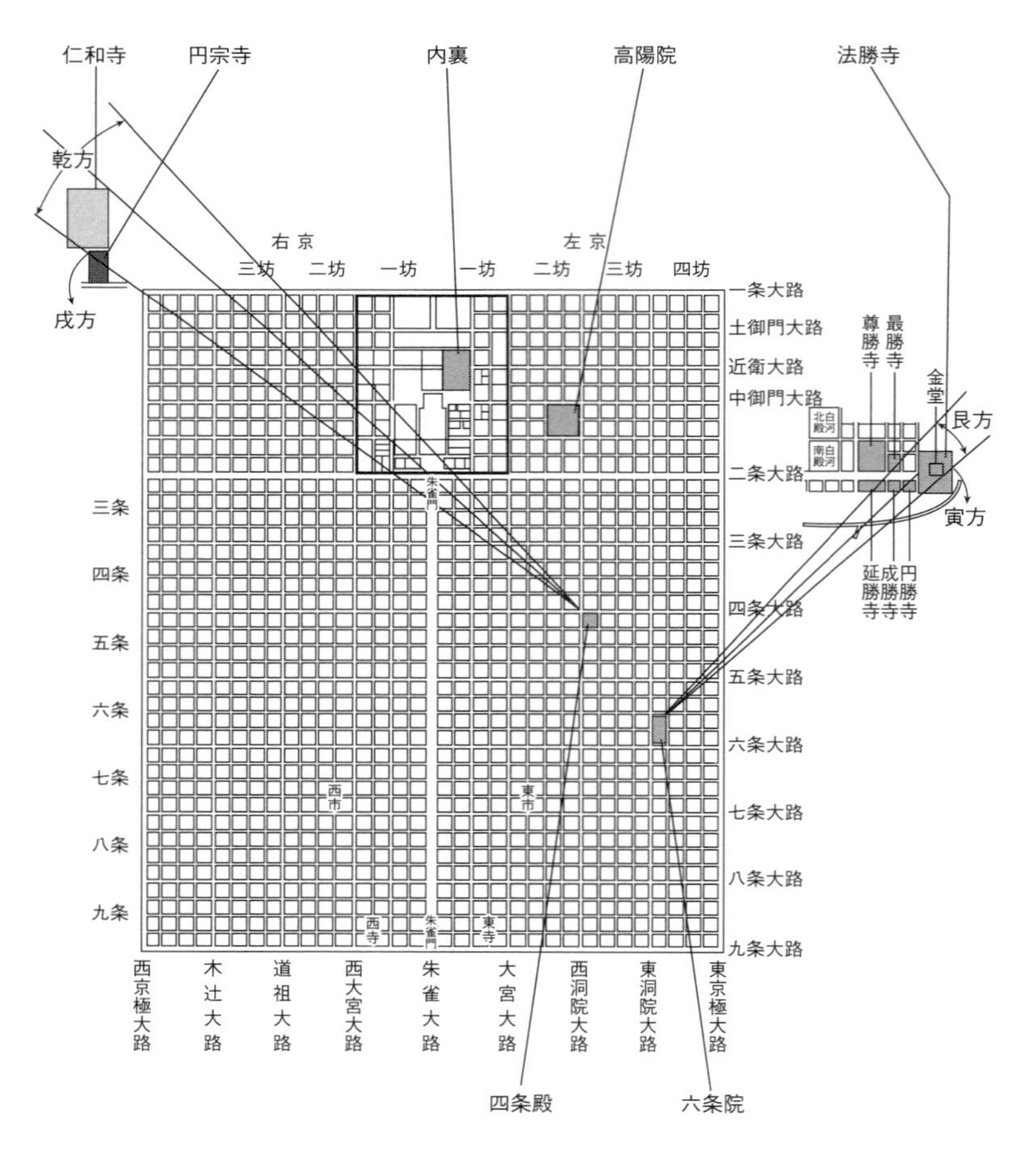

平安京と円宗寺・法勝寺

（源氏物語千年紀記念出版『紫式部の生きた京都』ユニプラン，2008年をもとに作成）

と記されるのみである。したがって、天皇がなぜこの時点（延久二年末）で皇居を四条殿に遷したのかということについては、これまでよくわかっていなかった。

四条殿遷御の目的

しかし、陰陽道の方角神の一つである大将軍神の移動に注目すると、延久二年から三年に変わる際、大将軍神の所在する方角が南方から西方に移ることになるが、これが所在する方角では建築などを行うことが憚られたのである。このため、四条殿への遷御は、延久三年（一〇七一）に入っても円宗寺造営を継続することによって生じる方角禁忌を避けるという目的があったのであろう。遷御前の里内裏高陽院に居住したままでは、円宗寺造営の方角が大将軍神の所在する西の領域に相当するからである。

四条殿から円宗寺への方角を見ると、四条殿を起点として、円宗寺の約北半分の寺域が乾方（北西角の正方）に、南半分が戌方（＝西方）に相当する（前頁の図参照）。延久三年からは大将軍神が西方に移るため、戌方に入れば禁忌が生じるが、金堂・講堂・法華堂という主要な三堂宇は前年の延久二年末に落慶供養を終えていた。しかし、常行堂・灌頂堂の造営はまだ継続していたので、これらの造営を高陽院に滞在したままで行うと大将軍神のいる西方の禁忌に抵触してしまう。よってその禁忌の領域を逃れるため、事前に四条殿に遷ったと考えられるのである（詫間直樹「後三条・白河朝における造営事業の特質」）。

四　円宗寺の法華会と最勝会

落慶供養の願文

円宗寺の金堂・講堂・法華堂が落慶した折の供養願文によれば、講堂では春季に最勝会を、秋季に法華会を行うこととし、また法華堂では僧侶六人を置いて法華三昧を修させるようにした（『扶桑略記』）。

法華会と最勝会

このうち法華会は迷妄する衆生（しゅじょう）を解脱（げだつ）に導く群類救済（六道の衆生を苦しみや災いから救うこと）の法会であり、最勝会は鎮護国家と皇統存続を祈願する法会である。延久二年十二月、金堂等の落慶供養を行った際には、翌年以降、円宗寺において法華会・最勝会の二つの法会を開催する予定であった。

延久三年は行われず

しかし実際には、翌年の延久三年には両会とも実施されず、当初の考え通りには進まなかった。その理由を記した史料は見当たらないが、同年春の最勝会の時期には常行堂・灌頂堂がまだ完成していなかったからと思われ（同年六月に落慶供養）、また秋の法華会の時期には十月の日吉社行幸（延久三年十月二十九日）が優先されたからではないかと考えられる。

円宗寺法華会の創始

延久四年（一〇七二）になると、十月二十五日に後三条天皇が円宗寺に行幸し、法華会が初めて挙行された。この時、法華会と最勝会の両方が行われたとする史料や説があるが、このたびは秋季ゆえに法華会のみが実施されたのである（菅真城「北京三会の成立」）。また、二日後の二十七日は法華会の五巻日（法華経の第五巻を講読する日）ゆえ、天皇は再度円宗寺に行幸している（『扶桑略記』）。

円宗寺の最勝会

では、いま一つの法会である最勝会はどうなったのであろうか。法華会実施より七か月余り前の延久四年三月三日、円宗寺最勝会のことについて議定が行われた。しかし、この日は御燈（三月三日と九月三日に天皇が北極星に灯火を捧げる儀式）の日であり、外記が前例を調べたところ、御燈と重なる場合は仏事の例が少ないということで延引となった（『年中行事秘抄』）。そして、この年はその後に最勝会が行われたことが確認できないことから、結局、本年の最勝会は実施されないままになったのであろう。

初の最勝会の実施

そして延久四年十月になって、まずは法華会が催行されたのであるが、最勝会はついに後三条天皇の在位中には実施されず、譲位後の延久五年（一〇七三）二月になって初めて行われたらしい（『江家年中行事』、遠藤基郎「後三条・白河院の年中行事書」）。そうであれば、天皇譲位後ではあるものの、後三条上皇の存命中に最勝会も開始されたことになる。その後、最勝会はまたしばらく確認できなくなるが、白河天皇の代に入って永保二年（一〇八二）二月十九日に円宗寺で行われ、以後恒例化していく。

なお、後三条天皇の仏事政策を前代の後冷泉朝との関わりでみると、後三条天皇の意図した法華・最勝二会の前提には、後冷泉天皇の法華経・最勝王経の仏事があったことが留意される（遠藤基郎『中世王権と王朝儀礼』）。

山門と寺門の対立

円宗寺で創始された法華会と最勝会は、天台宗僧侶が僧綱位を獲得するための法会として位置づけられた。しかし、後朱雀天皇の時代からの経緯をみると、天台宗内部においては山門派（慈覚門徒）と寺門派（智証門徒）の対立があり、事態は複雑となっている。後述のように、後三条天皇による円宗寺二会の実施は、寺門派すなわち園城寺への慰撫策を講じる目的があったと考えられる。

後朱雀朝の状況

後朱雀朝の頃より天台宗では座主が山門と寺門のいずれから就任するかが大きな問題となっていた。原則は天台宗の序列第一位の僧侶が座主に就くということであったので、長暦二年（一〇三八）には寺門派の大僧正明尊が候補に挙がった。しかし、これに山門派が強く反対し、結局、その翌年に山門派の教円が座主となった。これ以降、山門と寺門の対立が広がっていく。

園城寺戒壇問題の発生

また同年には寺門派の沙弥（見習僧）が山門派の妨害により戒壇で受戒することができなかったため、明尊は朝廷に園城寺の戒壇設立を要求したのである。そもそも正式に僧侶の資格を得るには戒壇で菩薩戒を受戒する必要があったが、天台宗では延暦寺のみに戒壇があり園城寺にはなかったため、智証門徒にとっては座主の人事が重大であり、それが叶わないとなれば、次に園城寺独自の戒壇を設立する要求へと向かったわけである。『元亨釈書』度受志に「長暦の間、慈覚・智証両徒争軋、園城の沙弥は戒壇に昇るを得ず。三井の明尊、戒壇を園城に奏請す」とあるのは、こうしたことを示している。

ところが、園城寺側の申請に対し、後朱雀天皇と関白藤原頼通を中心とする当時の朝廷はこれを認可しなかった。そしてこの問題は山門派と寺門派の対立をいっそう深刻化させたが、続く後冷泉朝になっても、関白頼通は天台宗の分裂に対して根本的な解決策を打ち出せないままいたずらに時を過ごし、結局これらの課題が後三条天皇の代に持ち越されることとなったのである。

対天台宗政策

後三条天皇は、こうした天台宗への対策として、まず寺門派門徒の所属寺院を山王院（千手院）から園城寺に変更することを認め、天台宗の分裂を公認した。また上述のような円宗寺の二会の創設、日吉社への行幸など、天台宗に関わる一連の重要な施策を行った。

延暦寺優遇

ただし、延久二年（一〇七〇）五月、天台座主に山門派の勝範を就任させたが、これは当時天台宗序列の一位であった寺門派の覚円を超えての任命であった。また同年六月には、再び寺門派から園城寺戒壇の設立要求が出されたので、朝廷ではこれを諸卿が議定したが、やはり認可されなかったようである（『百練抄』同年六月二十九日条）。

さらに、同年十二月の円宗寺金堂等落慶供養では、前述のように延暦寺の勝範が円宗寺権別当に任じられた。そして翌三年の日吉社行幸では、勝範の申請に基づいて僧官（検校・別当・権別当）を設置したが、それは山門派の僧で占められており、勝範自身は行幸賞により法印に叙された。

こうした天皇や朝廷の対処は、やはり山門派の延暦寺側を優遇する方策であり、寺門派園城寺は引き続き大きな不満を持つことになった。

寺門派園城寺への慰撫策

延久四年十月二十五日、天皇は円宗寺に行幸し、法華会を創始する。ここでは天台已講（天台宗法会の講師を勤める僧職）が置かれ、最初の講師には寺門派より園城寺の頼増が任じられた。また宣旨によって、以後の法会の講師には山門派と寺門派から隔年で勤修させ、已講の労により僧綱に昇任できるルートが定められた（『僧綱補任』）。すなわち、天皇による円宗寺法会の開始と天台已講の設置は、寺門派の僧侶に対しても待遇面で優遇し、さらに山門・寺門両派の対立を緩和させる目的があった。

こうして円宗寺に法華会を開き、天台宗のみの僧綱昇進ルートを設定することで、天皇は天台座主問題や園城寺戒壇問題における寺門派の不満に対処しようとした。つまりこれは園城寺への慰撫策であったのである。

しかし、園城寺側の戒壇設立という実質的な要求は退けられたままであり、延暦寺に偏った内容の宗教政策であったことは否定できない。山門・寺門両派の関係の安定化を目指す天皇の考えとはうらはらに、寺門派の反発を招く結果となり、両派の対立は修復が困難となる。さらには寺門派が天皇に対しても怨嗟の念を露わにしていく。そしてこのことが天皇の発病をもたらしたとされる園城寺の守護神新羅明神(しんらみょうじん)の祟りへとつながっていくのである（池田陽平「天台座主の任命原則と園城寺戒壇問題（Ⅱ）」）。

四円寺の共通点と相違点

本章の最後に、四円寺の中の三寺（円融寺・円教寺・円乗寺）と円宗寺との共通点や相違点を改めて述べておきたい。

まず共通点としては、結果的に円融天皇系の直系となった天皇、すなわち円融・一条・後朱雀・後三条の各天皇に限って御願寺が造営されたことが挙げられる（次頁の系図）。皇統が途絶えた冷泉・三条・後一条・後冷泉の各天皇は御願寺の造営がなされず、それらの追善供養は母方の外戚を願主とする寺院にて行われた（遠藤基郎『中世王権と王朝儀礼』）。また四円寺はその運営を在位中は蔵人所（天皇に仕え宮中の事務・行事や機密文書などを扱う令外官(りょうげのかん)）が、譲位後は院司(いんじ)（上皇に仕え院中の諸務を処理する職員）が担当していた。円宗寺も譲位直後の修正会は院司によって沙汰されている。

一方相違点としては、円宗寺以外の三つの御願寺に比べて円宗寺の造営が早期に行われたこと以外に、三寺は仏事の内容が修正会や願主天皇の追善供養仏事にとどまってお

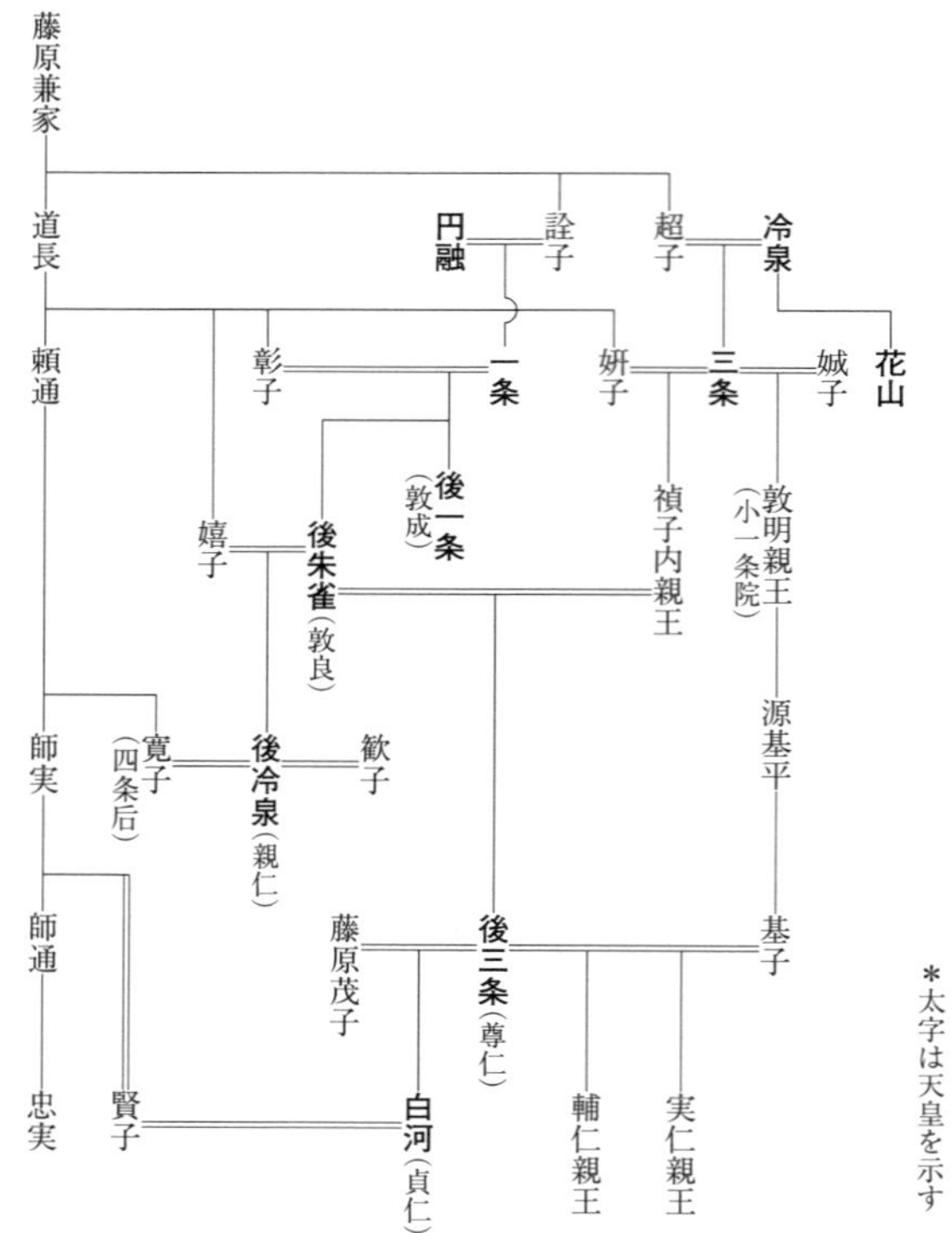

円融天皇から後三条天皇までの系図（美川圭『後三条天皇』の図をもとに作成）

＊太字は天皇を示す

り、国家を鎮護するような仏事は行われていないが、前述のごとく円宗寺は鎮護国家と衆生の救済を目的としていること、また円宗寺は他の三寺と比べて伽藍の規模が大きいことなどが挙げられる。円宗寺はそれまでの仁和寺の子院的性格を有した三寺とは異なり、法会の目的や伽藍の規模などからして、大きな展開を遂げた寺院であった。そして、これは次代の白河天皇の法勝寺へと継承されていくのである。

北京三会の成立

円宗寺と法勝寺を舞台とする法会は、白河天皇が最も意識して父天皇の方針を継承した宗教政策であった。すなわち、白河天皇の代には承暦二年（一〇七八）十月に御願寺法勝寺が建立され、大乗会が創始される。こうして円宗寺の法華会と最勝会、そして法勝寺の大乗会という三会が揃い、南京三会（興福寺維摩会・薬師寺最勝会・宮中御斎会）に対して北京三会が成立する。以後、僧侶がこれらの講師を勤めると僧綱に任じられるようになり、北京三会は仏教界の中で重要な位置を占めるようになっていく。

第八　京中・東北の支配と対外関係

この章では、後三条朝の延久年間に遂行された平安京と東北地域の支配の状況、および同時期の対外関係についてみていきたい。

一　京中の治安維持

大江匡房を左衛門権佐に任命

まずは後三条天皇が行った京中の治安維持対策についてである。天皇は側近の大江匡房を治暦五年（一〇六九）正月の除目で左衛門権佐に任じた。衛門府の佐は靭負佐とも言い、京中の治安維持を担当する役職である。匡房はこの人事によって蔵人・中務大輔のまま靭負佐を兼任することとなった。『二中歴』諸司歴によれば、宮中に仕える官人のままで靭負佐を兼任したのは、後朱雀朝の平定親以来のことという。「第一　誕生・幼年期・皇太子時代」で述べたように、天皇の皇太子時代に帯刀を務めた源親元も、即位後に衛門尉として匡房を補佐し、悪党の追捕や禁獄のことを行っている。

匡房に関しては、靭負佐として京中の夜間の巡回警備を行い、厳しく警戒したこともあって、後三条天皇の時代には強盗の出現が大幅に減少したと伝えられている（『江談抄』第二）。ただし、取り締まりを厳しくし、一般住宅への過剰調査や、巡回警備役を強制的に命じたために抗議があったようであり、検非違使によるそれらの違法行為は禁止された。

門並夜行役等の停止

時代が下るが、長寛二年（一一六四）十月十六日付の官宣旨案（『平安遺文』三三一一号）によれば、「延久二年宣旨」に基づいて、検非違使庁の下級職員である看督長・放免らが左京内の神祇官領に乱入して門並夜行役（夜間の巡回警備負担、夜回り役）を京中の人々に宛て行うことを停止したことが記されている。この措置により、神祇官は官中の宿直要員が確保され、官庫の盗難や官門の汚穢を防止することができるようになり、長寛二年当時の神祇官の活動は保全された。したがって、「延久二年宣旨」による後三条天皇の措置は、延久二年（一〇七〇）、京都の官町（神祇官など中央官衙の厨などがある区画）に対して、看督長・放免らが違法に乱入することを禁止したり、そこに居住する人を門並夜行役に過度に使役することを停止したものであろう。

後三条天皇は京中支配を強化する一方で、宣旨を発して検非違使の京内の活動にも一定の規制を加えていたのである。

獄中の非違を監督

さらに、建久二年（一一九一）三月二十八日の新制の第二十三条には、法家の検非違使に命じて、毎月、獄中の非違の有無を検察させるということを「延久符」（延久年間に出された官符）によって行うことが記されている（水戸部正男『公家新制の研究』）。獄中の非違とは、獄舎内において監視役が囚人に対して不当な扱いや処分をすることである。平安末期には、軽犯の者が厳刑に苦しみ、逆に重科の者が軽微な禁固となるなど、違法な状態が横行していた。こうした状況は、おそらく延久年間でも同様に発生していたことから、天皇は法家の検非違使に命じ、獄の監視役の取り締まりを厳正に行うようにしたのである。

このように、後三条天皇の親政では検非違使の役割を強化し、かつ統制することにより、強盗・放火などの取り締まりを厳重に行い、また京中の治安確保や獄舎の統制強化などが図られていた。検非違使は市での価格規制実施にも役割を果たしたであろう。後三条親政の眼目の一つに、京中の治安維持があったことは明らかである。

二　延久の東北支配

前九年合戦

後三条天皇が皇太子でまだ十八歳であった永承六年（一〇五一）、陸奥の地で安倍頼良の反乱が起こった。当時の陸奥守藤原登任との紛争から始まり、足かけ十二年に及ぶ安倍

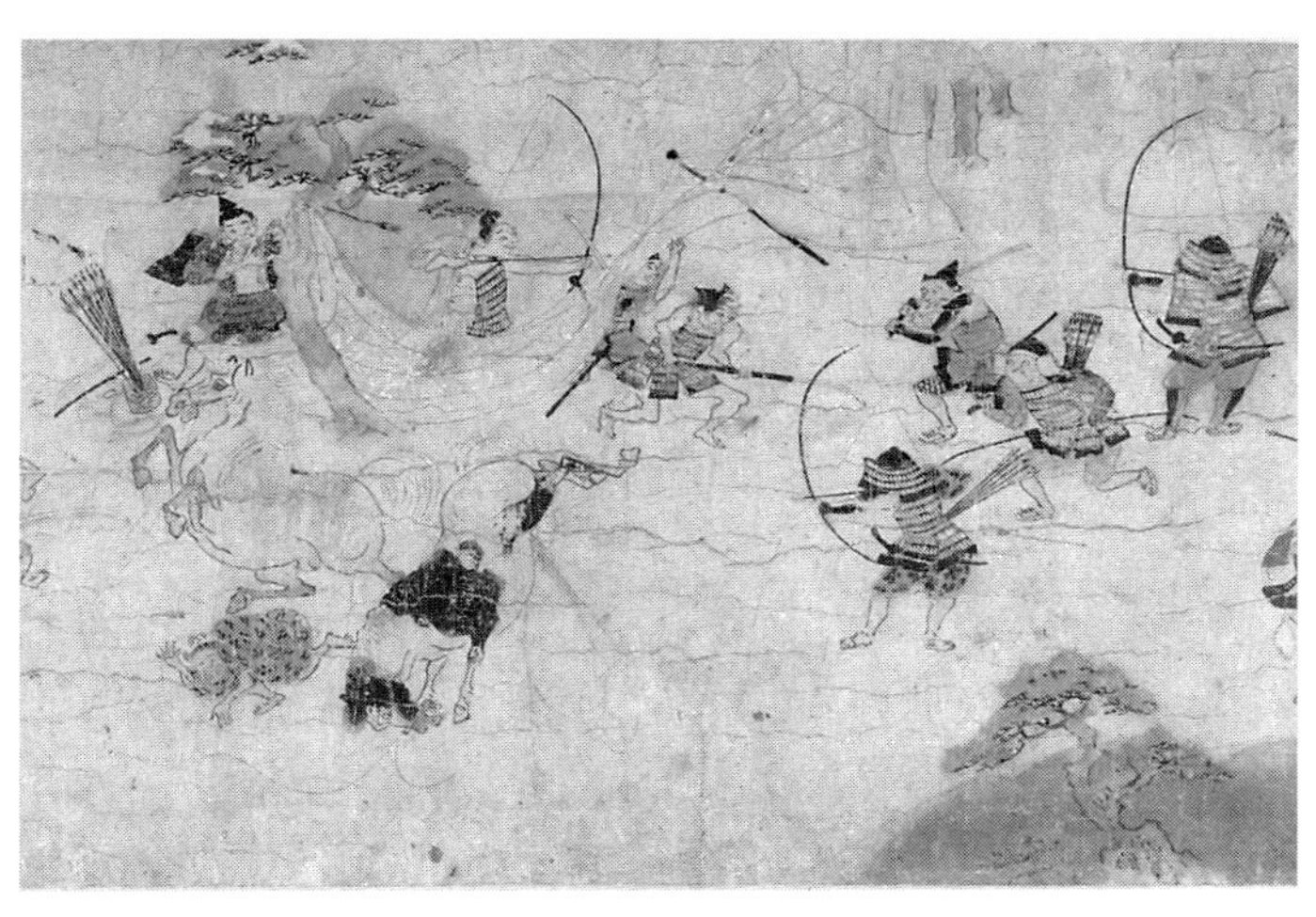

前九年合戦絵巻（東京国立博物館蔵．ColBase より）

氏と朝廷軍との戦いを前九年合戦という（前九年の役とも）。朝廷は源頼義を陸奥守に任じて平定に当たらせたところ、安倍頼良は帰属の姿勢を示した。これは頼良が国守源頼義と同じ名の訓みであることを避けて頼時と改名したことにも表れている。

しかし、天喜四年（一〇五六）、頼時は国司頼義の任終の年に再び反し、頼義との間に戦闘が開かれた。これ以降、全面的な合戦に発展する。同年八月、朝廷は改めて前陸奥守源頼義に安倍頼時追討を命じた。翌天喜五年七月、源頼義は頼時の追討を行ったが、十一月には黄海の戦いで安倍貞任らに敗れてしまい、戦局は長期化することとなった。

そうした中、康平五年（一〇六二）七月、出羽国の豪族清原武則が源頼義の援軍依頼に応じて陸奥へ向かい、同年九月、安倍貞任が厨川柵で敗死し、ようやく戦乱が終結した。

安倍貞任追討の功

翌康平六年二月、安倍貞任追討の功により、源頼義は正四位下伊予守、その息子の源義家は従五位下出羽守となり、清原武則は鎮守府将軍に任じられた。また清原氏は本拠地の出羽国山北三郡（雄勝・平鹿・山本の三郡）に加え、安倍氏の陸奥国奥六郡（胆沢・江刺・和賀・稗貫・紫波・岩手の六郡）も獲得したのである。源頼義は在京のまま伊予国の国務を行い、義家は翌年に越中守への遷任を望んだ。義家の場合は、出羽国の国務遂行が清原氏の支配下では意のままに行えなかったからであろう。

大和源氏源頼俊の陸奥守任官

その後、治暦三年（一〇六七）には大和源氏の源頼俊が陸奥守に任じられた。源頼義・義家父子は河内源氏であったため、陸奥支配の主導権が河内源氏から大和源氏に移ったことになる。同じ清和源氏の流れでも、両者は対抗関係にあった。また源頼義はこの年に伊予守を解任された。これは捕らえていた安倍宗任を擁立して奥六郡の支配権を確保しようとする野心を当時の朝廷に疑われたからとみられている。いまだ後冷泉天皇の時代のことである。

石清水八幡宮にて大般若経供養

そして翌年の治暦四年四月に後三条天皇が即位する。天皇の皇太子時代より信頼されていた源頼義・義家父子はここに復権の機会を得る。天皇は翌延久元年（一〇六九）五月、

延久蝦夷合戦

石清水八幡宮において大般若経の供養を行った。これにつき、『皇代記』同月条には「源頼義、東夷を征討するのゆえ」とある。ここにある「頼義」を「頼俊」の誤りと解して、この時点で天皇が陸奥守源頼俊の行う蝦夷征討を祈願したとする説がある。しかし、史料表記に従うならば、天皇が代始めに当たり、石清水八幡宮に対して、かつての前九年合戦における源頼義の功績を顕彰したものと考えられる。

そして翌延久二年になると、延久蝦夷合戦と呼ばれる征夷のための戦闘が開始された。この戦いは「荒夷が兵を発し、黎民が騒擾す」（『朝野群載』巻十一）とあるように、北奥州の夷狄が陸奥国の国境を越えて奥六郡の民衆を襲ってきたため、陸奥守源頼俊が奥六郡主清原貞衡とともに軍兵を招集してその夷狄を追放し、東方の「閉伊七村」（岩手県沿岸中部）の山徒や北方の「衣曾別嶋」（北海道南部か）の荒夷を服属させたというものである（『御堂摂政別記』紙背文書）。これ

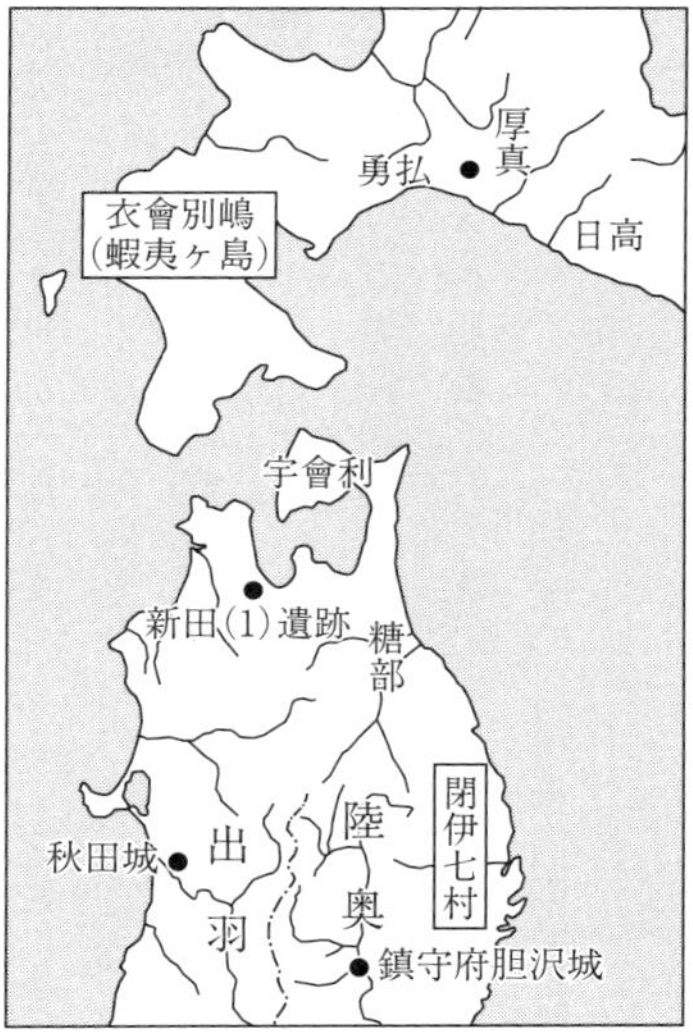

延久合戦の地域図
（斉藤利男『平泉　北方王国の夢』より）

により朝廷の北方支配は強まることとなった。

先朝の綸旨

ところで、ここで問題となるのは、こうした陸奥守源頼俊による軍事動員が後三条天皇の意志によるものであったのかどうかということである。後年に書かれた白河朝の応徳三年（一〇八六）正月二十三日付の「前陸奥守源頼俊款状」（『御堂摂政別記』紙背文書）によれば、頼俊は「先朝の綸旨」に任せて「衣曽別嶋」の荒夷や「閉伊七村」の山徒を征討したので、その恩賞として讃岐守に任じてほしいと述べている。白河朝からの「先朝」は後三条朝であるので、頼俊の言葉を信用すれば、出兵は後三条天皇の命に従って行われたということになる。

このことを傍証する史料として、延久三年（一〇七一）五月五日の官宣旨（『朝野群載』巻十一）がある。これは太政官が陸奥国に対して発した命令であるが、『朝野群載』の編者三善為康が付した見出しには「追討人」とあり、陸奥守源頼俊は朝廷から命じられた臨時の追討人（＝追討使）であると認識されているのである。

陸奥国衙襲撃事件

合戦後、源頼俊とともに出兵した奥六郡主の清原貞衡は、その恩賞として鎮守府将軍に任じられた。しかし、陸奥守源頼俊には恩賞が何も与えられなかった。それは、陸奥守頼俊が延久蝦夷合戦で陸奥国衙を留守にしていた際、陸奥国府の在庁官人（国司の配下で国衙行政の実務に従事する地方官僚）藤原基通が国衙を襲撃して印鎰（国印と国正倉の鍵）などを奪い去るという事件が起こったからである。そしてこの基通を捕獲したのは、陸奥守源頼俊ではなく、当時下野守であった源義家であった。義家は基通の投降を受け、延久二年八月以前に基通捕獲のことを朝廷に報告し、十二月には基通を連行して上洛している。つまりこの背景には、陸奥への再接近を図る義家の策謀があったのである。

このあと、翌延久三年八月には朝廷で陣定（じんのさだめ）が開催され、「（源）義家朝臣が陸奥の犯人（藤原）基通の罪を勘する間の事」が議定された（『百練抄（ひゃくれんしょう）』）。

一方、源頼俊からは延久二年十二月二十六日付で朝廷に対して北奥州で大戦果を挙げたという連絡が届くが、朝廷は翌年五月に、頼俊に陸奥で待機するよう言い渡した。こうして後三条天皇は、源義家の目論見の一部を認めた上で、大和源氏の勢力拡大を阻んだのである。

しかし、後三条天皇は義家の陸奥への再接近も領承したわけではなく、その実現は白河親政末期、義家が陸奥守に補任されるまで下ることになる。

延久蝦夷合戦の意義

延久蝦夷合戦の意義としては、奥州の支配をめぐり源氏の一族内において大和源氏と河内源氏の競合があり、この合戦と一連の事件を経て河内源氏の源義家が主導権を握るようになったということがある。そしてその背景には、後三条天皇が河内源氏を重用する方針が存在した。

また東北では、奥六郡、山北三郡として続いてきた国境を越えて、閉伊以下の地域が清原氏の支配下に置かれることとなった。こうして後三条朝の朝廷は、その支配の及ぶ範囲を、陸奥東方沿岸部を含め本州北端の地域まで拡大することができたのである。

結果として、天皇は北方社会が武士同士の勢力争いの場になることを避けることに成功したのである。

三 対外関係

ここでは後三条朝およびその前後の時代における対外関係がどのようなものであったのかをみておきたい。当時の中国は宋であったが、日本との正式な国家間での通交はなされていなかった。宋は九六〇年に建国され、九七九年に中国全土を統一、国家として発展していった。建国当初の宋は商人の日本への渡航を制限していたが、入宋僧(にっそう)奝然(ちょうねん)との交流を契機に九八七年には商人の渡航を解禁する。以後、宋から商人の来航はしばしばあり、海商たちが日本の朝廷にもたらす献上品は質量ともに貴重なものとなっていった。

これに対し、日本からは朝貢のための使者の派遣はなかったが、朝廷の許しを得た僧侶の渡航は行われていた。朝廷としては、宋商人の来航頻度の抑制や貨物の管理と、宋へ渡航する日本の僧侶を統制することが重要な課題であったのである。

年紀制に関する陣定

後三条天皇が即位礼を行った年の治暦四年（一〇六八）十月二十三日、朝廷において年紀制に関する陣定が催された。年紀制とは延喜十一年（九一一）に採用された海外商人の来航頻度を規制する制度である。年紀とは前回来航から今回来航までの間隔のことであり、同じ商人が前回の来航時に滞在が許可（これを「安置」という）された日から数えて十年余りの間隔をあけずに再来日すると強制的に帰国させる（これを「廻却」という）ことになっていた。

宋商人に対する処分

治暦四年の時は宋国商人潘懐清らが年紀制に違反したため、陣定の結果に基づいて廻却の太政官符を下し、翌延久元年に強制的に帰国させた。

しかし、延久二年（一〇七〇）十二月七日の陣定の定文（天皇に奏上する意見をまとめた文書）によれば、潘懐清らが再び来日してきたため、大宰府の言上によりこれを安置すべきか否かを改めて定めることとなった。今回の陣定において、多くの公卿は懐清らがもたらした仏像や書籍はなかなか入手できないものなので安置でよいのではと述べた。参議源経信らも、本来は潘懐清らを廻却すべきだが、日本の天皇の徳を慕って再び海を越えて来日したのであるから、安置としてよいのではとした。この定文に対する後三条天皇の裁定は不明であるが、おそらく定文の通りに裁許したものと思われる。年紀制違反者でも安置した先例は藤原道長政権期の寛弘二年（一〇〇五）からみられるが、今回は、潘懐清が献上品として仏像と書籍を進上し、それがこのあと来日する海商からは得がたい状況なので、献上品を受け入れるために安置したのである。懐清らの再来日については、その目的として「皇化を慕わんがため」と記されているように、後三条天皇が新たに即位したことを祝い、代替わりに改めて通商を認めてもらいたいという意図もあったのであろう（『朝野群載』巻五、朝議下）。

宋国からの贈物

また二年後の延久四年（一〇七二）六月には『百練抄』に「大宋国の新物を御覧」という簡略な記事が掲載されている。具体的な内容は不明であるが、この時には後三条天皇が宋国から届いた贈物を実見したということであろう。

後三条朝以前の入宋僧

後三条朝の対外関係では、僧成尋（一〇一一～八一）の入宋が特筆される。ただし、それ以前よりわが国から宋に渡った僧侶は何人かいた。ここではその代表例として、奝然と寂昭を紹介しておきたい。

奝然（九三八～一〇一六）は東大寺の僧侶で、真言密教も学んだ。天竺巡礼を志したがそれはならず、永観元年（九八三）に入宋を果たす。天台山および五台山を巡礼し、また宋の都汴京（開封）では皇帝太宗から紫衣・大師号と新印大蔵経などを賜る。寛和二年（九八六）

に帰国し、その後東大寺別当となる。中国からの帰途、台州では釈迦如来像を模刻し、その胎内に五臓や由来記などを納めて日本に持ち帰り、奝然の没後、仏像は弟子によって建立された清凉寺に安置された。

寂昭（？～一〇三四）は、天台宗の僧侶で俗名は大江定基という。父は参議大江斉光で、定基自身も図書頭や国司などを歴任した官人であった。しかし、三河守在任中に妻を亡くして無常を感じ、永延二年（九八八）に出家し、源信に天台教学を、仁海に密教を学ぶ。その後、長保五年（一〇〇三）に入宋する。皇帝真宗に謁見し、紫衣と大師号を賜る。帰国を図るも、宋の高官の誘いで蘇州呉門寺にとどまり、帰国することなく杭州で没する。藤原道長や源俊賢などとも交流があった。

そして成尋は、自身の入宋中請文の中で、奝然や寂昭のように朝廷から入宋が許可され、宋でも評価を受けた僧侶の前例を挙げており、今回も同様に勅許を得ようとしたのである。

成尋像（叡山文庫蔵）

成尋の入宋

後三条朝に入宋を果たした成尋は天台宗寺門派に属する僧侶で、京都岩倉の大雲寺の寺主であった。後冷泉朝には、天皇のために修法を行うとともに、関白藤原頼通の護持僧を約二十年も務めていた。治暦四年（一〇六八）四月に後冷泉天皇は崩御するが、宇治での頼通に対する病気退散祈禱により頼通の病気は平癒したので、同年七月には京の大雲寺に戻っていた。

成尋の母は源俊賢（源高明の息子）の娘で、『成尋阿闍梨母集』の作者としても知られている。母の兄弟には源隆国がおり、さらにこの隆国の息子には隆俊・隆綱・俊明といった後三条親政を支えた兄弟がいた。

成尋の入宋申請

さて、代替わりの翌々年、延久二年（一〇七〇）正月十一日に至り、成尋は後三条天皇より入宋の許可を得るため申請の文を提出した（『朝野群載』巻二十）。

これによれば、成尋は若くして入宋の願いがあったにもかかわらず、今や老境にさしかかったこと、日延・奝然・寂昭などの中国渡航許可を受けた前例があることを挙げたうえで、後三条天皇に渡宋の許可を求めたのである。しかし、これに対して朝廷からの認可が出ることはなかった。

その理由として、成尋が頼通をはじめとする貴族らに修法を施す僧侶として重用されていたため、同人を容易に手放すことをしなかったためという考え方がある（伊井春樹『成尋の入宋とその生涯』）。そうした点に加え、成尋は天皇と対立関係にあった頼通に近い僧侶であったこと、また成尋は寺門派に属したが、当時の天台宗内で山門・寺門両派の間に抗争があり、天皇は人事面などでは山門派を優遇していたことなどが背景にあったものと思われる。

結局、成尋は渡宋の申請から一年ほど待っても朝廷の許可が得られなかったので、翌延久三年二月に大雲寺を出て九州に向かった（『扶桑略記』）。その年の十月にはいったん京へ戻ったが、翌年の延久四年三月十五日、遂に肥前国松浦郡の壁島にて弟子ら七人とともに宋の商船に乗り込んだ（『扶桑略記』）。いわゆる密航である（水口幹記『成尋』）。

『参天台五臺山記』

のちに『参天台五臺山記』としてまとまる彼の記録は、この日より記述が始まり、翌年六月十二日、宋で入手した一切経などの経典・仏像や神宗皇帝（宋朝第六代）から日本へ贈られた品々を帰国する弟子五人に託し、その乗船を見送る日までの記事で終わっている。計四百七十日に及ぶ日記である。

成尋と神宗皇帝との問答

その間、成尋は宿願であった天台山と五台山を巡礼し、また神宗皇帝に謁見することも許された。これに際する皇帝との問答の中には、次のような興味深い内容が『参天台五臺山記』（延久四年十月十五日条）に記されている。

一に問う。本国の王は何ぞ呼ぶ。

答う。或いは皇帝と称し、或いは聖王と号す。

（中略）

一に問う。本国の世系は。

答う。本国の世系、神代七代。（中略）次いで人代第一神武天皇。治八十七年。前王の第四子なり。第七十一代今上国主（後三条天皇）。皆神氏を承く。

（中略）

一に問う。本国の王の姓氏。

答う。本国の王に姓無し。


ここから、成尋は、日本の王の呼称について「天皇」ではなく「皇帝」「聖王」と答えていること、また平安時代後期までに、わが国では後三条天皇を第七十一代の国主（天皇）とする見方が定着していたことなどがうかがえる。なお後者については、現在においても後三条天皇を第七十一代の天皇とすることと一致しているが、その内実については違いがある。当時は神功皇后（じんぐう）を第十五代と数え、現在の第三十九代弘文天皇（こうぶん）（大友皇子）は歴代に入れられていないが、今はその逆で、神功皇后が歴代から除かれ、弘文天皇が歴代に加えられている。これは江戸時代に水戸藩が編纂した『大日本史』以後のことで、弘文天皇の存在が正式に認められるようになったのは、明治三年（一八七〇）である。

神宗皇帝よりの贈物

延久五年（一〇七三）には、宋国より成尋に対して、「本国の主」すなわち日本の天皇に贈る贈物の相談があった。これには神宗皇帝の意向も入っており、必要であれば帰国する

返礼品・返信

成尋の弟子らに託したいというものであった。成尋は喜んでこれを受け入れたことから、神宗皇帝より後三条天皇に品物が贈られることとなった。

『百練抄』同年十月条には「入唐僧成尋帰朝す。大宋皇帝、金泥法華経・一切経・錦二十段を献ぜらる」とある。これによれば、成尋自身が帰国し、宋皇帝から贈られた金泥法華経などの品を朝廷に献上したということになっているが、成尋本人は宋国にとどまり遂に帰国しなかったので、これは成尋の弟子僧頼縁（らいえん）らの誤りである。しかし、『参天台五臺山記』同年二月一日条の「日本皇帝に金泥法花経・錦廿疋を志献（しけん）せらる」の記述と一致することから、これが同年十月になって日本の朝廷へ届けられたのである。『新羅明神記（しんらみょうじんき）』に「延久五年十月、在宋僧成尋、弟子に託し、新訳経三百余巻を贈進」とみえるのも、そのことを示している。ただし、この時後三条天皇はすでに崩御しており（延久五年五月七日崩御）、日本では次の白河天皇の代となっていた。

ところが、このあと朝廷では、この受納や返礼などをめぐってなかなか方針が決まらず、対応が先延ばしになっていった。届いてから約二年半以上も経った承保（じょうほ）三年（一〇七六）六月に、返礼品についての公卿議定が行われた（『百練抄』）。そこでは「和琴（わごん）」、「金銀類」、「阿久也玉」（真珠）などが候補に挙がっている。

また、宋皇帝からの文書に対する返信も作成されたが、こちらはさらに遅れて永保（えいほ）元年（一〇八二）十一月に諸卿が議定し（『百練抄』）、一年後の永保二年十一月にようやく返牒ができあがった。源俊房の日記『水左記』同年十一月二十一日条には「大宋の返牒を遣はす。孫忠を本朝に遣はし返す事。左中弁匡房朝臣これを書す」とあるように、最終的には、後三条天皇の側近として仕えた大江匡房が書いた返牒が宋に送られたのである。

このように、宋皇帝への返礼品や返牒を贈る時期はかなり遅れたのであるが、それはたんなる先延ばしではなく、宋商人の帰国の年次に合わせて議定・裁定したことによるものと考えられる（渡邊誠『王朝貴族と外交』）。

第九　譲位から崩御まで

一　譲　位

後三条天皇は延久四年（一〇七二）十二月八日に第一皇子で皇太子の貞仁親王（白河天皇）に譲位した。ここでは譲位に至るまでの経緯と譲位の理由を中心にみておきたい。

第二皇子実仁親王の誕生

譲位の前年である延久三年の二月十日、後三条天皇の第二皇子として実仁親王が誕生した。母親は源基子である。基子の父は故参議侍従の源基平で、祖父は小一条院敦明親王（三条天皇の皇子）である。基子は天皇の皇女聡子内親王に女房として仕えていたところ、天皇がこれを妃としたのである。

源基子を女御となす

そして天皇はこの基子を翌月に女御となした。女御とは元々平安時代前期より置かれた後宮女官の一つであったが、中期以降には皇后に次ぐ后妃としての地位を得るようになった。延久三年四月一日には誕生した皇子の五十日の儀（生後五十日目の通過儀礼で祝宴が行われる）に臨んでいる。次いで同年八月十二日、皇子を親王となした（『扶桑略記』）。

翌延久四年五月、実仁親王は疱瘡にかかったため、親王がいた閑院にて御祈が行われた（『諸法要略抄』）。また十二月一日には女御基子を准三宮（太皇太后・皇太后・皇后と同等の待遇）にしている（『扶桑略記』）。これは実仁親王の母として基子の格を上げるための措置であった。なお、翌日には除目が行われたが、その際、権中納言藤原忠家と源顕房を権大納言に任じて源俊房を超えさせた。これは、かつて俊房が天皇の同母妹娟子内親王に密通し、それに対する罰が軽かったため、天皇が報復処置として行った人事であるといわれる（『古事談』巻二）。

延久四年冬から体調が悪化

同年十一月二十六日、仁和寺大御室性信（三条天皇皇子師明親王）によって、後三条天皇のために孔雀経法が修せられた（『仁和寺御伝』大御室条）。後述の石清水八幡宮と新羅神社に奉ったそれぞれの告文・祭文によれば、後三条天皇は同年の冬頃より体調が悪化したことが表明されているので、時期的なことから、この大御室性信による修法は、天皇の病気平癒と長寿延命を祈願したものであったとみられる。

三寺に御願寺を建立

また、その三日後の十一月二十九日には、延暦寺・園城寺・東寺の三寺にそれぞれ御願寺を建立し、寺別に阿闍梨三人ずつを寄せることとした（『扶桑略記』）。

延暦寺に金剛寿院

延暦寺では東塔の東谷に御願寺金剛寿院が建立された。『山門堂舎記』には、金剛寿院の堂舎や仏像について「檜皮葺三間堂一宇、廻廊は南北に在り。中門は南に在り。僧房は北に在り。大日坐像・如意輪・延命菩薩像各一躰、等身なり。後三条院御願と云々。座主覚尋の本房なり」と記される。金剛寿院は現存していないが、この史料から建立時の堂舎の規模や構成がある程度うかがえる。

ただし、金剛寿院の造営が成って落慶供養が行われるのは、建立発願から三年半ほど経った白河朝の承保三年（一〇七六）六月十三日のことである（『水左記』、『扶桑略記』）。

園城寺に聖願寺

また園城寺には御願寺として聖願寺が置かれた。『寺門高僧記』には「園城寺の南院に聖願寺を建立す。阿闍梨三口を置かる。十一月二十九日宣下」とあり、『新羅明神記』にも「延久四年、園城寺の南院に一寺を建立す。主上の御願。寺額は聖願寺」とみえる。ただし、聖願寺がいつ頃完成したかは不明である。位置的には境内の南の区画に建てられたようであるが、これも現存していないので正確な場所は不明である。

東寺の御願寺

東寺に建立された御願寺については関連史料を欠くため、その寺名や所在地など不明な点が多いが、平安京の東寺境内もしくはその周辺に建てられたのであろう。なお、これに関しては、江戸時代に東寺北方の子院が立ち並ぶ区画に「金剛珠院」が存在したことが留意される。元和九年（一六二三）の九条家当主の日記（『幸家公記』）や寛永期の東寺境内絵図にその名称が現れるように、金剛珠院は江戸時代に存在した東寺の子院の一つである。この院自体は戦国時代に成立したものというが、当該敷地の発掘調査からは、遺物として平安時代の瓦や陶磁器なども出土しており（京都市埋蔵文化財研究所『教王護国寺旧境内（東寺旧境内）』）、名称や所在地からすると、後三条天皇発願の御願寺との関連性も想定されるところである。

延久四年十一月の孔雀経法修法と併せ、こうした三寺における御願寺建立は、この頃から天皇が体調不良になったため、その平癒を祈願する目的で行われたものと考えられる。

譲位し太上天皇となる

そして、同年十二月八日、天皇は皇太子貞仁親王に譲位して太上天皇（上皇）となる。よって天皇在位期間は五年に満たない四年九か月であった。この時、天皇は三十九歳であった。一方、位を譲られた貞仁親王は天喜元年（一〇五三）の生まれなので二十歳で皇位についたのである。譲位に際して新天皇白河天皇に三種の神器、および皇位とともに伝わる御物の玄象（琵琶）や鈴鹿（和琴）などが渡された。これらは「延久目六」という目録に記載されている（『民経記』貞永元年〈一二三二〉十月四日条）。

実仁親王を皇太子とする

譲位直後、後三条上皇はいったん内裏の飛香舎に遷御する。そして、譲位と同日、まだわずか二歳の実仁親王を皇太子とするのである（『百練抄』）。実仁親王は新天皇の白河天皇の弟（異母弟）ゆえ、「皇太弟」とも称された（『為房卿記』応徳二年〈一〇八五〉十一月八日条）。後三条上皇は同月十二日に太上天皇の尊号宣下を受け、十六日には皇太子実仁親王とともに関白藤原教通(のりみち)の二条殿(にじょうどの)に遷御した。

後三条天皇の皇位継承構想

以上の経緯から注目されることは、後三条天皇が、新たな配偶者として源基子を自ら選び、さらに次期皇太子(実仁親王)の決定も天皇自身が行うようになったということである(伴瀬明美「院政期における後宮の変化とその意義」)。つまり、天皇の皇位継承構想については、いったんは藤原氏を母に持つ皇太子貞仁親王(白河天皇)に皇位を継がせるものの(したがって貞仁親王即位後、外戚はいったん藤原氏となる。ただし外祖父は摂関ではない)、そのあとは自身と同じく藤原氏が外戚とならない実仁親王に皇位を継承させるという方針を打ち立てたのである。また譲位後の延久五年(一〇七三)正月には同じく源基子から第三皇子として輔仁親王が誕生したが、実仁親王のあとはこの輔仁親王への皇位継承を考えていたとも伝わる(『源平盛衰記(げんぺいじょうすいき)』)。少なくとも譲位の時点では、すでに基子の懐妊はわかっていた。

すなわち、天皇が譲位を行った目的には、第一皇子貞仁親王のあとに第二皇子実仁親王を皇位につけることで外戚たる藤原摂関家の政治主導の復活を阻止することがあった。よって、今後は皇位継承という最重要問題も天皇家の判断で決定していくことがここに表明されたのである。また基子は三条天皇の曽孫に当たることから、円融(えんゆう)天皇系と三条(さんじょう)天皇系との統合をより強固なものにしようとする意志の表れでもあった。こうした皇位継承構想の実現こそが譲位の最大の理由であったのである。

譲位を急いだ理由

ところで、後三条天皇が画期的な政治を次々と行いながら、譲位を急いだのは何故であろうか。これについてはいくつかの理由が挙げられる。

第一に、石清水八幡宮および新羅神社から祟りを受けたことである。天皇が両神社に奉った告文や祭文の中に、それぞれより自身に対して祟りがあったので譲位するとの旨が明記されている。

第二に、その祟りのために病気になったことである。先述のように天皇の発病が明らかになるのは延久四年の冬頃からなので、譲位時にはすでに病を発していた。ただし、その時点ではまだ重病には至っていない。

第三に、延久四年六月に疱瘡が流行したことが挙げられる。疱瘡の流行自体はこれまでにもいく度となく発生していたが、同年五月に実仁親王が疱瘡を患ったことは、実仁親王を早期に皇太子とする天皇の構想に危機感を抱かせたものと思われる。

第四に、右に述べた第二皇子実仁親王を早期に次の皇太子に立てようとしたことである。これより先、東宮時代の白河天皇のもとには左大臣藤原師実の養女賢子（実父は源顕房）が入っていたので、ここに皇子が誕生し、その皇子が即位した場合には、再び摂関家との外戚関係が生じることとなる。後三条天皇は、摂関政治の弊害を強く認識していたので、その復活を避けるために、白河天皇の次の代には摂関家と関わりのない実仁親王に皇位を継承させることにしたのである。
　白河天皇はこの時二十歳であり、自身の判断で政務を行える年齢である。もちろん、後三条上皇が白河天皇の執政を補佐することも想定されたであろうが、上皇としては、むしろ幼少の皇太子実仁親王を後見するという意味合いの方が強かったものと思われる。このことは、たとえば譲位直後の延久四年十二月十六日、上皇が実仁親王とともに関白教通の二条殿に移御していることからもうかがえる。
　後三条天皇が譲位を急いだ理由は、自らの病による不安がある中で、やはり実仁親王の立太子を存命中に確実に実現したかったからであろう。ただし、その後実仁親王は即位前に薨去し、天皇が画いた皇位継承構想は崩れることとなった。

譲位後の漢詩

　天皇が譲位後に作った漢詩として、藤原基俊（一〇六〇～一一四二）が編集した『新撰朗詠集』に次のような御製が伝わっている。

　　雑　仙家
境伝二方術一長看レ雪　籬隔二乾坤一豈怕レ霜
（境は方術を伝えて長く雪を看る。籬は乾坤を隔て豈に霜を怕じんや）

仙境（仙洞御所）において方術（神仙の術）を伝えているので、長く雪を降らせて見ることができる。また籬（垣根）によって天地を俗世と別にしているので、菊の花が霜でしぼむことを恐れることもない、という内容の詩である。
「籬」は古代中国の詩人陶淵明（三六五〜四二七）が東籬（家の東側の垣根の下）で菊を採った故事を踏まえたものである。つまり、天皇自身も譲位によって俗世を離れ、院御所に住むようになったので、そこで見たり感じたりするおやかな自然や風景が表現されているのである（『新撰朗詠集全注釈三』）。ここからは、譲位により天皇という重責から離れた安堵の気持ちがうかがえよう。

二　院政の意志の有無

後三条天皇が譲位後に上皇としての権力を行使して、いわゆる院政を開始する意志があったかどうかについて、古くから議論がなされている。これまでにさまざまな見解が出されているが、この問題は「院政」の定義によるであろう。

上皇が国政に関与した例

そもそも上皇が時に応じて国政に関与する例は、飛鳥時代の持統天皇が孫の文武天皇とともに政を聴いたことから始まり、奈良時代の元明・元正・孝謙各上皇、平安時代の平城・嵯峨・宇多・朱雀・円融各上皇も、政務や儀式などについて天皇の諮問に答えたり、助言や意見を伝えたりした例がある（孝謙・平城上皇は国政に大きく関与）。

皇位継承決定権の掌握

院政とは「家長の地位にある上皇が天皇をあやつる専制的な王権の体制をいう」とする見解がある（保立道久『平安王朝』）。そして、その本質を、一日でも早く直系の子孫を即位させるために譲位するという点に求める。つまり、皇位継承決定権の掌握を最重要とする考え方である。

院政の定義

しかし、こうした次期天皇や次期皇太子となる人物を決める権利、いわゆる「王の人事」の決定権を院政の定義の中心におくことは、議論を混乱させることにつながりかねないと思われる。橋本義彦氏が言うように、後三条・白河両天皇の譲位の理由と、院政開始の原因とは区別して検討しなければならないからである（橋本義彦「貴族政権の政治構造」）。

そこで改めて院政を定義するならば、やはり、現天皇の直系の父や祖父である太上天皇（上皇）が常態的に国政を執ること、となるであろう。実態としては、白河天皇が幼少の堀河（ほりかわ）天皇に譲位して漸次恒常化し、さらに堀河天皇崩御後、やはり幼少の鳥羽（とば）天皇が即位してから、白河上皇の執政が本格化する。一般的には白河天皇が上皇となった応徳三年（一〇八六）を院政の開始とするが、嘉承（かしょう）二年（一一〇七）に堀河天皇が崩御して幼少の鳥羽天皇が即位して以降、白河上皇の院政が確立するとみられている。

後三条天皇譲位時の状況

では、後三条天皇の譲位の際はどうであろうか。この場合、譲位して上皇となったのち約五か月で早くに崩御したため、こうした短期間に白河天皇からの政務に関する諮問なども含めて後三条上皇が新天皇の政務に関わった様子は史料的に確認できない。北畠親房(きたばたけちかふさ)の『神皇正統記(じんのうしょうとうき)』に「後三条院（中略）譲国(じょうこく)の後、院中にて政務ありとはみえず」と記す通りである。

ただし、歴史物語『栄花物語(えいがものがたり)』・『今鏡(いまかがみ)』や歴史書『愚管抄(ぐかんしょう)』などの記述はこの問題を考える手がかりとなるので、以下にみてみよう。

栄花物語の記述

歴史物語として平安時代後期（一〇九二年以降）に成立したとみられる『栄花物語』巻三十八（松のしづえ）には、次のような内容が記される。「後三条天皇は早く譲位したいと考えていたが、延久四年の四月に大極殿を新造した折に代替わりを行ったら不都合だと考え直して譲位は思いとどまってもらいたい、と世間の人が話していたのは本当であろうか。しかし実際には同年十二月八日に譲位が行われた」というものである。

ここでは、後三条天皇は早くより譲位の意向があったが、世の人は、天皇が大極殿を新造した時期に代替わりをすることは不都合だと考えて譲位をやめてほしいと言っていたことになっている。この「不都合」の意味はよくわからないが、延久四年中に譲位すると後三条天皇が新大極殿で翌年正月の元日朝賀を挙行できないということがあったのかもしれない。しかし結局、譲位は十二月になされた。ただしこの『栄花物語』には、天皇の院政開始の意志はみられない。

今鏡の記述

また平安時代末期（一一七〇年頃）に成立した歴史物語の『今鏡』巻二（たむけ）には、「天皇が雲の上の存在では世間の事もよくわからず、内裏の奥深くにいては世を治めるにも煩いが多いことから、しばらくは退位した上皇の姿で気楽にいようと思われたのでしょうか」と記される。

これによれば、後三条天皇は、天皇として在位中は世間のことがよくわからず、内裏の奥深くいたままでは治世にも煩いが多いことから、上皇として心のまま気楽にいたいと考えて譲位したとされている。ここには、天皇の位にいては世間がよく見えないので譲位したという理由を記すが、それが院政開始の意図によるものとは言っていない。よって、皇位を降りたのは、あくまで天皇としての重責から解放されたいという気持ちが強かったからと解される。

愚管抄の記述

しかし、鎌倉時代に入り、慈円が著した歴史書『愚管抄』（一二二〇年頃成立）においては、「後三条天皇は譲位の後に政治を執ろうとされたが、間もなく崩御された。よって白河天皇より、太上天皇となって国政をみること（院政）が行われるようになり、すでに久しくなっている」（巻二）とか、「退位の後、太上天皇となって政治を執らない事は悪いことだと思われ、一方では筋道からもそうするのが当然だと思われたのでしょうか。はっきりした事は知らないが、筋道がそうなったのは、よもや天皇の考えをはずれてそうなったのではないでしょう」（巻四）などと記されている。

すなわち慈円の認識では、後三条天皇は譲位後に太上天皇として政治を行わないのは良くないことと考えて院政を行う意志があったらしいという。ただし、譲位後ほどなく崩御したため、実際には白河上皇の時から院政が開始されて久しく続いているのであるが、それは後三条天皇の考えからはずれたものではないというのである。

しかし、『愚管抄』は後三条天皇の譲位から約百五十年後に成立した書物なので、天皇が譲位後に政務を執る意志があったということは、鎌倉時代初期の時点における一つの解釈であろう。慈円自身も「くわしくは知らねども」と述べている。つまりそれは、白河上皇から後鳥羽上皇までの院政を近例として見聞きし、あるいは実際に経験してきた人物だからこその解釈と言える。したがって、慈円の記すような後三条天皇の意図が延久当時の古記録などで確認されない限り、天皇の院政に関する真意は不明というしかなく、ここに示した『栄花物語』、『今鏡』、『愚管抄』などの記載ぶりの違いによれば、時代の変遷とともに院政の成立に対する見方が変化している可能性もあろう。

いわゆる院政の確立後に成立した『愚管抄』よりも、延久年間に近い時期に記された『栄花物語』の方がここでは真相を反映していると思われる。また、白河天皇譲位時に堀河天皇はまだわずか八歳の幼少であり、摂政が置かれても白河上皇が父親の立場から幼帝を後見し、人事その他の政務を主導しうる条件が備わっていたのに対し、後三条天皇譲位時には白河天皇はすでに二十歳であり、白河天皇自らが諸政務を行い判断する能力を有していた。

院政を行う意志はなし

こうした点に基づけば、後三条上皇は譲位時に白河上皇と同じような政治的関与を行いえたとは考えられず、そもそも本来的に院政を行う意志はなかったものと考えてよいであろう。

院庁の設置

さて、天皇が譲位して太上天皇になると、そのための機関として院庁（いんのちょう）が設置され、院庁の諸務を処理する職員として院司（いんじ）が任命される。延久四年（一〇七二）十二月二十一日には、院庁の事始めの儀式として院庁始（いんのちょうはじめ）が行われた。この時にみえる院司は次のような官人である（『為房卿記』）。

諸務を統轄処理する職員として、公卿別当（くぎょうべっとう）に藤原能長（よしなが）・同実綱（さねつな）・同資仲（すけなか）・同伊房（これふさ）ら、別当に藤原実政（さねまさ）ら、判官代（はんがんだい）に藤原為房（ためふさ）らが任じられた。このうち藤原能長は皇太子時代より後三条天皇を補佐した藤原能信（よしのぶ）の養子である。また藤原資仲・同伊房・同実政らは在位中の側近であり、そのまま院司となっている。つまり、上皇は院庁の主要なスタッフとして、在位時に能力を発揮して仕えた有能な臣下をそのまま用いたのである。

また同月二十五日には、上皇に近侍して雑務に当たる職員として、庁別当・庁蔵人なども補任された（『為房卿記』）。これらはあくまで譲位した後三条上皇の生活や行動を支えるための職員であり、いわゆる院政のために置かれたものではない。

院拝礼

年が明け、延久五年（一〇七三）正月一日に院拝礼が行われた。まず午刻（正午頃）に諸卿が院御所二条殿に参集し、庭中に列立する。次いで院司の別当・判官代等が列立し、それぞれ新上皇に対して拝礼がなされた。なお、この日には上皇への食事の調理をつかさどった進物所などもみえる（『為房卿記』）。

母女院に朝覲

続いて正月八日には母后陽明門院（禎子内親王）に朝覲するために御幸が行われ、新たに院司として昇殿二人、判官代二人、蔵人六人が定められた（『為房卿記』、『後愚昧記』応安四年〈一三七一〉五月七日条）。同日は円宗寺修正会始があり、また十一日には閑院造作に伴う方忌みを避けるため院庁別当藤原公基の六条第に方違えの御幸が行われている。この六条第へは女御源基子も移っている（『栄花物語』巻三十八）。さらに、同月二十三日には院蔵人所始が行われ、在位中に仕えていた官人たちをことごとく呼んでいる。

後三条院勅旨田

後三条天皇の譲位に伴い、新天皇の白河天皇より父上皇への経済的待遇として勅旨田が設定された。勅旨田とは勅旨（天皇の命）によって諸国に設置された墾田であり、空閑地や荒廃田などを開墾した不輸租田（租税を免除された田地）である。勅旨田が施入される対象は主に天皇もしくは上皇であるが、それ以外に上東門院・陽明門院などの女院や小一条院（准太上天皇）でも確認されている。嵯峨上皇以来、譲位後の生活・活動財源として充てられてきた勅旨田が、今回、後三条上皇にも設けられたのである。

史料上では「後三条」や「後三条院」の名を冠した勅旨田がいくつかみえており、近江国犬上郡「後三条勅旨田保」、「後三条院田」（『華頂要略』）、尾張国「後三条院勅旨田」（『良峯系図』）、丹後国「後三条院勅旨田」（『師守記』康永（こうえい）二年〈一三四三〉九月五日条）、安芸国「後三条院勅旨田」「新勅旨田」（『東寺百合文書』）などが確認されている（宮川満「延久の庄園整理について」）。

なお、後三条院勅旨田について、かつては後三条天皇が在位中に荘園整理によって収公した荘園を勅旨田として直領に加え、皇室領の増大を図ったと考えられていたことがあったが、現在ではそうした見解は否定されている（坂本賞三「勅旨田に関する諸問題」、佐竹昭「古代・中世の中山」）。

三　住吉社への御幸

石清水八幡宮への告文

延久五年（一〇七三）二月二日、後三条上皇は石清水八幡宮に告文（こうもん）を奉（たてまつ）った（『石清水文書』、『平安遺文』一〇九一号）。この告文には、去年（延久四年）の冬より「心神不予」で、今年の

住吉社などへ御幸

延久5年2月2日後三条上皇告文（石清水文書，石清水八幡宮蔵）

春まで体調がよくない状態であるが、これは石清水八幡宮の「神明の祟り」を受けて風熱を発したものかと記されている。この「神明の祟り」が具体的に何を指しているのかは告文に明記されていないが、延久四年九月に石清水八幡宮護国寺領荘園の一部の停廃を決めたことに対する祟りということも考えられよう（平泉澄『建武中興の本義』）。

上皇は延久五年二月初めまで体調不良であったが、その後一時的に回復したためか、同月下旬より住吉社などへ御幸（ごこう）（太上天皇が御所の外に出行すること）に出かけることとした。在位中はもっぱら政務に集中して遊興などとはほとんど無縁であった上皇にとって、この御幸はほぼ唯一の遊興的催しでもあり、結果的には譲位後最大の出来事となった。

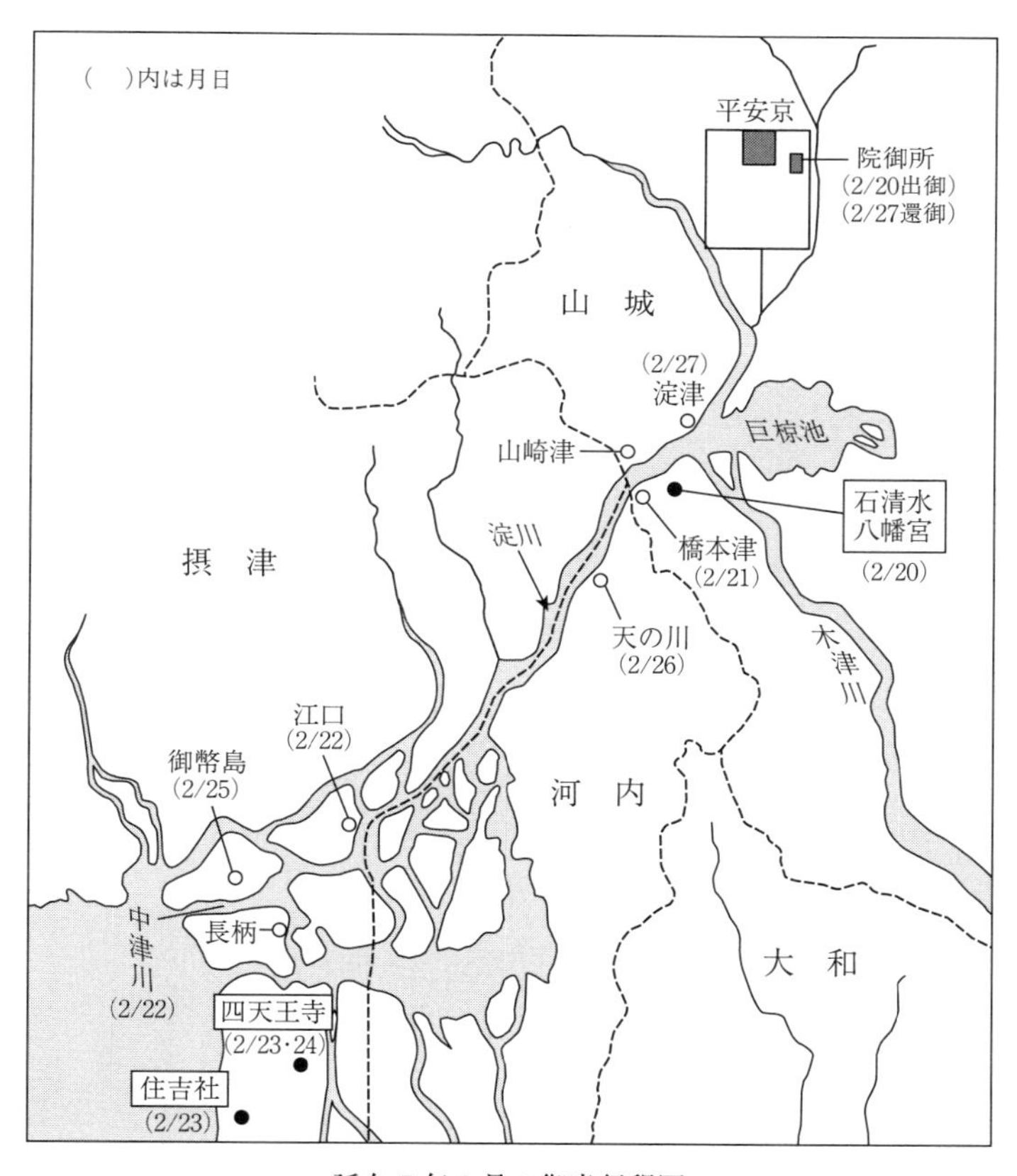

延久５年２月の御幸行程図

御幸の行程

いま、『栄花物語』巻三十八（松のしづえ）の記述を中心として御幸の行程の概要を記すと次のごとくである（前頁の図も参照）。

延久五年二月二十日に、上皇が母の陽明門院並びに娘の聡子内親王とともに、石清水八幡宮・住吉社・四天王寺へ向けて御幸のため出発する。関白藤原教通や昵懇の公卿、仁和寺の性信（師明親王）、女房、そして楽人も供奉した。性信は御幸中に上皇の身体を修法で護る役割があったのであろう。御幸はこれより同月二十七日に還幸するまでの八日間に及ぶ。

石清水八幡宮を参詣

院御所を出発したのち、まずは石清水八幡宮を参詣する。同行の聡子内親王は山上の本社への参詣を所望し、舞人を連れて上っているので、上皇と女院は下社のみを参詣したのであろう。そこでは白河天皇が派遣した勅使（頭中将　源　師忠）とも面会している。『一代要記』によれば、この日の動静は、八幡宮の参詣を終えると山崎の辺りにおいて船に乗り、住吉社に向かったとある。

翌二十一日には淀川を下り、山崎の対岸に位置する橋本の津に到着する。在位中には華美なことに対する禁制があったが、この橋本に集まった船は華美装飾を尽くしたものであり、それを上皇たちも見ている。

江口から中津川へ

二十二日は辰刻（午前八時頃）に橋本を発ち、淀川途中の江口では遊女（あそび）の船が二艘ほど漕ぎ寄せてきたので、禄を与えた。それより長柄（ながら）を経て淀川の支流となる中津川（なかつがわ）に到着する。『百練抄』では「難波浦（なにわのうら）を覧ず」とあるように、ここから難波の青い海を眺めたのであろう。

住吉社と四天王寺を参詣

住吉大社

二十三日、今回の主目的とした住吉社を参詣する。神楽を奏したのち、日没頃になって四天王寺を詣でる。雨が強く降るなか御堂を参拝した。その間、勅使（蔵人藤原公実（きんざね））が到着した。また翌二十四日にも、四天王寺の御堂の中や亀井堂（かめいどう）（四天王寺境内の北東部に位置する堂）を見て回った。

歌会を開催

二十五日には辰刻に御船を出す。午刻に勅使（大江匡房（おおえのまさふさ））が参上し、難波の八十島（やそしま）の一つ御幣島（みてぐらじま）を見る。次いで船中にて歌会が催され、上皇のほか臣下・女房らの多くの歌が詠まれた。『百練抄』同日条では「長柄橋を御覧になり、御船において和歌あり」と記す。

なお『一代要記』には「天王寺に御参、仏舎利を拝す」とあるが、これは前日のことに関わるものと思われる。

翌二十六日には雨の降るなか、帰京の途に就き、淀川に合流する天の川の河口付近に到着する。

帰京

二十七日は最終日となり、八幡を経て淀に到着する。そこで左大臣藤原師実の出迎えを受け、京内に入り院御所に還御する（『百練抄』）。

歌会での御製

ところで、住吉社は歌の神でもあるので、貴族社会ではしばしば同社参拝のあとに歌会が開催された。今回も右に述べたように、参拝後の二月二十五日に歌会が催された。『栄花物語』には上皇の歌を含め四十五首の和歌が掲載されている。

上皇が詠んだ歌は次の通り。

住吉の神もあわれと思ふらん　むなしき舟をさしてきたれば

（住吉社の神も感心なことと思ってくださるであろう。こうして私が皇位を退いた身でここを目指して参詣に来たのであるから。）

この歌は『後拾遺和歌集』にも入集しているもので、ここにある「むなしき舟」とは、譲位した天皇、すなわち後三条上皇自身を指す。この歌には、譲位により国政という重荷をおろし、安堵した上皇の心情が明瞭にうかがえる。そうした身で参詣に来たことに対し、住吉の神もあわれと思って加護してくれるだろうと詠んでいるのである（『俊(とし)頼髄脳(よりずいのう)』）。

臣下・女房の和歌

また関白教通ら臣下や女房の歌をみてみると、住吉の松になぞらえて、君（上皇）に千年の寿命を奉る（譲る）などの意を込めたものが多い（藤原教通・源隆綱(たかつな)・藤原実季(さねすえ)・藤原通(みち)家(いえ)・大江匡房・藤原俊宗(としむね)・一品宮(いっぽんのみや)女房など）。その例を少し紹介しておこう。

関白藤原教通が詠んだ歌は次の通り。

おり上(のぼ)るみゆきを神も嬉しとや　千歳(ちとせ)を君に奉(たてまつ)るらん

（譲位して上皇となって行う御幸を神も嬉しいと思って、千年の寿命をわが君に奉ることであろう。）

また、宰相中将源隆綱が詠んだ歌は次の通り。

たぐいなき君が御幸(みゆき)の嬉しさに　千歳(ちとせ)を譲れ住吉の松

（例のない上皇の御幸を嬉しく思い、千年の寿命をわが君に譲れ住吉の松よ。）

さらに一品宮（聡子内親王）の女房のうち二人の歌を記すと次の通り。

はるかなる君が御幸に住吉の　松に花咲くたびとこそ見れ

（はるばると参詣された上皇の御幸によって、このたびは住吉の松に花の咲くめでたい旅と見る次第である。）

天降(あまくだ)る神の験(しるし)に君に皆(みな)　よわいは譲れ住吉の松

（天降る住吉の神の霊験によって、わが君に皆寿命をお譲りせよ住吉の松よ。）

後三条上皇は、実際こうして御幸ができているのであるから、この時点で病が特段重篤な状態ではないが、前年の冬から体調に異変が生じていたので、これらの歌には、臣下・女房が上皇の病気の平癒と長寿を祈願する意味が深く込められていると言えよう。

詮子と彰子の前例

ところで、このような石清水八幡宮・住吉社・四天王寺への参詣については、長保二年（一〇〇〇）三月の東三条院詮子と長元四年（一〇三一）九月の上東門院藤原彰子の前例があった。東三条院詮子は藤原兼家の娘で、円融天皇の女御となる。一条天皇の生母であり、のちに皇太后となる。出家して東三条院の院号を宣下され、初めての女院となった。弟藤原道長の政権獲得には大きな影響力を及ぼしたといわれる。一方、上東門院彰子は藤原道長の娘で、一条天皇の皇后（中宮）となる。後一条・後朱雀両天皇の生母である。皇太后・太皇太后を経て女院となり、上東門院と号した。長く天皇家や摂関家を支え、折にふれ政治力も発揮した。

この二人の女院の参詣では、天皇の守護、皇子誕生による皇統維持、高麗国の進攻に対する防御などを石清水八幡宮と住吉社に祈願する目的があったことが指摘されている（八馬朱代「東三条院と上東門院の石清水八幡宮・住吉社行啓についての試論」）。また上東門院らが四天王寺に参拝したのは、同寺西門からの落日を拝して極楽を想う浄土信仰のためであったという（服藤早苗『藤原彰子』）。

住吉社参拝の目的

では、今回の後三条上皇・陽明門院らの住吉社参拝の目的はどのようなものであったのだろうか。住吉社は天皇の身体や生命を左右する神であり、また皇位継承に関わる有力な国家神であるとみられていたので、その目的は、やはり上皇の病状回復を願い、さらに今後の実仁親王の皇統繁栄を祈願することにあったのであろう。

またこのたびの御幸を誰が発案したのかは不明であるが、上皇自身だとすれば、御幸に陽明門院を同伴していることは、かつての東三条院や上東門院が行った参詣と同じ行程を、母后にもたどってもらいたいという叡慮があったのではなかろうか。つまりそこには、上皇が、母である陽明門院を東三条院・上東門院と同格に処遇する意図があったのではないかということである。また第一皇女の聡子内親王も同行させていることからすれば、上皇としては、母とともに愛娘（まなむすめ）を京外に連れ出し、かつ歴史ある和歌会も経験させるという配慮があったものと思われる。

また、御幸の発案が母后の女院であったとすれば、病気となった我が子後三条上皇の病気平癒祈願と静養をかねて住吉へ誘ったということも考えられよう。しかし、いずれにしてもこうした住吉社参拝による霊験は、残念ながら上皇には現れなかったのである。

四　崩御

容態悪化

延久五年（一〇七三）二月二十七日、住吉社などへの御幸から還御した後三条上皇は、その後すぐに容態が悪化したらしい。『古事談』巻一には「廿七日還御、その後、御薬」とある。

よって、上皇の病悩を払うため、二月中、院御所二条殿において仁和寺の性信（師明親王）に孔雀経法の修法を行わせた。この修法は二七日（十四日間）で結願となった（『仁和寺御伝』大御室条、『孔雀経御修法記』）。次いで三月十八日には、病の重篤化により天下に大赦が行われた（『扶桑略記』、『十三代要略』）。

落飾

しかし、それでも病状は快方に向かわず、病気がいよいよ重くなってきたため、四月七日、二条殿に白河天皇の見舞いを受けた。また同日夕刻、上皇は但馬守源高房宅である大炊御門殿に遷御した（『扶桑略記』、『十三代要略』）。そして二十一日、同所で落飾（出家）する。戒師は性信がつとめた。法名を金剛行とし（『扶桑略記』）、これにより上皇は法皇となった。同日には、皇后馨子内親王も上皇の落飾に合わせて出家し尼となる（『一代要記』、『十三代要略』）。

『栄花物語』巻三十八（松のしづえ）では、上皇は病が重くなったので、「御堂に渡って、なりゆきにまかせよう」と述べたが、御車にも乗ることができなかったため、今日こそは今日こそはと延期しているうちに落飾に至ったと記している。この「御堂」は御願寺円宗寺の堂舎のことであろう。

新羅神社への初度の祭文

上皇は、病気の平癒を祈願するため、新羅神社に初度の祭文（宣命）を奉った。それによれば、体調の回復を願って延久四年十二月に譲位するも、なお病の勢いは収まらないため、藤原通俊を宣命使として園城寺（三井寺）の新羅神社に遣わしたという。この宣命の内容から、それは延久五年三月から四月二十一日落飾までの間のこととなる（『新羅明神記』、『寺門伝記補録』巻二「報酬怨家」）。

新羅神社への再度の祭文

さらに落飾から六日後の四月二十七日、上皇は病気平癒を祈る祭文を再び新羅神社へ奉った（『扶桑略記』、『新羅明神記』、『寺門伝記補録』巻二「報酬怨家」）。

この祭文においては、本年三月以来病状がいっそう悪化したため、先の譲位に加えて落飾したことを記し、また天皇に重病をもたらす祟りが発生した理由として、在位中、天台宗の座主の件と戒壇の件の二事に関する寺門派の要求をしりぞけたことが挙げられている。しかし、一方では円宗寺の法華会と最勝会の二会で寺門派の僧侶も講師として請い、また園城寺の境内の一画に御願寺聖願寺を建立して阿闍梨を置いたという優遇策の実施を強調しているのである。

同月三十日には法皇の病が重篤になったため、再び白河天皇が院御所に行幸し、病状を訪ねた（『扶桑略記』）。またこの月、天台座主権大僧都勝範は、延暦寺中堂の北礼堂において七仏薬師法を修し、法皇の病悩平癒を祈っている（『諸法要略抄』、『七仏薬師法代々日記』）。さらに五月一日には、五百僧を院御所に呼び寄せ、法華経千部を転読供養させた（『扶桑略記』）。

法皇崩御前日の追贈

なお、五月六日（法皇の崩御前日）、白河天皇は生母藤原茂子（もし）に皇太后を追贈し、さらに外祖父藤原能信に太政大臣・正一位を、外祖母藤原祉子（しし）に正一位をそれぞれ追贈した。おそらく、先に白河天皇が後三条法皇を見舞った際、法皇からこの追贈の許可を得ていたものと思われる。こうした措置は、二十歳になったとはいえ若年天皇として残される白河天皇が、自身の母方の系統について格上げを図るためのものであり、それを後三条法皇の存命中に行うことに意味があったのであろう。

崩御

そしてついに、延久五年五月七日、法皇は大炊御門殿（但馬守源高房第）において崩御する。四十歳であった。死因は飲水病（糖尿病）によるものとみられている。大江匡房が著した『続本朝往生伝（ぞくほんちょうおうじょうでん）』の後三条天皇伝には、「御大漸（たいぜん）の剋（天皇の病がいよいよ重くなった時）、心を専らにして乱れず、先づ念仏を修して、一旦（朝）に崩御したまへり」と記されている。同日の戌刻（午後八時頃）に入棺が行われ、また三関を警固する措置がとられた。

同伝によれば、故備後守藤原保家（天皇の皇太子時代に春宮亮として仕えた人物）の妻が天皇崩御の日の暁にみた夢は、綵雲（多色でまだら模様となった瑞雲）が西にたなびき、笙歌が絶え間なく流れているものであった。夢の中でこれは何かと聞くと、人々は皆、法皇が往生した現れであると答えたという。綵雲は無上絶妙の有り難い雲であり、それは後三条天皇その人を表したものであろう。

藤原頼通の嘆き

また、かつて政治的に対立することがあった藤原頼通でさえも、天皇の崩御の報を聞いた時、わが国の不幸の甚しきことはこれ以上ないことだと嘆いたという。

追号

追号は「後三条院」という。『栄花物語』巻三十八（松のしづえ）には、譲位後のこととして「この院をば、一院とぞ人々申しける。後三条院とも申すめり」とあり、人々は後三条上皇を「一院」と呼んでいたが、「後三条院」とも呼ばれていたという。これによれば、生前より「後三条院」という呼称も用いられていたことになる。

そもそも天皇の追号に「後」の字がつくのは後一条天皇から始まるが、このあと後朱雀天皇（後三条天皇の父）・後冷泉天皇（後三条天皇の兄）、そして後三条天皇と「後」がつく天皇が続いていく。そこには明らかに一つの系譜意識が現れている。それは、結果的に皇統の中で傍系となった朱雀・冷泉・三条の各天皇のあとを承けるという意識である（保立道久『平安王朝』）。

つまり、後三条天皇は、追号においては母方の系統となる三条天皇を引き継ぐ姿勢を表明したのである。ただし、御願寺や陵墓の面では円融天皇の皇統に連なることも明らかであり、天皇は三条系と円融系の双方を統合した天皇の立場を朝廷内に知らしめたのである。

火葬

延久五年五月十七日、後三条天皇の遺詔が奏された。それは、素服（凶事に際する喪服の着用）・挙哀（死者を弔うために泣き声をあげる礼）・山陵（天皇陵の造営）・荷前（陵墓に使者を遣わし幣物を奉ること）などを停止すべしというものであった。そして同日の戌刻（午後八時頃）に葬送が行われた。神楽岡の南原において火葬され、遺骨は禅林寺に安置された（『凶事式幷代々儀』、『師守記』貞治三年〈一三六四〉七月九日条等）。この時、権中納言源資綱が遺骨を奉じて禅林寺に納めたという（『皇年代略記』、『古事談』）。次いで同月より翌月にかけて、初七日から七七日の法会も順次行われた。

御陵の変遷

その後、時期は不明であるが、遺骨はいったん円宗寺に安置され、さらに白河院政期には、仁和寺の東方に位置する円融寺の四至内に定められた御陵に移された（黒羽亮太「〈円成寺陵〉の歴史的位置」）。

後三条天皇崩御から三十年後の康和五年（一一〇三）八月には、堀河天皇が参議源能俊に御書を持たせ、後三条天皇陵に奉呈している。しかし、後年（嘉承二年〈一一〇七〉）権中納言藤原宗忠が後三条天皇陵に参向した折には、その場所はうっそうとした繁みになっていたという（『中右記』）。

円宗寺陵

陵名としての「円宗寺」は、藤原経房の日記『吉記』寿永二年（一一八三）六月二十一日

〈草稿本（顕證尊寿院本）〉

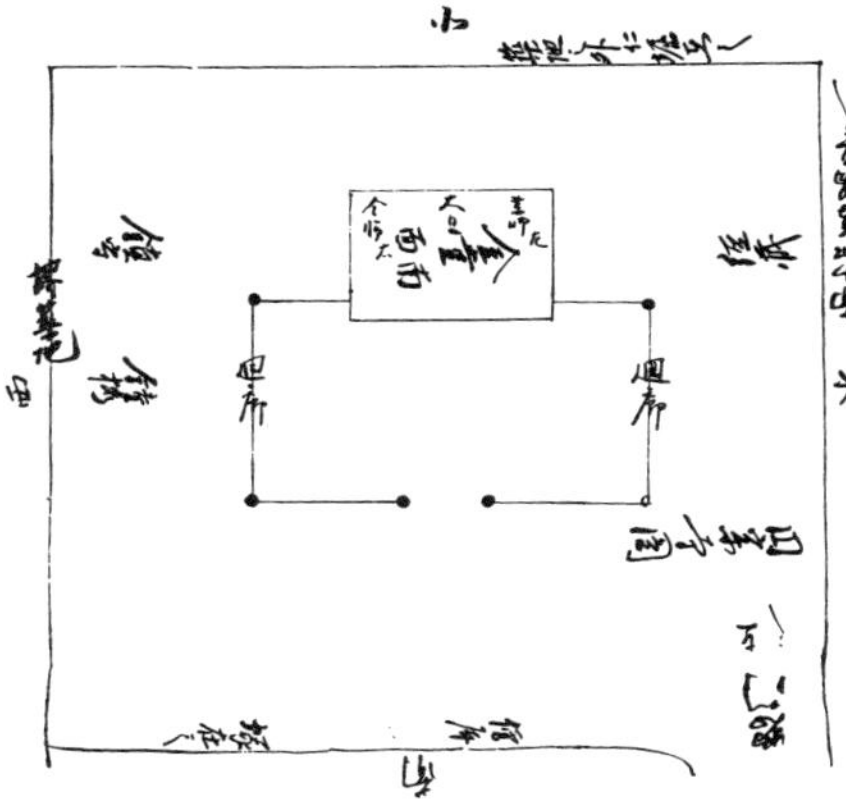

〈浄書本（顕證本）〉

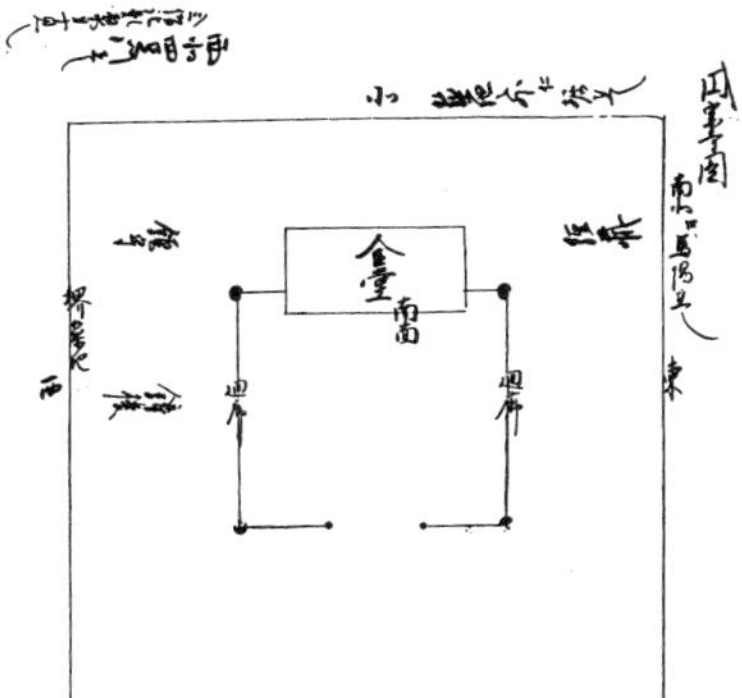

『仁和寺諸院家記』所収「円宗寺図」
（奈良国立文化財研究所編『仁和寺史料　寺誌編1』より）

条にみえる。この日は関東・北陸の賊徒の事（源氏軍進攻）により五陵に山陵使が立てられた。そのうちの一陵として「円宗寺、後三条院、源宰相中将、通親、」と記されている。

現在、御陵は「円宗寺陵」と称し、京都市右京区龍安寺朱山に円墳として存する（口絵写真）。今の龍安寺の北方に所在し、父後朱雀天皇の陵と兄後冷泉天皇の陵とともに三陵が同域に東西方向に並び置かれ、静謐さの中に葬られている。

寺院円宗寺の行方

なお、天皇が創建した寺院としての円宗寺では、崩御後も法華・最勝両会が継続されていくが、堂舎については次第に荒廃し、鎌倉時代の天福元年（一二三三）頃には金堂・常行堂・南大門などの建物しか残っておらず（『民経記』）、それらも南北朝期の応安二年（一三六九）九月の大風で倒壊してしまう（『後愚昧記』）。

これ以降、詳細は不明であるが、『仁和寺諸院家記』には「円宗寺図」と題する伽藍配置図が二種掲載されている（前頁の図）。両図はほぼ同じ内容で、僧顕證（一五九七〜一六七八）の撰になるものと考えられている（奈良国立文化財研究所『仁和寺史料』）。そこには建造物として金堂・廻廊・経蔵・鐘楼・僧房・鎮守・惣門しか描かれておらず、講堂・法華堂・常行堂・灌頂堂・五大堂は記されていない。したがって、この両図は当然創建当初の堂舎の配置ではなく、後世、南北朝期から顕證の生きた時代までのある時期の状況を示したものとみられる。

第十　后妃・皇子女たち

これまでの叙述と多少重複する部分もあるが、ここでは後三条天皇の后妃および皇子女たちについて、それぞれの略伝を記しておきたい（次頁に略系図を掲げる）。

一　后　妃

藤原茂子

藤原茂子は後三条天皇の皇太子時代の妃である。父は権中納言藤原公成、母は備中守藤原知光の女である。誕生年は不明であるが、公成の姉の夫が藤原能信（藤原道長の息子）であった関係から、ある時期に能信の養女となった。

すでに述べたように、永承元年（一〇四六）十二月十九日に皇太子尊仁親王が元服すると、その二日後の二十一日、副臥として皇太子の宮に入った。尊仁親王にとっては最初の配偶者である。養父能信は尊仁親王立太子の立役者であり、そうした関係から茂子の入宮も実現した。そしてこの四年後の永承五年、二人の間に最初の子女が誕生した。聡子内

後三条天皇の后妃・皇子女等略系図

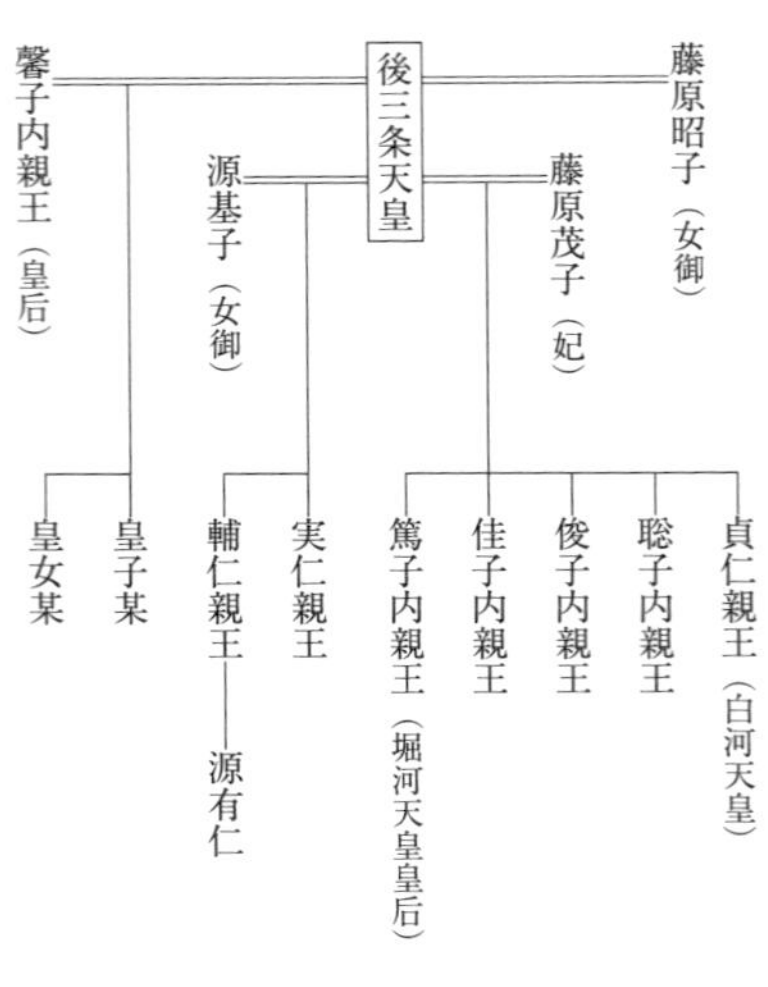

親王である。

　また、その三年後の天喜元年（一〇五三）には貞仁親王が生まれた。のちの白河天皇である。さらには、天喜四年に俊子内親王、同五年に佳子内親王、康平三年（一〇六〇）に篤子内親王というように、続けて三人の皇女が誕生した。ただし、茂子自身は、その後康平五年六月二十二日、病により宮中にて亡くなった。この時の年齢は不明であるが、皇太子尊仁親王とほぼ同年代であろうから、三十歳前後の若さであったと思われる。『栄花物語』巻三十七には「東宮のなげかせ給ふさまかぎりなし」と記されている。

　茂子は養父藤原能信と同様に皇太子の即位を見届けることはできなかったが、延久三年（一〇七一）五月十八日には後三条天皇から従二位を贈られ（『扶桑略記』、『今鏡』巻二）、また先述のように、白河天皇の代になってすぐの延久五年五月六日には皇太后を追贈された。これは後三条法皇が崩御する前日のことであった。

さらに茂子に対しては、承保（じょうほ）二年（一〇七五）五月に山陵が置かれ、六月には国忌（こき）（国家がその命日に政務を停め仏事を行うとした日）が定められた（『百練抄』、『師光年中行事』、『江家次第』巻三）。白河天皇が自身の生母を死後に格上げしたのである。

皇后馨子内親王

後三条天皇の皇后（中宮）となる馨子（さほこ）内親王は、後一条天皇の第二皇女で、母は皇后藤原威子（いし）（藤原道長の女）である。長元（ちょうげん）二年（一〇二九）二月二日、中納言藤原兼隆の大炊御門東洞院第において誕生した（『日本紀略』）。後三条天皇より五歳年上である。同母で三歳年上の姉には、後冷泉天皇の皇后となる章子（しょうし）内親王がいる。藤原実資（さねすけ）の日記『小右記（しょうゆうき）』によれば、威子が御産を遂げたものの、また女子（馨子内親王）が誕生したため、宮中に仕える人々の様子は、はなはだ冷淡であったという。

誕生の年に内親王宣下があり、長元四年十月には着袴（ちゃっこ）の儀が行われ、後一条天皇がこれに出御した。なお、この時二品（にほん）に叙されたが、そこでは「佐品子を以て二品に叙すべし」とみえるので、「馨子」は「さほこ」と訓むことが知られる（『左経記』）。これは平安時代の女性の名前の訓みがわかる数少ない例である。

同年十二月には賀茂斎院に卜定され、同日、准三宮（じゅさんぐう）宣下があった（『賀茂斎院記』、『左経記』）。しかし、長元九年四月十七日、父後一条天皇が崩御したため、斎院を退下する（『日本紀略』）。同年八月には、姉の章子内親王とともに上東門院藤原彰子の庇護を受けることとなり、その御所に住まうようになった（『栄花物語』）。

皇太子の宮に入る

内親王が二十三歳になった永承六年（一〇五一）十一月八日、皇太子尊仁親王の宮に入ることとなる。『栄花物語』巻三十六（ねあわせ）によると、これは上東門院の意志に従って行われたものであるという。時に皇太子は十八歳であった。「第一　誕生・幼年期・皇太子時代」で述べたように、この前年、尊仁親王には先に入宮していた藤原茂子との間に女子（聡子内親王）が生まれており、このことを受けて、上東門院彰子が中心となり馨子内親王の東宮入宮を急いで行ったものと思われる。

それから十一年後の康平五年（一〇六二）になって、ようやく二人の間に待望の男子が生まれたが、その皇子は幾日も経ずに夭折してしまった（『康平記』、『扶桑略記』、『栄花物語』巻三十七）。また女子も生まれるが、その誕生年月日やその後のことは不明である（『栄花物語』巻三十七）。おそらくこの女子も早逝したのであろう。

皇后となる

後三条天皇が即位すると、延久元年（一〇六九）七月三日、馨子内親王は皇后（中宮）に冊立された（『扶桑略記』）。これは、皇太后章子内親王（後冷泉天皇の皇后）を太皇太后に、皇后藤原寛子（同）を皇太后に転上したうえでの措置であり（皇后宮藤原歓子はそのまま）、新皇后馨子内親王には中宮職が附され、中宮と称された。この時、中宮大夫には権中納言源顕房が任じられた。

これより先、同年四月には先帝後冷泉天皇の一周忌法会を修すため、同天皇が崩御した高陽院（かやのいん）を壊して法成寺（ほうじょうじ）に移しているが（『中右記』大治（だいじ）五年〈一一三〇〉七月二日条）、そうした法会が一段落つき、同年六月二十一日、高陽院の殿舎の加造が完了した。よって後三条天皇が同院へ遷御し（『百練抄』）、その後に内親王の立后を行っている。すなわち、平安宮内裏の再建がなされていない段階では、やはり高陽院が里内裏の中心に位置づけられており、そこに皇后を住まわせるため高陽院に舎屋を増築したのである。

延久三年八月に新造内裏が完成すると、天皇とともに皇后馨子内親王も遷御した。『栄花物語』巻三十八（松のしづえ）には「中宮（馨子内親王）は弘徽殿（こきでん）にかけておはします」、「中宮は登花殿（とうかでん）に五節殿かけておはしましける」などと記されている。

出家

その後、延久五年四月二十一日には後三条上皇の落飾に合わせて、皇后も同じく出家する（『十三代要略』、『今鏡』巻四）。上皇は同年五月に崩御するが、延久六年（承保（じょうほ）元年〈一〇七四〉）六月二十日に白河天皇の女御（にょうご）賢子（けんし）が立后して中宮となるため、馨子内親王は中宮から皇后宮となった。この直前、姉章子内親王は女院（二条院）となっている。それから約二

崩御

十年後の寛治（かんじ）七年（一〇九三）九月四日に馨子内親王が崩御する。六十五歳であった。

なお、白河天皇の実母藤原茂子は先に亡くなっており、馨子内親王に対しては「今上（白河天皇）の継母」（『澄池記』＝藤原教通の日記）、「白河院継母」（『兵範記』嘉応（かおう）元年〈一一六九〉十二月十五日条）

などとみえることから、当時の貴族社会において馨子内親王が白河天皇の継母であると認識されていたことが知られる。また、馨子内親王を「西院皇后宮」と呼ぶ史料も存する（『勘仲記』正応五年〈一二九二〉九月九日条、『続古今和歌集』等）。これは、内親王が法成寺東北院の西院を御所としていたことによるものであろう（野口華世「天皇と結婚した三人の孫内親王」）。

女御藤原昭子

後三条天皇の女御藤原昭子は、故右大臣藤原頼宗の女で、母は藤原伊周の女である。生没年は未詳である。

治暦二年（一〇六六）七月二日、皇太子尊仁親王の宮に入る（『応徳元年皇代記』、『十三代要略』）。治暦四年十月二十八日、天皇即位後の大嘗会御禊に際しては女御代（御禊の儀に女御の代わりを務める女官）となった（『大嘗会御禊』、『本朝世紀』）。そして翌治暦五年（延久元年）四月七日に女御となる（『十三代要略』）。

延久三年八月に新造内裏に入った折には承香殿を居所としたことから、「承香殿女御」とも呼ばれた。昭子からは皇子女は生まれていない。同五年五月、後三条法皇崩御により、昭子は落飾している（『栄花物語』巻三十八）。その後、亡き父藤原頼宗の堀河院に居したので、「堀河女御」とも称された（『三宮伝』）。『栄花物語』によれば、昭子は美貌で知られる人物であったという。

女御源基子

後三条天皇のもう一人の女御となった源基子は、父が参議源基平、母が権中納言藤原良頼の女であり、永承四年（一〇四九）に誕生した。源基平の父は小一条院敦明親王（三条天皇皇子）である。基子は、初めは後三条天皇の第一皇女聡子内親王の女房であったが（『三宮伝』、『栄花物語』巻三十八）、宮仕えの中で天皇の寵愛を蒙り、延久三年（一〇七一）二月十日に実仁親王を産み、同年三月二十七日に女御となった（『扶桑略記』等）。同年八月に新造内裏に移った際は梅壺（凝華舎）に入ったことから、「梅壺女御」とも称された。翌四年十二月一日には准三宮宣下がなされ、年官・年爵および封五百戸を賜った（『扶桑略記』）。年官・年爵とは、皇族や公卿らの推挙により毎年一定数の官職や位階を与える制度である。

それからわずか七日後、後三条天皇は皇太子貞仁親王に譲位したが、同時に基子所生の実仁親王を二歳という幼さにもかかわらず次の皇太子に立てた。さらに翌延久五年正月十九日には、再び基子が皇子を出産した。輔仁親王である（『扶桑略記』、『栄花物語』三十八）。しかし、同年五月七日、後三条法皇の崩御により、基子は落飾した（『十三代要略』、『栄花物語』巻三十八）。また基子は二人の皇子にも先立たれる。基子自身はその後も長命を保ち、長承三年（一一三四）七月二日、八十六歳で亡くなった（『長秋記』、『中右記』七月四日条）。その場所は、孫の右大臣源有仁（父は輔仁親王）の京極殿であったという。

二　皇子

貞仁親王

後三条天皇の第一皇子は、後に白河天皇となる貞仁(さだひと)親王である。天喜元年（一〇五三）六月に誕生する。母は権中納言藤原公成(きんなり)の娘藤原茂子である。皇太子の第一王子とはいえ、父尊仁親王ですら皇太子の地位が危うかった環境の中で、貞仁親王を庇護し養育したのは、やはり関白藤原頼通の異母弟藤原能信(よしのぶ)である。後三条天皇、ついで白河天皇が皇位につけたのは能信の多大な尽力があったからであり、白河天皇は終生その恩義を忘れなかったという。

即位

父後三条天皇の即位後、延久元年（一〇六九）四月に皇太子に立てられる。そして約三年半後の延久四年十二月八日、後三条天皇の譲位を受けて践祚し、同月二十九日に即位礼を行った。時に二十歳である。この時皇太子に立てられたのは、異母弟の実仁親王である。しかし、父天皇が翌年五月に崩御したため、天皇は父と同様に親政を推進していくこととなった。それは荘園整理令の発布や御願寺法勝寺(ほっしょうじ)の造営などにも現れているが、白河天皇の最大の問題は、父天皇が構想した皇位継承方針を遵守するか否かであった。

そうした中で、応徳(おうとく)二年（一〇八五）に皇太子実仁親王が病没し、天皇は自身の皇子に皇

譲位し院政を始める

位を継承させるまたとない機会を得た。そして、祖母陽明門院はじめ周囲の意向も見極めた上で、翌年十一月に皇子善仁親王を皇太子に立て、即日譲位したのである。新天皇の堀河天皇は八歳の幼帝であったため、ここに白河上皇による院政が成立する。

また嘉承二年（一一〇七）には、堀河天皇がわずか五歳の皇子（鳥羽天皇）を残して崩御したことから、白河上皇の執政が本格化し、院政が確立することとなる。こうして後三条天皇の描いた皇位継承構想は崩れ、白河天皇の皇統が続いていくことになるのである（橋本義彦「白河法皇」、美川圭『白河法皇』）。

白河上皇
（『春日権現験記絵』巻第１第４段，皇居三の丸尚蔵館蔵）

白河天皇は大治四年（一一二九）七月、七十七歳で崩御するが、その執政は在位中と譲位後の期間を合わせて五十七年もの長きにわたり、上皇として専制的な政治を行ったことでよく知られている。それは、「意にまかせ、法にかかわらず任官や叙位を行った。その威光は四海に満ち、天下これに帰服した」（『中右記』大治四年七月七日条）と指摘されるように、特に人事の面で顕著であった。

後三条天皇が構想した皇位継承策は結果的に実現しなかったが、皇統について言えば、白河天皇を経て以後も長く続いていくのである。

実仁親王

後三条天皇の第二皇子実仁親王は、女御源基子を母として延久三年（一〇七一）二月十日に誕生した（『扶桑略記』）。同年四月一日に五十日の儀が行われ、父後三条天皇はこれに臨御している（『御遊抄』）。ついで同年八月十二日に親王となる（『扶桑略記』）。

翌延久四年五月には世間で流行していた疱瘡にかかり、同月二十六日、宣旨により閑院において御祈が行われた。これを修したのは僧頼昭であり、他に伴僧が三名いた（『諸法要略抄』）。この御祈の甲斐あってか、実仁親王の病は快復した。

立太子

同年十二月八日には父天皇が異母兄貞仁親王に譲位したことに伴い、実仁親王がわずか二歳という若さで新たな皇太子に立てられた（『百練抄』、『扶桑略記』）。立太子した実仁親王については白河天皇の弟なので「皇太弟」と記す史料も多いが、『為房卿記』応徳二年（一〇八五）十一月八日条には「今日寅刻、皇太弟、皇太子に冊命すると云々。薨じ給う」とあるので、冊命（天皇の詔勅により皇后や皇太子を立てること）の詔書には「皇太子」と記されていたことが知られる。皇太子元服時に作成された詔書でも「皇太子実仁」と明記されている。

そして立太子即日に坊官除目が行われた。主な人事は次の通りである（『公卿補任』）。

東宮傅　左大臣　藤原師実（三十一歳）
春宮大夫　権大納言藤原能長（五十一歳）

春宮権大夫　権中納言藤原資仲（五十二歳）

藤原師実と藤原能長の両名は、皇太子貞仁親王の坊官が停止されたあと、皇太子が実仁親王となって再び同じ官職に任じられている。

皇太子となって八日後の延久四年十二月十六日、実仁親王は父上皇とともに内裏から関白藤原教通の二条殿に遷御した（『扶桑略記』）。すでに述べたように、上皇が幼い皇太子を後見するためである。しかし、翌年五月、上皇はそうした目的をほとんど果たせないまま崩御してしまう。これ以降、皇太子実仁親王の後見役は、上皇の母である陽明門院に託されることとなった。なお、東宮傅はその後右大臣源師房、ついで内大臣藤原能長が任じられ、春宮大夫能長の後任には権大納言藤原実季が就任した。

承保二年（一〇七五）には皇太子が五歳となったことから、八月十六日に着袴の儀が行われた。この儀には、関白藤原教通・左大臣藤原師実以下の公卿が参上し、御腰を結ぶ役は関白教通が果たしている（『水左記』、『扶桑略記』）。教通はこの翌月に八十歳で没することから、皇太子の着袴の儀における奉仕が最後の務めとなった。

その後、皇太子が十一歳となった永保元年（一〇八一）の八月二十一日には、皇太子元服の儀が内裏の紫宸殿で執り行われた。加冠は東宮傅内大臣藤原能長が、理髪は権中納言藤原伊房がそれぞれ務めた（『為房卿記』、『水左記』）。その二日後、内裏より小野宮邸に移り、翌永保二年三月二十五日に、聡子内親王とともに小野宮邸より左大弁藤原実政の四条坊門第に遷御した（『為房卿記』）。

即位前に薨去

しかし、応徳二年（一〇八五）十一月八日、皇太子実仁親王は疱瘡にかかり薨去した。十五歳であった。同月二十八日、鳥部野において葬送が行われ、その後、仁和寺に遺骨が納められた（『為房卿記』、『扶桑略記』）。後三条天皇の皇位継承構想は、ここに大きく頓挫することとなった。

輔仁親王

後三条天皇の第三皇子輔仁親王は実仁親王と同じく母を女御源基子とし、天皇譲位後の延久五年（一〇七三）正月十九日に誕生した（『扶桑略記』、『栄花物語』巻三十八）。三宮と通称される。誕生後まもない同年五月に父上皇が崩御するが、承保二年（一〇七五）十二月十六日には親王宣下を蒙った。そして、『源平盛衰記』巻十六「帝位人力に非ざる事」によれば、後三条上皇は亡くなる前に、実仁親王の即位後は輔仁親王を次の皇太子に立てるよう白河天皇に念を押して遺言したと伝えられている。他に確実な史料がないため、その真偽のほどは定かでないが、藤原氏とりわけ摂関家を外戚から遠ざけようとした後三条天皇の意図からすれば、想定しうる話である。

しかし、応徳二年（一〇八五）十一月に兄で皇太子実仁親王が亡くなったあと、しばらく皇太子位は空位とされ、結局、その約一年後に白河天皇は自身の皇子善仁親王を皇太子とし、即日これに譲位した。新天皇は七歳の幼帝堀河天皇である。一方、輔仁親王は十三歳であり、父上皇の崩御後には祖母の陽明門院の後見を受けていた。しかし、やはり現天皇の意向の方が大きいため、親王が皇太子とされることはなく、その皇位継承は実現しないままとなったのである。

輔仁親王は、寛治元年（一〇八七）六月二日、陽明門院御所において元服の儀を挙行した。時に十五歳。加冠は大納言藤原実季が、理髪は左馬頭源道良がそれぞれ務めた（『中右記』、『為房卿記』）。儀場の点からすると、引き続き陽明門院が後見していたことがうかがえる。寛治六年二月には、聡子内親王らとともに故関白藤原教通の二条殿に移っている。

即位を期待される

親王については、堀河天皇に皇子が誕生する以前、同天皇が病気になった時に「天下、心を三宮（輔仁親王）に帰す」という状態であり（『台記』康治元年〈一一四二〉五月十六日条）、また堀河天皇が崩御した時には「三宮輔仁親王ヲ恐レ給ケル」（『愚管抄』巻四）と言われたりしている。すなわち、世間の多くの人々は後三条天皇の皇子である輔仁親王の即位に期待を寄せていて、それゆえ白河上皇は輔仁親王の存在を常に恐れ、警戒していたのである。そして白河上皇は、子の堀河天皇の重病や崩御という自身の皇統の危機に際して、自らが重祚（再度皇位につくこと）することも考えたらしい。しかし、堀河天皇崩御の時は白河上皇が幼少の皇孫宗仁親王（鳥羽天皇、堀河天皇の皇子）の即位を推し進めたことにより、輔仁親王の即位は実現しないままに終わった。

その後、永久元年（一一一三）には鳥羽天皇殺害未遂という重大事件が発生した。その際、醍醐寺座主勝覚の召使い千手丸という実行犯役の童を事前に捕らえて尋問したところ、主犯は輔仁親王の護持僧仁寛であると自白したのである。このため仁寛と千手丸はそれぞれ伊豆と佐渡に流罪となったが、事件には関与していない輔仁親王も自ら謹慎した。これにより、親王の皇位継承の可能性は完全に断たれることとなった。また、勝覚と仁寛はともに左大臣源俊房の子であったことから、後三条朝以降、朝廷内で勢力を拡大してきた村上源氏も、この事件によって繁栄の芽が摘み取られてしまう。

輔仁親王は元永二年（一一一九）十一月二十二日に病（飲水病）が重くなり、翌二十三日に家領荘園等について遺言した。そして二十四日に出家、二十八日に薨じた。四十七歳であった（『長秋記』、『中右記』）。『中右記』の記主藤原宗忠は「才智甚だ高く、能き文章あり。天の良人を棄つること、誠に惜しむ哉」と故親王を悼んでいる。

親王は和歌・漢詩・笙などに才能を発揮し、『金葉和歌集』や『本朝無題詩』などに多くの詩歌が伝わっている。そのうち、父後三条天皇が創建した円宗寺の桜の花を見て詠んだ歌を一首示しておこう（『今鏡』巻八）。

　うへおきし君もなき世に年へたる　花は我が身のここちこそすれ

（この花を植え置いた父後三条天皇が亡くなった世でも、年を経た桜は毎年咲くけれど、その花は我が身と同じような気持ちがすることだ。）

父天皇を敬慕しながらも、自身の置かれた恵まれない立場を円宗寺に咲く桜の老木にたとえているのである。

輔仁親王の妃については、康和四年（一一〇二）正月に大納言源師忠の女が宮に入っており、翌年に有仁王が生まれている。また入宮時期は不明であるが、陸奥守鎮守府将軍源義家の女も親王の宮に入って室となり、王子行恵を産んでいる。この親王と義家女との婚姻は、後三条天皇の皇統と河内源氏との結びつきを示すものとして注目される。なお、その後行恵の王子円暁は僧侶となって寿永元年（一一八二）九月に鎌倉に下向し、鶴岡八幡宮の別当に就任している（『吾妻鏡』）。

藤原有佐

このほか、後三条天皇の皇子として生まれ、臣籍に下った人物として、藤原有佐がいる。誕生年は不明であるが、『尊卑分脈』や『今鏡』によれば、有佐の母は美濃守平経国の女であり、侍従内侍を務めていた。有佐は誕生後に讃岐守藤原顕綱の養子となり、甲斐・土佐・紀伊・近江の各国司や兵衛佐・中務少輔などを歴任し、また歌人としても名が知られている。天永元年（一一一〇）九月二十日に卒去した。

三　皇　女

第一皇女聡子内親王の誕生年月日は不明であるが、薨年から逆算すると永承五年（一〇五〇）の誕生となる。母は藤原茂子であり、皇太子尊仁親王にとって初めて授かった子女である。時に皇太子は十七歳であった。

天皇即位後の治暦四年（一〇六八）八月十四日、内親王となる（『本朝世紀』、『扶桑略記』）。翌延久元年六月十九日、一品に叙され、准三宮宣下を蒙り、年官・年爵並びに封千戸を賜る（『扶桑略記』）。

延久三年八月十五日に聡子内親王の居所で和歌と管絃が催された（『百練抄』）。また同年十月二十五日には雲客（殿上人）が大井川に出向き、その後、聡子内親王の居所に帰参して和歌会が行われた（『百練抄』）。この間の同年八月二十八日に新造内裏が完成し、聡子内親王も内裏の藤壺（飛香舎）に入っているので（『栄花物語』巻三十八）、十月の和歌会は、内裏の飛香舎で開かれたのであろう。

またすでに述べたように、父後三条天皇譲位後の延久五年（一〇七三）二月二十日から二十七日の八日間は、上皇の石清水・住吉両社と四天王寺等への御幸に同行し、それぞれへ参詣した。二月二十五日に長柄橋を覧じた際には、和歌会が催されている（『百練抄』）。しかし、同年五月七日、父法皇の崩御により、内親王は二十四歳で落飾する（『栄花物語』巻三十八、『今鏡』巻六）。その後は仁和寺や陽明門院御所、藤原実政の四条坊門第などに居所を移している。

大教院を建立

また永保三年（一〇八三）には、父後三条天皇のために大教院と称する寺院を仁和寺の傍らに建立し、落慶供養を行った（『仁和寺諸院家記』）。聡子内親王による大教院の建立は、父上皇が崩御して十年の節目に当たるものである。その時の内親王の供養願文は大江匡房の作成になり、『江都督納言願文集』巻二や『本朝続文粋』巻十三に掲載されている。願文中には「東は則ち先帝の仁祠」と記され、「先帝の仁祠」が円宗寺と考えられるので、大教院の場所は、円宗寺の西方に位置したものであろう。内親王は、天承元年（一一三一）九月四日、この大教院において薨じた。八十二歳であった（『長秋記』）。

俊子内親王

第二皇女は俊子内親王である。やはり誕生年月日は不明であるが、薨年から逆算して天喜四年（一〇五六）の誕生となる。母は藤原茂子である。姉の聡子内親王と同日すなわち天皇即位後の治暦四年（一〇六八）八月十四日に内親王となる（『本朝世紀』、『扶桑略記』）。翌治暦五年（延久元年）二月九日には斎宮に卜定され（『十三代要略』）、次いで同年六月十九日に二品に叙され（『扶桑略記』）、同年十一月二十六日には別封二百戸を加えられる。
延久二年（一〇七〇）に野宮に入り、翌年九月二十三日伊勢に群行する。これに際して天皇は、大極殿がまだ再建されていないことから太政官庁に行幸し、内親王の出発を見送った（『伊勢斎宮部類』、『玉葉』安元三年〈一一七七〉五月二日条）。しかし、延久四年十二月には天皇の譲位により斎宮を退下することとなった。その後は世尊寺などに居していたが、堀河天皇の代に至り、女御藤原苡子の養母となったようであり、承徳二年（一〇九八）十二月十六日に参内して苡子の在所に渡っている。この日に輦車宣旨（宮中で手でかつぐ車に乗ることを許可する宣旨）を蒙っている（『中右記』承徳二年〈一〇九八〉十二月十六日条）。ところが、苡子が皇子（のちの鳥羽天皇）を生んだあとに亡くなってしまい、康和五年（一一〇三）正月二十七日、俊子内親王は養母としての立場から、樋口堀河の居所に苡子の遺骸を移している（『本朝世紀』、『中右記』）。

内親王は、天承二年（一一三二）閏四月五日に薨じた。七十七歳であった。居所から「樋口斎宮」と称された。藤原宗忠は「件の人、法花経一万を転じ、十八部を書写す。大善根の人と謂うべきなり」と評している（『中右記』同年閏四月六日条）。

佳子内親王

第三皇女佳子内親王も誕生年月日は不明であるが、薨年から逆算して天喜五年（一〇五七）の誕生となる。母は藤原茂子である。他の三内親王（聡子・俊子・篤子内親王）と同日すなわち天皇即位後の治暦四年（一〇六八）八月十四日に内親王となる（『本朝世紀』、『扶桑略記』）。翌延久元年（一〇六九）六月十九日に三品に叙される（『扶桑略記』）。同年十月二十八日、賀茂斎院に卜定され（『十三代要略』）、十一月二十六日には別封二百戸を賜る（『扶桑略記』）。二条富小路第を居所としたことから「富小路斎院」と称された。

延久四年七月六日、病によって賀茂斎院を退出する（『扶桑略記』）。『扶桑略記』同日条には「去る六月以後、疱瘡流行、貴賤この厄を免れず」とあり、この頃流行していた疱瘡にかかったものと思われる。なお、先に述べたように、同年五月末には実仁親王も疱瘡を患っていた（『諸法要略抄』）。

内親王のその後の動静についてはほとんど史料が残っていないが、寛治六年（一〇九二）三月には白河天皇皇子の仁和寺覚念を養子としていたこと（『中御堂御灌頂記』）、同年四月一日に居所二条富小路第が焼亡したこと、嘉承元年（一一〇六）二月二十七日に仁和寺中の小堂を供養したことなどが知られる。その仁和寺で大治五年（一一三〇）七月二十五日に薨じた。七十四歳であった（『中右記』）。

篤子内親王

第四皇女篤子内親王は康平三年（一〇六〇）に誕生する。母は藤原茂子である。姉の三内親王（聡子・俊子・佳子内親王）と同日の治暦四年（一〇六八）八月十四日に内親王となる（『本朝世紀』、『扶桑略記』）。延久五年（一〇七三）に賀茂斎院に卜定されるが、同年五月の父後三条法皇の崩御により斎院を退下する。

堀河天皇の皇后となる

その後は祖母で養母ともなっていた陽明門院の庇護を受け、承暦三年（一〇七九）准三宮となる。応徳二年（一〇八五）に異母弟の皇太子実仁親王が薨去し、翌年、同母兄の白河天皇の譲位によって善仁（たるひと）親王（堀河天皇）が即位すると、篤子内親王はそれから五年後の寛治五年（一〇九一）に堀河天皇に入内し、同七年には立后して皇后（中宮）となった。この時、堀河天皇はいまだ十五歳であったのに対し、篤子内親王は三十四歳であり、二人の年齢差は十九歳であった。両者の関係は甥と叔母という近親である。篤子内親王からは一人の皇子女も誕生することはなかった。

嘉承二年（一一〇七）堀河天皇の崩御（二十九歳）に伴い篤子内親王は落飾する。そして、永久二年（一一一四）に五十五歳で崩御した。

ところで、皇太子実仁親王（白河天皇の異母弟）が薨去した直後、白河天皇はすぐに自身の皇子善仁親王を次の皇太子に立てることは難しかったようである。それは前述のように故実仁親王の同母弟輔仁親王の存在があったからである。少なくとも輔仁親王は善仁親王に匹敵する皇位継承の有力候補であったことは間違いない。そうした状況の中で、陽明門院は輔仁親王や篤子内親王の庇護者であった。白河天皇にとっては、皇子善仁親王への譲位を実現する事前工作として陽明門院の了解をとりつける必要があり、その条件として女院に提示したのが、善仁親王即位後に篤子内親王をその皇后にすることであったと推測される（橋本義彦「白河法皇」）。このことを史料で確認することはできないが、十分に考えられることであろう。陽明門院自身は寛治八年（一〇九四）まで存命であったので、篤子内親王の立后を見届けることはできた。

四　皇　孫

有仁王

皇孫以下については本来省略すべきところであるが、後三条系統の影響力の大きさを知る上で、皇孫有仁王（臣籍降下後は源有仁）の存在は重要であるので、ここで取り上げることとする。有仁は輔仁親王の王子として康和五年（一一〇三）に誕生した。母は大納言中宮大夫源師忠の女である。永久三年（一一一五）十月二十八日には、白河上皇の猶子（血縁関係なきも子として扱うこと）として白河殿において元服した（『親王御元服部類記』）。

源姓を賜る

しかし、元永二年（一一一九）八月十四日、十七歳の時に源姓を賜り、臣籍降下した。いわゆる後三条源氏の誕生である。有仁はこの日従三位に叙され、右近衛権中将に任じられた（『中右記』、『長秋記』、『公卿補任』）。『中右記』の記主藤原宗忠は、臣籍降下と同時に従三位に叙されたことを、有仁に対する優遇とみている。ただし、『長秋記』には「おおよそ人々が同心協力して、小一条院から東宮の地位を奪ったのと同じような仕打ちをする」と記されている。記主源師時は有仁の父輔仁親王に近侍していた官人であり、親王とは母同士が姉妹のため従兄弟関係になる。有仁の立場を、かつて皇太子の位を辞退せざるをえなくなった小一条院（三条天皇皇子敦明親王）のそれと結びつけて悲嘆しているのである。

順調に昇進

その後の有仁は、官人として順調に昇進を重ねていく。保安元年（一一二〇）十二月に権大納言に任じられ、翌年には正三位に叙される。同三年二月に正二位となり、同年十二月には内大臣に任じられた。天承元年（一一三一）十二月には右大臣、従一位となり、保延二年（一一三六）十二月には極官となる左大臣に昇任した。同五年十二月には、雅仁親王（のちの後白河天皇）の元服儀において加冠役を務めている（『親王御元服部類』）。

しかし、この頃から病を患ったようであり、久安三年（一一四七）正月に上表して左大臣を辞した。同年二月二日には病により出家している。これにつき、『本朝世紀』同日条には「受性温雅、尤も器度有り、人は之を悲しみ、世は之を惜しむ」と記されている。そして、それから十一日後の二月十三日に薨去した。四十五歳であった。法名は成覚である。源有仁は、その邸宅にちなんで「花園左大臣」と称された。

日記と儀式書

源有仁の日記は『花園左大臣記』という。また有仁撰の儀式書としては除目関係の

『春玉秘抄』、『秋玉秘抄』がある。『春玉秘抄』には後三条天皇撰の「院御書」が三十回も引用されるように、祖父の叙位・除目に関する儀式書を大きな拠り所にしている（田島公「尊経閣文庫所蔵『春玉秘抄』解説」）。

また、和歌については『金葉和歌集』以下の勅撰集に二十一首が入撰し、勅撰集以外にも六首の和歌が知られている。漢詩は『和漢兼作集』巻三、春部下（『図書寮叢刊 平安鎌倉未刊詩集』）にみえる。

さらに、管絃は父輔仁親王から琵琶や笙・笛の伝授を受けている（『楽書類聚』、『鳳笙師伝相承』、『大家笛血脈』）。蹴鞠の名手ともいわれ、邸宅のあった冷泉と花園の二か所が蹴鞠の場として用いられたようである。また衣紋（装束を一定の方式に従って着せること）に関しては、平安時代中期までは「柔装束」（やわらかい曲線的な服装）であったところ、有仁は鳥羽天皇とともに、「強装束」（こわばった直線的な服装）を考案したとみられている。

このように、源有仁は政務のみならず儀式や種々の芸能にも優れた才能を発揮した。その資質は父輔仁親王だけでなく、祖父後三条天皇からも受け継いだものであろう。

おわりに——後三条天皇の人と政治——

一 人物像

和漢の才

大江匡房撰『続本朝往生伝』の後三条天皇伝には、天皇の人物像として、和漢の才にすぐれ、徳望の高い学者であっても反論できないほどであったと記される。そしてその恩沢を受けた治世は文武ともに発展し、「寛猛相済えり」ともあるように寛大さと厳格の調和による政治が行われたと述べている。

剛毅さと情け深さ

また『今鏡』巻二（すべらぎの中）では「この御門、（中略）たけき御心もをはしましながら、又なさけおおくぞをはしましける」と記されるように、天皇は「たけき御心」すなわち剛毅な性格であるが、それだけではなく「なさけおおく」つまり情け深い性格でもあったとされているのである。

剛毅な性格

天皇の剛毅な性格については、たとえば『栄花物語』巻三十八（松の下枝）には「御心いとすくよか」とあり、性質が大変強くしっかりしているという。そしてそれは父の後朱雀天皇も同様であったが、後三条天皇はそれ以上だといわれる。つまり剛毅さは父親譲りということであろう。また母后の陽明門院（禎子内親王）が言うことでも、道理に合っていなければ、一向に聞き入れないという強情さもあったという。場合によっては母親にも正論をもって反論したのであろう。

情け深い性格

一方、天皇の情け深い性格を示す逸話としては、過差を禁止する一環として石清水八幡宮行幸の折に物見車の外側の金物の装飾をはずさせたことがあったが、その際に自らの乳母子の物見車のみは恩情をかけて金物装飾を着けることを許したという話が伝わる（『今鏡』）。

犬の殺傷処分停止

また『古事談』巻一によれば、ある時、内裏によごれた痩せ犬がいたので、天皇が蔵人にこれを駆除するよう命じたところ、臣下は天皇が犬をすべて憎んでいると思い、京中、さらには諸国の犬まで殺すようになった。しかし、これを聞いた天皇はおおいに驚き、犬の殺傷をやめさせたという。この話は天皇の命令が拡大解釈されて京中や諸国にまで広がり、それだけ天皇の威光が大きかったことを示すものであるが、すぐに犬の殺傷処分を停止させたところに、天皇の情の深さが表れている。

柔軟な性格

こうした情け深い性格とともに、天皇が柔軟な性格を併せ持っていたことを示す話も伝わっている。「延久の善政」の一つに挙げられる受領の重任功停止（『続古事談』巻一）

の政策により、天皇は当初興福寺南円堂の造営に成功を許さないとしていたが、関白藤原教通と藤原氏の公卿が一人残らず退座したので、これを召し返して南円堂再建のための成功を許可したという。ここからは剛毅一辺倒ではなく、天皇の柔軟な性格や態度を読み取るべきであろう。

宣命の辟事を認める

また『続古事談』巻一には次のような話も載せる。ある時天皇が伊勢神宮に宸筆の宣命を奉ろうとして事前に大江匡房に聞かせたところ、そこには「我、位につきてのちに、一事として僻事せず」と書かれてあった。「僻事」とは道理に合わないこと、間違ったことを意味する。匡房はこの「一事として僻事せず」という詞に対して疑問を発したので、天皇は怒ってその理由を尋ねた。すると匡房は、かつて天皇の私情から藤原隆方を超して側近の藤原実政を任官させたことを指摘したので、天皇はこれを認めて宣命を持って内裏に戻ったというものである。この逸話からは、天皇が自分は常に公正で間違ったことはしてこなかったという強い自負を表明する一方で、匡房から「僻事」を指摘され、これをすぐに認める柔軟さや潔さがみてとれる。

人間味あふれる様子

さらに、天皇の人間味あふれる様子を『後拾遺和歌集』巻十八（雑四）に収める次の歌からうかがうことができる。

七月ばかりに若き女房月見に遊びありきけるに、蔵人公俊、新少納言が局に入

りにけりと人々いひあひつゝわらひけるを、九月つごもりがたにうへきこしめして御たゝうがみにかきつけさせ給ひける、

後三条院御製

秋風にあふ言の葉や散りにけむ　その夜の月のもりにけるかな

（七月頃、若い女房が月見に興じ歩いた時に、蔵人高階公俊が新少納言の部屋に入ったよと人々が言い合って笑っていましたのを、九月の終わりに帝がお聞きになって、御懐紙に書き付けになった歌

秋風に吹かれて木の葉が散るように、言葉が散り広まったのであろうか。落葉した木の間からその夜の月光が漏れくるように、〈公俊の〉逢瀬のことが世間にも漏れ知られたことですよ。）

この歌は延久二年か三年のものと思われるが、蔵人高階公俊と新少納言の噂が漏れ、それを聞きつけた後三条天皇が、もう世間も私も知るところとなったよと、からかいと愛情を込めて詠んだものである。ほほえましい内容であり、天皇の人間味あふれる様子が浮かび上がってこよう。

以上みてきたように、天皇の人物像は、よく知られている学識の深さや剛毅さだけではなく、情に厚くて柔軟な考え方を持ち、また人間味のある性格でもあった。すなわち、天皇は君主として求められる決断力と寛容さの両面を備えていたのである。

二　政治のあり方

後三条天皇の新政に画期的な内容が多くみられることは、本書において各章で述べてきた。しかし、それらには前代までの天皇の政策や作法などを継承あるいは発展させた部分があったことに留意しなければならない。

政治課題の継承

たとえば、父後朱雀天皇の時代から大きく問題化した荘園（国免荘）増大への対策や、園城寺戒壇設立をめぐる天台宗山門・寺門両派の対立に関する宗教政策などは、いずれも後三条天皇が父天皇の時代から引き継いだ困難な政治課題である。また平安宮内裏の新造再建も同様である。これらに対して天皇は、延久荘園整理令発令と記録荘園券契所の活動による荘園整理事業の推進、山門・寺門対立の積極的な調停、造内裏役を一国平均役として全国的に課すことなどの施策を実現した。

すなわち、後三条天皇は父後朱雀天皇が十一世紀中期の長久年間頃から国家的に重要な問題として対処してきた諸課題とその対策を継承し、これを延久年間に政策的に発展させ総括したと言えるのである。

儀式の継承

同様のことは儀式における天皇作法の面でもうかがえる。天皇は村上天皇朝の『新儀式』を規範としながら、即位礼や大嘗祭などの臨時儀式における天皇の所作では、直接的にはやはり父後朱雀天皇の作法に拠った。これは天皇として父の所作を尊重した結果であり、摂関政治や天皇親政といった政治形態とは別に、儀式における天皇の主導性を確立しようとする意図から行われたものであろう。

財政政策の継承

また財政政策に関しても、沽価法については花山朝の規定を、宣旨枡については一条朝の斗升法を参考にして、それぞれ新たに制定したものであった。荘園整理令と同じく、前代までに行われた政策を核として、それをより有効な形に改めて制度化していったのである。

摂関家との協調

さらに、対摂関家の問題においても、天皇が摂関家を特に抑圧するということはなく、むしろ天皇を中心とする王権の中に摂関家を取り込み、摂関家との協調を図るという姿勢をみせたことに注目すべきである。これもやはり前代までの摂関家への対応を継承したものと言える。

たとえば後三条天皇は、藤原頼通の息子藤原師実との協調的関係を維持するため、師実の養女藤原賢子を皇太子貞仁親王に入宮させることとした。ただし、その時期が実仁親王誕生後まもない時であったところに、天皇の深い思慮が感じられる。

政策の独自性

一方、後三条朝に行われた政策には独自性も多くみられる。それらは現実的で実効性を伴う制度を新たに作る形で展開され、荘園整理事業では諸荘園のデータ集積や記録荘園券契所の新設、大垣修造では修理左右宮城使の創設、量制の統一では新たな宣旨枡の制定、宗教政策では石清水八幡宮放生会の公祭化や円宗寺の建立などとして結実した。

またそれらの新たな制度や組織を十分に機能させるため、藤原氏の公卿以外に、源隆俊などの源氏や大江匡房・藤原実政ら有能な中下級官人を積極的に登用していった。天皇の政治の特質は、こうした新たな制度の創設とそれを活かす人事面での采配に顕著に表れているのである。

御前定の実施

さらに政務運営の面でも新たな動きがあり、即位直後の内裏に関する議定では、参集したすべての公卿ではなく、三人の大臣だけを御前に呼び、方針を決定した。こうした定のあり方は一部の公卿から「奇怪もっとも甚し」（『帥記』治暦四年〈一〇六八〉十二月二十日条）という批判も受けたが、御前定は天皇が直接に定に臨んで裁定を下す方式であり、天皇が政務で主導性を発揮するには適していた。後三条天皇がこうして御前定を実施して以降、陣定と並行して堀河天皇親政期の頃までしばしば行われるようになった。

天皇権威の復活と強化

以上のように、後三条天皇は、政策の実現や政務の運営において独自性や主導性を発揮しながら進めてきた。こうした政治の方針や手法があったからこそ、摂関家の上に立つ天皇の高い権威が復活し、強化されたのである。

前代の政策を継承すること、あるいは独自性の高い新たな政策を打ち出すこと、いずれであっても、天皇は御前定や陣定を経た上で関白・左右大臣や他の公卿らの意見を聞きながら政策を決定していった。しかし、皇位継承に関わる問題に限っては、もっぱら天皇の意志によって行われた。それは天皇譲位に際し、女御源基子を生母とする実仁親王をわずか二歳で次の皇太子に立てたことである。後三条天皇は、今後も皇位継承の場面においては摂関家の影響を排し、天皇家が皇位継承決定権を確保する体制を築こうとしたのである。

皇位継承問題は天皇の意志

天皇が画いた皇位継承構想は、白河天皇のあとに実仁親王系の皇統を打ち立てることであった。しかし、実仁親王が即位前に薨去したため、その後、一定の期間を空けて白河天皇は自身の皇子善仁親王を皇位に即けた。白河天皇としても父後三条天皇が異母弟実仁親王を皇太子とした意図は十分に理解できたであろうが、やはり自分の子孫に皇統を継がせることを選択したのであった。

皇位継承構想の行方

こうして後三条天皇による皇位継承構想は実現することはなかったが、白河上皇のもとで、天皇家が自立的に皇位継承者を決定する方式は受け継がれていくのである。

後三条天皇は、生来持ち合わせた君主としてのすぐれた資質と、摂関外戚体制から解放されたことにより、即位後に国政の主導権を摂関家から天皇の手中に収めることがで

後三条朝の歴史的意義

きた。そのため、在位が五年に満たない短期間でありながら、次々と新たな政策を打ち出していき、造宮事業・荘園整理事業をはじめ多方面で大きな事蹟を残した。そしてこのような天皇主導の政治のあり方は、後三条天皇の親政だけにとどまらず、次代の白河天皇の親政にも継承され、それは白河上皇以後の院政へと発展していくことにもなるのである。ここに後三条朝の最大の歴史的意義が存するであろう。

古代から中世へ移行する過渡期において、後三条天皇は、平安宮の再建、荘園整理の推進、国家財政の再編、円宗寺の創建、東北地域の新たな支配等さまざまな政策を実現したが、これらを通じ、諸国はもとより、武家として成長しつつあった源氏や、東大寺・延暦寺・石清水八幡宮などの大寺社の上に立ち、高い次元から国家の統治を行うことを可能としたのである。

中世は荘園制が地域社会に広がり、公家・武家とともに大寺社も勢力を拡大していく時代である。そうした中で国政上は院政という政治形態が主流となる。そしてその端緒が後三条天皇の政治に存在するのである。したがって、その意味からすれば、中世の国家や社会の基盤は後三条天皇によって形成されたという評価が成り立つであろう。

藤原隆方の如意宝珠献上の夢

『百練抄』延久四年（一〇七二）十月二十六日条に権左中弁藤原隆方の日記「但記」を引き、隆方の夢想のこととして、後三条天皇が宇治に行幸し、藤原頼通が天皇に如意宝珠（意の如く願いがかなうという不思議な宝の玉）を献上したことを記す。

如意宝珠は鶏卵の形をした大きな黒水精（黒色の水晶）であったとされ、玉体安穏や皇統存続をもたらす宝物と言われるため、天皇はことに感じ入ったという。

実際にはなかった天皇の宇治行幸と頼通の如意宝珠献上の意味は、隆方という一官人の夢想において、天皇と頼通の双方が過去の確執を越えて和解し、王権が摂関家から天皇家へ委譲されたことを示しているとみることができる（横内裕人「宇治と王権」）。

この時、藤原隆方の夢想に現れた宇治における藤原頼通の如意宝珠献上の話は、後三条天皇以降の天皇家にとって、夢ではなく、現実のものとなっていくのである。

略系図

加藤二〇〇二をもとに作成。
縦の═は養子関係を示す。＊は同一人物を表す。

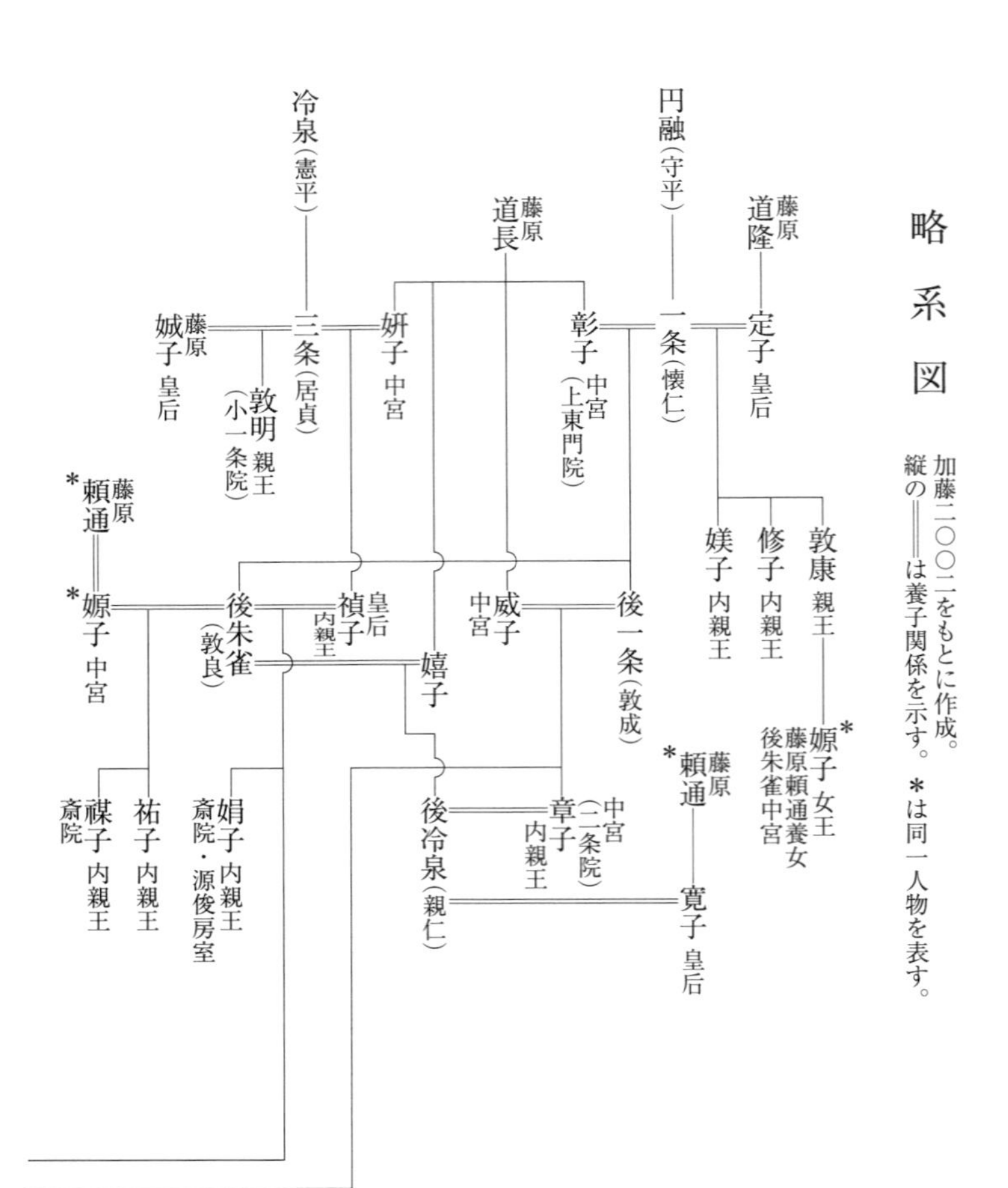

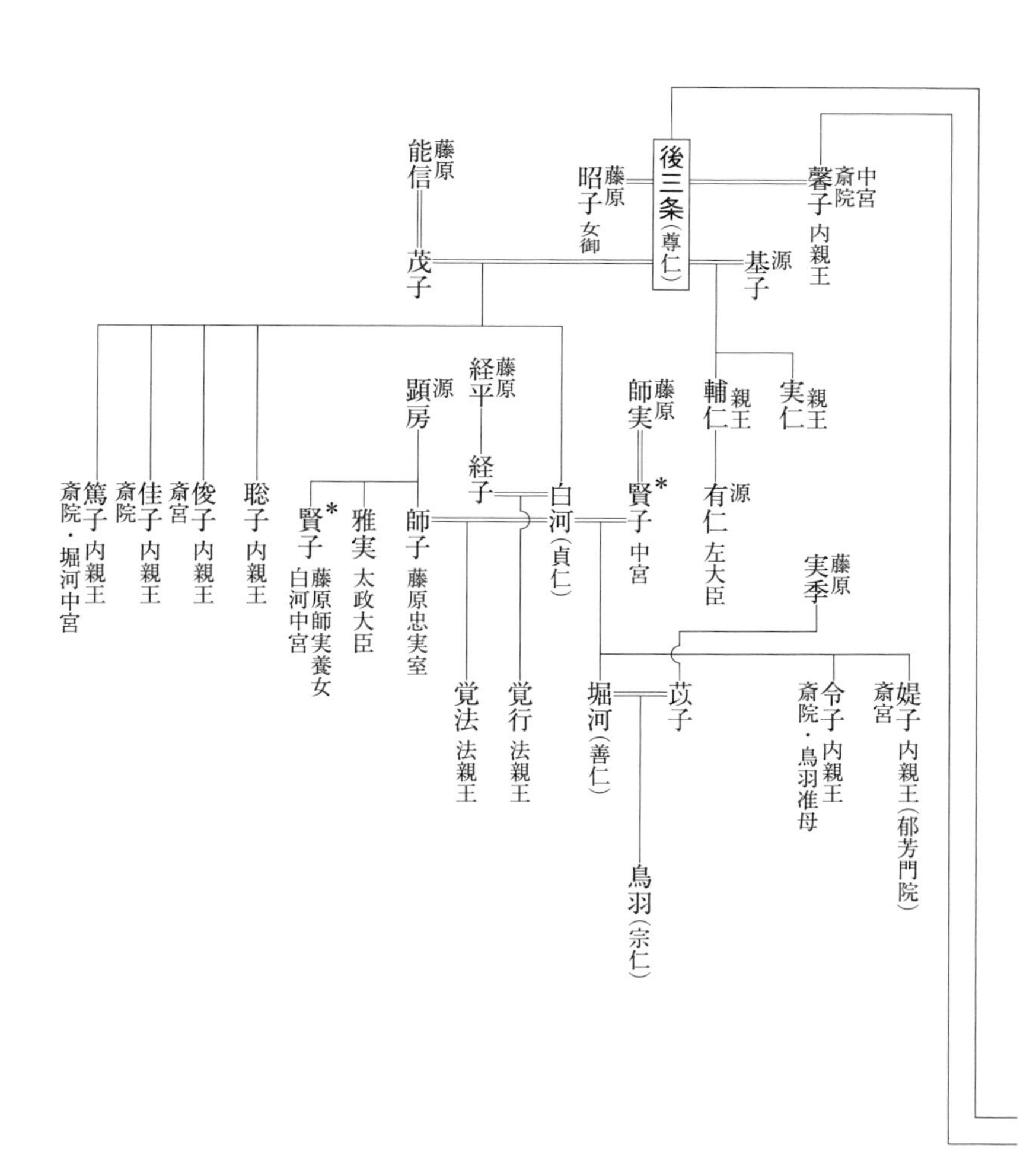
後三条（尊仁）
藤原 昭子 女御
中宮 斎院 馨子 内親王
藤原 能信
茂子
源 基子
輔仁 親王
実仁 親王
源 有仁 左大臣
藤原 師実
賢子* 中宮
白河（貞仁）
藤原 経平
経子
源 顕房
師子 藤原忠実室
雅実 太政大臣
賢子* 藤原師実養女 白河中宮
聡子 内親王
俊子 内親王 斎宮
佳子 内親王 斎院
篤子 内親王 斎院・堀河中宮
覚行 法親王
覚法 法親王
藤原 実季
苡子
堀河（善仁）
令子 内親王 斎院・鳥羽准母
媞子 内親王（郁芳門院） 斎宮
鳥羽（宗仁）

略年譜

年次	西暦	年齢	事蹟	参考事項
長元 七	一〇三四	一	七月十八日、春宮亮源行任第において誕生○二十四日、産養、七夜の儀○九月十三日、五十日の儀○十月二十九日、百日の儀	八月九日、大風により内裏・宮城の殿舎多数倒壊○十月十七日、円教寺御堂を再建供養
八	一〇三五	二		四月二十七日、母禎子内親王、内裏の犯土を避けるため、権大納言藤原能信の閑院に遷御
九	一〇三六	三	十二月二十二日、親王宣下。名を「尊仁」と賜る	四月十七日、後一条天皇、清涼殿にて崩御○同日、後朱雀天皇践祚○七月十日、後朱雀天皇即位礼
長暦 元	一〇三七	四		正月七日、嫄子女王（頼通養女）が後朱雀天皇に入内○二月十三日、禎子内親王立后、後朱雀天皇の中宮となる○三月一日、中宮禎子内親王が皇后宮、女御嫄子が中宮となる
二	一〇三八	五	十一月二十五日、内裏麗景殿において着袴の儀を	十二月十三日、内侍所御神楽を毎年

年号	年	西暦	年齢	事項	一般事項
	三	一〇三九	六	行う。父後朱雀天皇が臨御し腰を結ぶ	恒例とする 六月二十七日、平安宮内裏焼亡。後朱雀天皇は朝所に遷御○七月十三日、天皇、京極院に遷幸○八月二十八日、中宮嫄子、御産により崩御○この年、園城寺の戒壇設立につき公卿議定
長久	元	一〇四〇	七	十二月十七日、初めて父後朱雀天皇に拝覲	六月三日、長久荘園整理令発令○九月九日、里内裏京極院焼亡。神鏡焼損
	二	一〇四一	八		五月十四日、園城寺の戒壇設立の可否を諸宗に問うも延暦寺のみ反対する○十二月十九日、後朱雀天皇、京極院より新造内裏に遷幸
	三	一〇四二	九	十一月五日、読書始の儀	十二月八日、平安宮内裏焼亡。後朱雀天皇、太政官朝所に遷御
	四	一〇四三	一〇		正月元日、節会以下を太政官庁において行う。正庁を以て紫宸殿に擬す
寛徳	元	一〇四四	一一		正月～六月、疾疫流行
	二	一〇四五	一二	正月十六日、父後朱雀天皇の皇太子親仁親王への譲位により皇太子（皇太弟）となる。坊官除目あり。権大納言藤原能信が春宮大夫を、参議藤原資	正月十六日、後冷泉天皇践祚○十八日、後朱雀上皇落飾、同日崩御○四月八日、後冷泉天皇即位礼○七月二

年号	西暦	年齢	事項	一般事項
			房が春宮権大夫を兼任○同日、左中弁文章博士平定親、東宮学士となる○四月二十六日、右近衛中将源資綱が春宮権亮を兼任	十一日、皇后禎子内親王が出家○十月二十一日、寛徳荘園整理令発令
永承　元	一〇四六	一三	十一月二十二日、閑院より内裏の昭陽舎に入御。昭陽舎へ移る際に壺切御剣が先行○二十七日、内大臣藤原教通を東宮傅に任じる○十二月十九日、東宮元服。加冠は内大臣藤原教通、理髪は権中納言源隆国○二十一日、権大納言兼春宮大夫藤原能信の養女藤原茂子が東宮に入る	二月二十八日、太政官朝所焼亡○十月八日、後冷泉天皇、二条殿より新造内裏に遷御○十二月二十四日、興福寺金堂・講堂等焼亡
二	一〇四七	一四		七月十八日、興福寺上棟
三	一〇四八	一五	六月二十七日、病悩（瘡病）により東宮にて大般若経を転読させる○十一月二日、平安宮内裏焼亡により閑院に移る	三月二日、興福寺再建供養○十一月二日、内裏焼亡。後冷泉天皇は朝所に遷御
四	一〇四九	一六	六月二十三日、東宮御所閑院焼亡	二月十八日、興福寺北円堂等焼亡
五	一〇五〇	一七	十一月二十五日、大内記藤原実政、東宮学士を兼任○この年、聡子内親王誕生（母は藤原茂子）	三月十五日、藤原頼通が法成寺新堂を供養
六	一〇五一	一八	十一月八日、後一条天皇皇女馨子内親王、皇太子妃として東宮に入る	二月十三日、禎子内親王を皇太后とし、女御藤原寛子を皇后宮とする○この年、前九年合戦が始まる
七	一〇五二	一九	八月二十日、東宮御所（藤原能長の三条第か）に小火事あるも撲滅して大事に至らず	三月二十八日、藤原頼通、宇治別業を寺とし平等院と号する○この年、

年号	西暦	年齢	事項	一般事項
天喜元	一〇五三	二〇	六月十九日、貞仁親王誕生（母は藤原茂子）○十一月六日、東宮御所三条第（藤原能長第）焼亡	疫病流行。末法の時代に入る 三月四日、藤原頼通、平等院内に阿弥陀堂（鳳凰堂）を落慶供養
二	一〇五四	二一		正月八日、里内裏高陽院焼亡○十二月八日、里内裏京極院焼亡
三	一〇五五	二二		二月十七日、興福寺の講堂・僧房等焼亡○三月十三日、天喜荘園整理令発令○十月二十五日、円乗寺落慶供養
四	一〇五六	二三	この年、俊子内親王誕生（母は藤原茂子）	十二月二十九日、征夷のため源頼義を陸奥守に再任
五	一〇五七	二四	この年、佳子内親王誕生（母は藤原茂子）	四月十四日、大極殿の鴟尾が地に堕ちて破損○十一月、源頼義、安倍貞任と戦い大敗する
康平元	一〇五八	二五		二月二十三日、法成寺の金堂以下全焼○二十六日、新造未使用の内裏と中和院・八省院・大極殿・東西楼等が焼亡
二	一〇五九	二六	正月八日、里内裏一条院焼亡により壺切御剣焼失○十月十二日、法成寺無量寿院供養により誦経	十月十二日、法成寺阿弥陀堂・五大堂再建供養
三	一〇六〇	二七	この年、篤子内親王誕生（母は藤原茂子）○この	五月四日、興福寺金堂等焼亡。東金

年号	西暦	年齢	事項	参考事項
			年、皇太子尊仁親王の令旨により僧成尊が『真言付法纂要抄』（『小野纂要』）を撰述	堂と南円堂は免れる
康平四	一〇六一	二八	七月二十一日、法成寺東北院供養により諷誦	十月、平等院の塔を造立供養
五	一〇六二	二九	五月二十二日、後冷泉天皇が高陽院にて競馬御覧、皇太子も侍す○六月二十二日、皇太子妃藤原茂子没○九月五日、王子某誕生（母は馨子内親王）するも夭折	六月二十七日、興福寺上棟○九月十七日、源頼義が厨川柵を攻略し安倍貞任を討つ。後日、安倍宗任らが投降し、前九年合戦が終わる
六	一〇六三	三〇	三月一日、御燈のため神祇官に吉凶を占卜させる○六月十日、神祇官に七月より十二月に至る運気を占卜させる○十一月、式部少輔兼文章博士藤原明衡を東宮学士兼任とする	二月二十七日、安倍貞任追討の功により源頼義を伊予守、源義家を出羽守、清原武則を鎮守府将軍に任官○三月二十二日、豊楽院焼亡○六月二十一日、造八省行事所始
七	一〇六四	三一	三月四日、東宮学士藤原実政が甲斐守を兼ね、これに送別の詩を賜う	七月二十三日、大極殿造営の国宛を定める
治暦元	一〇六五	三二	三月二十二日、母皇太后禎子内親王の令旨にて米三百斛を延暦寺中堂に寄進し皇太子の厄運を祈らせる○八月十三日、病悩につき、皇太后の令旨により性信に孔雀経法を修させ平癒を祈らせる○十二月十日、陰陽寮が皇太子の明年の方忌を勘申	二月三日、右大臣藤原頼宗没○九日、権大納言藤原能信没○十月十八日、法成寺の金堂・薬師堂・観音堂を再建供養○十二月九日、貞仁親王元服
二	一〇六六	三三	七月二日、故右大臣藤原頼宗の女昭子が皇太子の宮に入る	十月十八日、藤原明衡没

三	一〇六七	三四	二月六日、式部少丞大江匡房を東宮学士に兼任させる○八月十三日、御悩により、性信に孔雀経法を修させ平癒を祈らせる	二月二十五日、興福寺金堂・講堂・東金堂など再建供養○三月十三日、造大極殿行事所始○十月五日、後冷泉天皇が平等院に行幸○十二月五日、藤原頼通関白を辞任。勅により頼通に政事諮詢が命じられる
四	一〇六八	三五	四月十九日、後冷泉天皇崩御により、閑院にて践祚。左大臣藤原教通を旧のごとく関白とする○三十日、神鏡を閑院東廊に遷す○五月五日、後冷泉天皇を葬送○同日、先帝に後冷泉院の追号を奉る○六月二十一日、神祇官に行幸、伊勢奉幣使を発し即位の由を奉告○二十六日、閑院より故権大納言藤原長家の三条大宮第に遷幸○七月十九日、高御座を太政官庁に安置○二十一日、太政官庁において即位礼を行う○八月二日、造大極殿事始○同日、大嘗会国郡卜定○三日、伊勢神宮以下九社に奉幣使を発遣○十二日、山階陵以下九陵に勅使を発遣し即位の由を奉告○十四日、大極殿木造始○同日、皇子貞仁を親王、皇女聡子・俊子・佳子・篤子を内親王とする○九月四日、大宮第より関白藤原教通の二条殿に遷幸○十月十日、大極殿の立	四月十七日、皇太后禎子内親王を太皇太后、中宮章子内親王を皇太后、皇后藤原寛子を中宮、女御藤原歓子を皇后宮とする○同日、左大臣藤原教通が関白に補任される○十月二十三日、宋商人孫告らについて議し、帰国させることを定める

延久 元 一〇六九 三六

柱・上棟○二十五日、太政官朝所に遷幸○二十八日、鴨川にて大嘗会御禊○十一月二十二日、大嘗祭を行う○二十三日、辰日節会○二十四日、巳日節会○二十五日、豊明節会○二十六日、二条殿に還幸○十二月十一日、里内裏二条殿焼亡により閑院に遷幸。累代の御物等焼失○二十八日、閑院より三条大宮第に遷御

二月十日、梁年により今年の内裏造営を停止○二十二日、延久荘園整理令（二月令）発令○三月十五日、石清水八幡宮に行幸。翌日還幸○二十三日、延久荘園整理令（三月令）発令○四月七日、去年焼損の内印を鋳造○十三日、延久と改元○十四日、大極殿瓦葺始○二十八日、皇子貞仁親王を皇太子とする○五月、前九年合戦における源頼義の征夷顕彰のため石清水八幡宮で大般若経供養を行う○六月七日、諸司の損色や納物数・累代相伝物などを注申させる○十九日、八省院の蒼龍楼・白虎楼など上棟○二十一日、三条大宮第より高陽院に遷幸○七月三日、皇太后章子内親王を太皇太后、中宮寛子を皇太后、女御馨子内親王を皇后（中宮）とする○十八日、内膳司の饌、諸国の御厨子・御

二月九日、皇女俊子内親王を斎宮に卜定○十七日、太皇太后禎子内親王が女院（陽明門院）となる○四月四日、先朝に進上を行った宋人廬範に物を給い廻却とする○五月二十九日、藤原頼通が平等院にて初めて一切経会を行う○八月十三日、関白左大臣藤原教通、上表して左大臣を辞す。関白は旧のごとし○十五日、石清水放生会○二十二日、右大臣藤原師実が左大臣、内大臣源師房が右大臣、大納言藤原信長が内大臣に任じられる○九月七日、大風により東寺の灌頂堂・護摩堂が顚倒。京・諸国の屋

贄の貢進を停止○二十二日、御厨子所預に精進御菜を供進させる○八月九日、賀茂社に行幸○十六日、陽明門院に朝覲のため閑院に行幸○十月十一日、八十島祭使を立つ○閏十月十一日、初めて記録荘園券契所を太政官朝所に設置○十一月八日、神祇官に行幸し伊勢公卿勅使を発遣○十二月二十日、一代一度仁王会を行う

舎も倒壊する○この月、東寺の講堂の修理完成○十月二十八日、皇女佳子内親王を斎院に卜定

二　一〇七〇　三七

二月七日、絹布の品質を公定○十四日、近江国筑摩御厨を廃して今年の日次の御贄を停め、高砂御厨の貢魚を禁じて菜蔬を進上させる○二十日、記録所勘奏に基づき感神院に山城国愛宕郡四至内の田畠を領掌させる○二十六日、閑院に行幸し陽明門院に朝覲○三月十一日、新造内裏事始○四月、石清水八幡宮の正殿を修理○五月五日、大極殿の鴟尾に木を用うべき由を宣下○六月二十九日、諸卿に園城寺戒壇の事を定めさせ、諸宗に園城寺戒壇設立のことを勘申させる○八月十五日、石清水八幡宮放生会を公祭化。前日上卿以下を発遣し、諸儀を行幸の儀に準じる○二十二日、春日社に行幸○十一月十六日、神祇官に行幸し新嘗祭を行う○二十八日、平野・北野両社に行幸○十二月十七

正月十一日、成尋が入宋巡礼のことを申請○三月二十三日、関白藤原教通を太政大臣に任じる○春から夏頃、綸旨により陸奥守源頼俊と奥六郡主清原貞衡が荒夷・山徒を征討（延久蝦夷合戦）○八月一日、下野守源義家より陸奥国の印鑰を奪った藤原基通を捕えたことを報告○十月十四日、祇園社感神院の大回廊・舞殿・鐘楼等焼亡○十二月七日、外交につき陣定を行う○三十日、先に陸奥の印鑰を奪った藤原基通を下野守源義家が捕獲し、この日参上のことを奏する

年号	西暦	年齢	天皇事績	関連事項
延久 三	一〇七一	三八	日、四条殿に遷幸○二十六日、円明寺（円宗寺）に行幸し、金堂・講堂・法華堂の落慶供養を行う二月十日、第二皇子実仁親王誕生（母は源基子）○三月五日、内裏立柱上棟○二十二日、大原野社に行幸○二十六日、松尾社に行幸○二十七日、初めて修理左右宮城使を置く○同日、源基子を女御となす○四月九日、石清水八幡宮修造始○五月六日、河内国内の醍醐寺領に造宮米（造内裏料）を課すことを停止○十九日、全国の社寺領の本免田に造宮料物（造内裏料）を課すことを停止○六月三日、円明寺を円宗寺と改称○二十九日、円宗寺に行幸し常行堂・灌頂堂の落慶供養を行う○七月十九日、新造内裏において安鎮法を修す○八月二十八日、新造内裏が完成し遷幸○十月五日、紫宸殿に出御して万機を親裁する○二十九日、初めて日吉社に行幸○十二月六日、清涼殿において詩宴を催す○十五日、内侍所御神楽に出御	正月八日、円明寺（円宗寺）金堂で修正会始○二月二日、成尋が入宋のため、京を出て大宰府に赴く○三月九日、左大臣藤原師実の養女賢子（実父は源顕房）を皇太子妃とする○十二日、藤原頼通八十歳の算賀を行う○八月二十五日、祇園社遷宮○二十七日、陣定において陸奥犯人藤原基通のことを定める○十二月、東寺の経蔵につき官使に損色を注進させ、応急修理を行う
四	一〇七二	三九	三月三日、円宗寺最勝会を行うべき由の議あるも、この日御燈により延引○二十六日、初めて稲荷社と祇園社に行幸○四月三日、大極殿が落成○十五日、大極殿に出御して群臣に宴を賜う○二十三日、	正月二十九日、藤原頼通が出家する○三月十五日、成尋、肥前国松浦郡壁島から宋へ向け出航する○五月二十六日、実仁親王、疱瘡により閑院

年号	西暦	年齢	事蹟	参考事項
			日吉祭を公祭化する○六月十一日、神今食により中和院に行幸○十六日、宋国の貢物を覧る○八月十日、沽価法を定める○九月五日、記録荘園券契所の勘奏に基づき石清水八幡宮護国寺領荘園の認可と停止を定める○二十九日、量制を定める（延久の宣旨枡）○十月二十五日、円宗寺に行幸し、初めて法華会を行う○十一月二十二日、新嘗祭○二十九日、延暦寺・園城寺・東寺に御願寺を各一宇建立し、寺別に阿闍梨三人を寄せることとする○十二月一日、女御源基子を准三宮となす○八日、皇太子貞仁親王に譲位○同日、実仁親王を皇太子とする○十二日、太上天皇の尊号宣下○十六日、関白藤原教通の二条殿に皇太子とともに遷御○二十一日、院庁始○二十五日、院司を補任	にて御祈を修する○六月以降、疱瘡流行○九月頃、疱瘡流行○十二月八日、白河天皇践祚○二十九日、白河天皇、新造の大極殿にて即位礼を行う○三十日、斎宮俊子内親王、父の譲位により退下する
五	一〇七三	四〇	正月一日、院拝礼○八日、陽明門院御所に御幸し拝観○十一日、院庁別当藤原公基の六条第に方違御幸○十九日、第三皇子輔仁親王誕生（母は源基子）○二十三日、院蔵人所始○二月二日、石清水八幡宮に奉幣し、病気の平癒を祈願○十九日、円宗寺最勝会○二十日、この日より石清水八幡宮・住吉社・四天王寺に御幸。陽明門院・聡子内親王	正月八日、円宗寺修正会始○四月二十一日、皇后馨子内親王が出家○五月六日、白河天皇、生母故藤原茂子に皇太后、外祖父故藤原能信に太政大臣正一位、外祖母故藤原祉子に正一位を追贈○七日、皇女聡子内親王・女御源基子が出家○この月、源俊賢

			を同伴○二十七日、京に還幸○この月、性信親王に孔雀経法を修させる○三月十八日、病気平癒祈願により天下に大赦○四月七日、但馬守源高房の大炊御門殿に遷御○二十一日、落飾。法名を金剛行という○二十七日、園城寺の新羅明神に奉幣し、病気平癒を祈願○三十日、病気重篤のため白河天皇の行幸を受ける○この月、天台座主勝範に七仏薬師法を修させる○五月一日、院御所において五百僧に法華経千部を転読させる○七日、大炊御門殿において崩御○十七日、葬送。神楽岡南原にて火葬し、遺骨を禅林寺に安置する	女の『成尋阿闍利母集』が成る○九月十六日、白河天皇、豊楽院造営により頼通の高倉殿に遷幸○十月、在宋僧成尋が弟子に託し、新訳経三百余巻等を朝廷に献上○十一月五日、豊楽院の木作始を行う（しかし豊楽院の再建は実現せず廃絶する）
承保 元	一〇七四			二月二日、藤原頼通没○十月三日、上東門院崩御
二	一〇七五			九月二十五日、藤原教通没
三	一〇七六		六月十三日、後三条天皇御願寺の延暦寺金剛寿院の落慶供養	
永保 二	一〇八二		二月十九日、円宗寺において最勝会を行う（以後、例となる）	七月二十九日、平安宮内裏焼亡（延久度再建の内裏が焼亡）
応徳 二	一〇八五			十一月八日、皇太子実仁親王薨去（十五歳）

参考文献

一　引用・参考文献

阿部猛『律令国家解体過程の研究』新生社　一九六六年

阿部友博「儀式からみた後三条朝の特質」（『日本歴史』八六九）二〇二〇年

網野善彦『日本中世の非農業民と天皇』岩波書店　一九八四年

伊井春樹『成尋の入宋とその生涯』吉川弘文館　一九九六年

飯倉晴武・田島公編『新訂増補 弁官補任 第一』八木書店　二〇二〇年

池田陽平「天台座主の任命原則と園城寺戒壇問題（Ⅱ）」（『政治経済史学』五三六）二〇一一年

石井進「院政時代」（歴史学研究会・日本史研究会編『講座日本史二』東京大学出版会　一九七〇年

石井進「後三条天皇の登場」（『日本歴史大系1　原始・古代』）山川出版社　一九八四年

市田弘昭「平安後期の荘園整理令」（『史学研究』一五三）一九八一年

伊東玉美『院政期説話集の研究』武蔵野書院　一九九六年

犬養廉・平野由紀子・いさら会　『後拾遺和歌集新釈　下巻』　笠間書院　一九九七年
今川文雄校訂　『玉蘂』　思文閣出版　一九八四年
上　島　享　『日本中世社会の形成と王権』　名古屋大学出版会　二〇一〇年
上　原　真　人　「院政期平安宮―瓦からみた―」
（高橋昌明編『院政期の内裏・大内裏と院御所』）　文理閣　二〇〇六年
遠　藤　基　郎　『中世王権と王朝儀礼』　東京大学出版会　二〇〇八年
遠　藤　基　郎　「後三条・白河院の年中行事書」（田島公編『禁裏・公家文庫研究』五）
思文閣出版　二〇一五年
遠　藤　基　郎　「天皇作法をめぐる確執と協調」（遠藤基郎編『生活と文化の歴史学2
年中行事・神事・仏事』）　竹林舎　二〇一三年
遠　藤　基　郎　「後三条天皇」（樋口健太郎・栗山圭子編『平安時代天皇列伝』）
戎光祥出版　二〇二三年
大　津　透　『律令国家支配構造の研究』　岩波書店　一九九三年
岡　田　荘　司　「神社行幸の成立」（『平安時代の国家と祭祀』）　続群書類従完成会　一九九四年
岡　田　荘　司　「石清水放生会の公祭化」（『平安時代の国家と祭祀』）
続群書類従完成会　一九九四年
小　川　剛　生　「即位灌頂と摂関家」（『二条良基研究』）　笠間書院　二〇〇五年

奥田静代「後三条天皇と護持僧・成尊―後三条天皇即位譚をめぐって―」（『国文論叢』三三）二〇〇三年
長田圭介「後三条天皇と摂関家」（『皇學館論叢』四三―五）二〇一〇年
小葉田淳『日本の貨幣』至文堂　一九五八年
小山田義夫『一国平均役と中世社会』岩田書院　二〇〇八年
勝山清次「便補保の成立について―「納官済物」納入制度の変遷―」（『中世年貢制成立史の研究』塙書房　一九九五年
加藤友康「摂関政治と王朝文化」（加藤友康編『日本の時代史6　摂関政治と王朝文化』）吉川弘文館　二〇〇二年
鎌倉佐保「荘園整理令と中世荘園の成立」（『日本中世荘園制成立史論』）塙書房　二〇〇九年
上川通夫『日本中世仏教形成史論』校倉書房　二〇〇七年
河北騰『今鏡全注釈』笠間書院　二〇一三年
川口久雄『大江匡房』（人物叢書）吉川弘文館　一九六八年
菅真城「北京三会の成立」（『史学研究』二〇六）一九九四年
菊池紳一「尊経閣文庫所蔵「為房卿記」逸文について」（『加賀前田家と尊経閣文庫』）勉誠出版　二〇一六年

木本好信編『江記逸文集成』　国書刊行会　一九八五年
京都市埋蔵文化財研究所『平安京跡発掘調査概報　昭和六〇年度』　一九八六年
京都市埋蔵文化財研究所『昭和六一年度　京都市埋蔵文化財調査概要』　一九八九年
京都市埋蔵文化財研究所『教王護国寺旧境内（東寺旧境内）』　二〇〇九年
宮内庁書陵部編『皇室制度史料　太上天皇二』　吉川弘文館　一九七八年
宮内庁書陵部編『皇室制度史料　儀制　成年式三』　宮内庁　二〇一三年
宮内庁書陵部編『皇室制度史料　儀制　大嘗祭一』　宮内庁　二〇二一年
栗山圭子「篤子内親王論」（『中世王家の成立と院政』）　吉川弘文館　二〇一二年
黒羽亮太「〈円成寺陵〉の歴史的位置」（『史林』九六―一）　二〇一三年
黒羽亮太「観隆寺陵」（『日本歴史』七九九）　二〇一四年
小泉袈裟勝『ものと人間の文化史36　枡』　法政大学出版局　一九八〇年
皇學館大学神道研究所編『訓読註釈　儀式　践祚大嘗祭儀』　思文閣出版　二〇一二年
皇室制度調査室「皇室制度史料編纂ノート（二）」（『書陵部紀要』七五）　二〇二四年
河内祥輔「後三条・白河「院政」の一考察」（『日本中世の朝廷・幕府体制』）　吉川弘文館　二〇〇七年
河野房雄『平安末期政治史研究』　東京堂出版　一九七九年
小島明子「『今鏡』後三条紀の叙述意識」

（加藤静子・桜井宏徳編『王朝歴史物語史の構想と展望』）新典社 二〇一五年
斎木涼子「神仏習合と仏教的天皇像」（『平安時代の宗教儀礼と天皇』）塙書房 二〇二四年
斉藤利男『平泉 北方王国の夢』講談社 二〇一四年
坂本賞三『藤原頼道の時代』平凡社 一九九一年
坂本賞三「勅旨田に関する諸問題」（『国立歴史民俗博物館研究報告』四八） 一九九三年
櫻井秀「後三条帝の御生涯と御性格」（『綜合日本史大系 第四巻 平安朝下』）内外書籍 一九二六年
櫻井敏雄「伽藍に於ける常行堂・法華堂の位置」（『すみのえ』二〇一・二〇二） 一九九一年
佐古愛己「『除秘鈔』にみる後三条天皇と除目小考」（『立命館文学』六七七） 二〇二二年
佐竹昭「古代・中世の中山」（広島市編『中山村史』） 一九九一年
佐藤全敏「奈良・平安時代の贄とその貢納」（『国学院雑誌』一〇九―一一） 二〇〇八年
佐藤亮介「即位山陵使の成立と展開」（『国史学』二二八） 二〇一九年
清水擴『平安時代仏教建築史の研究』中央公論美術出版 一九九二年
下向井龍彦「天永の記録所について」（『史学研究』一九九） 一九九三年
下向井龍彦『平安時代の「起請」について』（科学研究費補助金研究成果報告書） 二〇〇〇年
下向井龍彦『武士の成長と院政』講談社 二〇〇一年

菅　政友「宣旨斗考」(『菅政友全集』)　国書刊行会　一九〇七年
杉田建斗「平安時代中後期の神鏡を巡る祭祀・信仰」(『古代文化』七三―一)　二〇二一年
杉山信三『院家建築の研究』　吉川弘文館　一九八一年
鈴木敏弘「荘園制の成立と荘園整理令」(『中世成立期の荘園と都市』)　東京堂出版　二〇〇五年
鈴木徳男『続詞花和歌集　新註下』　青簡舎　二〇一一年
詫間直樹「一国平均役の成立について」(坂本賞三編『王朝国家国政史の研究』)　吉川弘文館　一九八七年
詫間直樹「延久度造宮事業と後三条親政」(『書陵部紀要』四〇)　一九八九年
詫間直樹「後三条・白河朝における造営事業の特質」(『国際研究集会「御所(宮殿)・邸宅造営関係資料の地脈と新天地」報告集』二)　二〇二一年
詫間直樹「後三条天皇と大嘗宮・太政官庁」(『国際研究集会「御所(宮殿)・邸宅造営関係資料の地脈と新天地」報告集』三)　二〇二二年
田島　公「「公卿学系譜」の研究」(田島公編『禁裏・公家文庫研究』三)　思文閣出版　二〇〇九年
田島　公「尊経閣文庫所蔵『無題号記録』解説」(『尊経閣善本影印集成49　無題号記録　春玉秘抄』)　八木書店　二〇一一年

田島　公「尊経閣文庫所蔵『春玉秘抄』解説」（『尊経閣善本影印集成49　無題号記録
　春玉秘抄』）八木書店　二〇一一年
田島　公「除秘抄」（『明治大学図書館所蔵　三条西家本　除目書』）八木書店　二〇二一年
長　見菜子「藤原実政考」（『古代中世文学論考』三八）新典社　二〇一九年
蔦尾和宏「『今鏡』後三条紀序説─「司召し」を読む─」（『国文論叢』五四）二〇一九年
角田文衞「皇太弟尊仁親王」（古代学協会編『後期摂関時代史の研究』）
　吉川弘文館　一九九〇年
冨島義幸『密教空間史論』法蔵館　二〇〇七年
冨島義幸「塔・曼荼羅・王権─法勝寺八角九重塔と相国寺七重塔の意義をめぐって─」
（長岡龍作編『機能論〈仏教美術論集5〉』）竹林舎　二〇一四年
虎尾俊哉編『訳注日本史料　延喜式　中』集英社　二〇〇七年
奈良国立文化財研究所編『仁和寺史料　寺誌編二』一九六四年
西岡虎之助「後三条天皇の荘園整理政策下の石清水八幡宮宮寺領荘園」
（『荘園史の研究』下巻一）岩波書店　一九五六年
西谷正浩「平安時代における荘園制の展開と土地制度の転換」
（『日本中世の所有構造』）塙書房　二〇〇六年
西本昌弘『日本古代の年中行事書と新史料』吉川弘文館　二〇一二年

野口華世「天皇と結婚した三人の孫内親王」（服藤早苗・高松百香編『藤原道長を創った女たち』）明石書店 二〇二〇年
野口実『源義家』（日本史リブレット人022）山川出版社 二〇一二年
橋本義彦「大炊寮領について」（『平安貴族社会の研究』）吉川弘文館 一九七六年
橋本義彦「貴族政権の政治構造」（『平安貴族』）平凡社 一九八六年
橋本義彦「白河法皇」（『平安の宮廷と貴族』）吉川弘文館 一九九六年
八馬朱代「東三条院と上東門院の石清水八幡宮・住吉社行啓についての試論」（『史叢』七七）二〇〇七年
早川庄八「起請管見」（『日本古代の文書と典籍』）吉川弘文館 一九九七年
伴瀬明美「院政期における後宮の変化とその意義」（『日本史研究』四〇二）一九九六年
樋笠逸人「嘉承二年の『御即位次第』について」（『歴史文化社会論講座紀要』一三）二〇一六年
樋笠逸人「中世の天皇即位と仏教思想」（大江篤編『皇位継承の歴史と儀礼』）臨川書店 二〇二〇年
樋口健太郎「藤原道長の権力継承構想とその展開」（『龍谷大学論集』四九六）二〇二〇年
樋口知志「延久二年合戦について」（『前九年・後三年合戦と奥州藤原氏』）高志書院 二〇一一年

平泉澄『建武中興の本義』至文堂　一九三四年
平岡定海「四円寺の成立について」(『日本寺院史の研究』)吉川弘文館　一九八一年
平林盛得「土右記　延久元年夏」(『書陵部紀要』一二)　一九六〇年
福島正樹「中世成立期の国家と勘会制」(『歴史学研究』五六〇)　一九八六年
服藤早苗『藤原彰子』(人物叢書)吉川弘文館　二〇一九年
福山敏男「大極殿の研究　朝堂院概説」(『住宅建築の研究　福山敏男著作集五』)中央公論美術出版　一九八四年
福山敏男「六勝寺の位置」(『日本建築史研究』)墨水書房　一九六八年
藤本孝一「治暦四年における後三条天皇と藤原頼通」(『中世史料学叢論』)思文閣出版　二〇〇九年
藤本孝一「延久荘園整理令に関する学説批判」(『中世史料学叢論』)思文閣出版　二〇〇九年
宝月圭吾『中世量制史の研究』吉川弘文館　一九六一年
星野公克「太政官厨家料国と便補保」(『史学研究』一八二)　一九八九年
保立道久『平安王朝』(岩波新書)岩波書店　一九九六年
保立道久「中世前期の新制と沽価法」(『歴史学研究』六八七)　一九九六年
槇道雄「延久荘園整理令考」(『院政時代史論集』)続群書類従完成会　一九九三年
槇道雄「後三条政権論」(『院政時代史論集』)続群書類従完成会　一九九三年

松　薗　斉『王朝日記論』　法政大学出版局　二〇〇六年
松村博司『栄花物語全注釈』　角川書店　一九六九～八二年
松本郁代『中世王権と即位灌頂』　森話社　二〇〇五年
松本郁代『天皇の即位儀礼と神仏』　吉川弘文館　二〇一七年
松本公一「後三条天皇と神祇信仰」（『人文科学』一一）　一九九一年
三浦周行「延久の記録所」（『続法制史の研究』）　岩波書店　一九二五年
美川　圭『白河法皇』　日本放送出版協会　二〇〇三年
美川　圭『後三条天皇』（日本史リブレット人021）　山川出版社　二〇一六年
美川　圭『公卿会議』（中公新書）　中央公論新社　二〇一八年
水口幹記『成尋』（人物叢書）　吉川弘文館　二〇二三年
溝口正人「中世即位式の空間構造」（上野邦一・片木篤編『建築史の想像力』）　学芸出版社　一九九六年
水戸部正男『公家新制の研究』　創文社　一九六一年
宮川麻紀「九～十世紀の交易価格と地方社会」（『日本古代の交易と社会』）　吉川弘文館　二〇二〇年
宮川　満「延久の庄園整理について」（『滋賀県立短期大学雑誌B』一）　一九五一年
柳澤良一『新撰朗詠集全注釈』二・三　新典社　二〇一一年

山岸常人「六勝寺の法会の性格」(『中世寺院の僧団・法会・文書』) 東京大学出版会 二〇〇四年
山崎誠『江都督納言願文集注解』 塙書房 二〇一〇年
山下克明『平安貴族社会と具注暦』 臨川書店 二〇一七年
湯之上隆「護持僧の成立と歴史的背景」(『日本中世の政治権力と仏教』) 思文閣出版 二〇〇一年
横井靖仁「石清水八幡宮と中世初期の王権」(遠藤基郎編『生活と文化の歴史学2 年中行事・神事・仏事』) 竹林舎 二〇一三年
横内裕人「宇治と王権」(院政期文化研究会編『院政期文化論集 第三巻 時間と空間』) 森話社 二〇〇三年
吉原浩人「『石清水不断念仏縁起』考―延久二年の後三条天皇・大江匡房と八幡信仰―」(和漢比較文学叢書四『中古文学と漢文学Ⅱ』) 汲古書院 一九八七年
吉村茂樹『院政』 至文堂 一九五八年
米田雄介『歴代天皇の記録』 続群書類従完成会 一九九二年
龍粛「三宮と村上源氏」(『平安時代』) 春秋社 一九六二年
脇田晴子『日本中世商業発達史の研究』 御茶の水書房 一九六九年
和田英松「院政に就いて」(『国史学』一〇) 一九三二年

和田英松『皇室御撰之研究』明治書院　一九三三年
和田律子『藤原頼通の文化世界と更級日記』新典社　二〇〇八年
渡邊　誠『王朝貴族と外交』吉川弘文館　二〇二三年

二　主要史料典拠刊本

『日本紀略』新訂増補国史大系　吉川弘文館
『百錬抄』新訂増補国史大系　吉川弘文館
『扶桑略記』新訂増補国史大系　吉川弘文館
『本朝世紀』新訂増補国史大系　吉川弘文館
『朝野群載』新訂増補国史大系　吉川弘文館
『帝王編年記』新訂増補国史大系　吉川弘文館
『本朝続文粋』新訂増補国史大系　吉川弘文館
『本朝文集』新訂増補国史大系　吉川弘文館
『今鏡』新訂増補国史大系　吉川弘文館
『延喜式』新訂増補国史大系　吉川弘文館
『公卿補任』新訂増補国史大系　吉川弘文館
『元亨釈書』新訂増補国史大系　吉川弘文館

『続左丞抄』　新訂増補国史大系　吉川弘文館
『尊卑分脈』　新訂増補国史大系　吉川弘文館
『御堂関白記』　大日本古記録　岩波書店
『小右記』　大日本古記録　岩波書店
『平記』　大日本古記録　岩波書店
『後二条師通記』　大日本古記録　岩波書店
『中右記』　大日本古記録　岩波書店
『殿暦』　大日本古記録　岩波書店
『愚昧記』　大日本古記録　岩波書店
『民経記』　大日本古記録　岩波書店
『後愚昧記』　大日本古記録　岩波書店
『勘例』　大日本古記録　岩波書店
『左経記』　増補史料大成　臨川書店
『春記』　増補史料大成　臨川書店
『水左記』　増補史料大成　臨戦書店
『師記』　増補史料大成　臨川書店
『長秋記』　増補史料大成　臨川書店

史料	叢書	出版社
『台記』	増補史料大成	臨川書店
『兵範記』	増補史料大成	臨川書店
『吉記』	増補史料大成	臨川書店
『平戸記』	増補史料大成	臨川書店
『参天台五臺山記』	史料纂集	八木書店
『勘仲記』	史料纂集	八木書店
『公衡公記』	史料纂集	続群書類従完成会
『花園天皇宸記』	史料纂集	続群書類従完成会
『園太暦』	史料纂集	続群書類従完成会
『実隆公記』	史料纂集	続群書類従完成会
『師守記』	史料纂集	続群書類従完成会
『江記』	大日本史料	
『為房卿記』	大日本史料	
『御産部類記』	図書寮叢刊	明治書院
『看聞日記』	図書寮叢刊	明治書院
『九条家本玉葉』	図書寮叢刊	明治書院
『九条家歴世記録』	図書寮叢刊	明治書院

『経俊卿記』　図書寮叢刊　明治書院
『平安鎌倉未刊詩集』　図書寮叢刊　明治書院
『内裏儀式・内裏式・儀式・北山抄』　改訂増補故実叢書　明治書院
『内裏式・儀式』　神道大系　神道大系編纂会
『江家次第』　改訂増補故実叢書　明治書院
『江家次第』　神道大系　神道大系編纂会
『一代要記』　続神道大系　神道大系編纂会
『石清水文書』　大日本古文書
『東大寺文書』　大日本古文書
『栄花物語』　日本古典文学大系　岩波書店
『愚管抄』　日本古典文学大系　岩波書店
『古今著聞集』　日本古典文学大系　岩波書店
『古事談・続古事談』　新日本古典文学大系　岩波書店
『江談抄・中外抄・富家語』　新日本古典文学大系　岩波書店
『後拾遺和歌集』　新日本古典文学大系　岩波書店
『詞花和歌集』　新日本古典文学大系　岩波書店
『続古今和歌集』　和歌文学大系　明治書院

『玉葉和歌集』 和歌文学大系　明治書院
『俊頼髄脳』 日本歌学大系　風間書房
『続本朝往生伝』 日本思想大系7　往生伝　法華験記　岩波書店
『禁秘抄』 群書類従　続群書類従完成会
『皇代記』 群書類従　続群書類従完成会
『皇年代略記』 群書類従　続群書類従完成会
『新儀式』 群書類従　続群書類従完成会
『世俗浅深秘抄』 群書類従　続群書類従完成会
『東寺長者補任』 群書類従　続群書類従完成会
『年中行事秘抄』 群書類従　続群書類従完成会
『江都督納言願文集』 続群書類従　続群書類従完成会
『東要記』 続群書類従　続群書類従完成会
『年中行事（後三条院年中行事）』 続群書類従　続群書類従完成会
『法勝寺阿弥陀堂造立日時定記』 続群書類従　続群書類従完成会
『明文抄』 続群書類従　続群書類従完成会
『東宝記』 国宝東宝記原本影印　東京美術
『潤背』 改訂史籍集覧　臨川書店

『阿娑縛抄』　大日本仏教全書　名著普及会
『造興福寺記』　大日本仏教全書　名著普及会
『寺門伝記補録』　大日本仏教全書　名著普及会
『後三条天皇実録』　天皇皇族実録　ゆまに書房

著者略歴

一九五九年　香川県生まれ
一九八四年　広島大学大学院文学研究科博士課程前期修了
宮内庁書陵部編修課長、同庁京都事務所長等を歴任

主要編著書

『陰陽道関係史料』（共編著、汲古書院、二〇〇一年）
『京都御所造営録』一～五（編著、中央公論美術出版、二〇一〇～一五年）
『新皇居行幸年表』（編著、八木書店、二〇二二年）

人物叢書　新装版

後三条天皇

二〇二五年（令和七）三月一日　第一版第一刷発行

著　者　詫間直樹（たくまなおき）
編集者　日本歴史学会
代表者　藤田　覚
発行者　吉川道郎
発行所　株式会社　吉川弘文館
東京都文京区本郷七丁目二番八号
郵便番号一一三―〇〇三三
電話〇三―三八一三―九一五一〈代表〉
振替口座〇〇一〇〇―五―二四四
https://www.yoshikawa-k.co.jp/
印刷＝株式会社 平文社
製本＝ナショナル製本協同組合

© Takuma Naoki 2025. Printed in Japan
ISBN978-4-642-05320-4

JCOPY 〈出版者著作権管理機構　委託出版物〉
本書の無断複写は著作権法上での例外を除き禁じられています．複写される場合は，そのつど事前に，出版者著作権管理機構（電話 03-5244-5088，FAX 03-5244-5089，e-mail：info@jcopy.or.jp）の許諾を得てください．

『人物叢書』(新装版)刊行のことば

人物叢書は、個人が埋没された歴史書が盛行した時代に、「歴史を動かすものは人間である。個人の伝記が明らかにされないで、歴史の叙述は完全であり得ない」という信念のもとに、専門学者に執筆を依頼し、日本歴史学会が編集し、吉川弘文館が刊行した一大伝記集である。

幸いに読書界の支持を得て、百冊刊行の折には菊池寛賞を授けられる栄誉に浴した。

しかし発行以来すでに四半世紀を経過し、長期品切れ本が増加し、読書界の要望にそい得ない状態にもなったので、この際既刊本の体裁を一新して再編成し、定期的に配本できるような方策をとることにした。既刊本は一八四冊であるが、まだ未刊である重要人物の伝記についても鋭意刊行を進める方針であり、その体裁も新形式をとることとした。

こうして刊行当初の精神に思いを致し、人物叢書を蘇らせようとするのが、今回の企図である。大方のご支援を得ることができれば幸せである。

昭和六十年五月

日本歴史学会
代表者 坂本太郎

日本歴史学会編集

人物叢書〈新装版〉

▽没年順に配列　▽一、四〇〇円〜三、五〇〇円（税別）
▽書目の一部は電子書籍、オンデマンド版もございます。詳しくは出版図書目録、または小社ホームページをご覧ください。

日本武尊　上田正昭著
継体天皇　篠川　賢著
聖徳太子　坂本太郎著
秦　河勝　井上満郎著
蘇我蝦夷・入鹿　門脇禎二著
天智天皇　森　公章著
額田　王　直木孝次郎著
持統天皇　直木孝次郎著
柿本人麻呂　多田一臣著
藤原不比等　高島正人著
長屋　王　寺崎保広著
大伴旅人　鉄野昌弘著
県犬養橘三千代　義江明子著
山上憶良　稲岡耕二著
藤原広嗣　北　啓太著
道　慈　曾根正人著
行　基　井上　薫著

橘　諸兄　中村順昭著
光明皇后　林　陸朗著
鑑　真　安藤更生著
藤原仲麻呂　岸　俊男著
阿倍仲麻呂　森　公章著
道　鏡　横田健一著
吉備真備　宮田俊彦著
早良親王　西本昌弘著
佐伯今毛人　角田文衛著
和気清麻呂　平野邦雄著
桓武天皇　村尾次郎著
坂上田村麻呂　高橋　崇著
最　澄　田村晃祐著
平城天皇　春名宏昭著
藤原冬嗣　虎尾達哉著
仁明天皇　遠藤慶太著
橘嘉智子　勝浦令子著

円　仁　佐伯有清著
伴　善男　佐伯有清著
清和天皇　神谷正昌著
円　珍　佐伯有清著
菅原道真　坂本太郎著
聖　宝　佐伯有清著
三善清行　所　功著
藤原純友　松原弘宣著
紀　貫之　目崎徳衛著
小野道風　山本信吉著
良　源　平林盛得著
藤原佐理　春名好重著
紫式部　今井源衛著
慶滋保胤　小原　仁著
一条天皇　倉本一宏著
大江匡衡　後藤昭雄著
源　信　速水　侑著

源頼光　朧谷寿著
藤原道長　山中裕著
藤原行成　黒板伸夫著
源頼信　寺内浩著
後三条天皇　詫間直樹著
藤原彰子　服藤早苗著
源頼義　元木泰雄著
成尋　水口幹記著
清少納言　岸上慎二著
和泉式部　山中裕著
源義家　安田元久著
大江匡房　川口久雄著
奥州藤原氏四代　高橋富雄著
藤原頼長　橋本義彦著
藤原忠実　元木泰雄著
源頼政　多賀宗隼著
平清盛　五味文彦著
源義経　渡辺保著
西行　目崎徳衛著

後白河上皇　安田元久著
千葉常胤　福田豊彦著
源通親　橋本義彦著
文覚　山田昭全著
藤原俊成　久保田淳著
畠山重忠　貫達人著
法然　田村圓澄著
栄西　多賀宗隼著
北条義時　安田元久著
大江広元　上杉和彦著
北条政子　渡辺保著
慈円　多賀宗隼著
明恵　田中久夫著
三浦義村　高橋秀樹著
藤原定家　村山修一著
北条泰時　上横手雅敬著
道元　竹内道雄著
北条重時　森幸夫著
親鸞　赤松俊秀著

北条時頼　高橋慎一朗著
日蓮　大野達之助著
阿仏尼　田渕句美子著
北条時宗　川添昭二著
一遍　大橋俊雄著
叡尊・忍性　和島芳男著
京極為兼　井上宗雄著
金沢貞顕　永井晋著
菊池氏三代　杉本尚雄著
花園天皇　岩橋小弥太著
新田義貞　峰岸純夫著
赤松円心・満祐　高坂好著
卜部兼好　冨倉徳次郎著
覚如　重松明久著
足利直冬　瀬野精一郎著
佐々木導誉　森茂暁著
二条良基　小川剛生著
細川頼之　小川信著
足利義満　臼井信義著

今川了俊　川添昭二著
足利義持　伊藤喜良著
世阿弥　今泉淑夫著
上杉憲実　田辺久子著
山名宗全　川岡勉著
経覚　酒井紀美著
一条兼良　永島福太郎著
亀泉集証　今泉淑夫著
蓮如　笠原一男著
宗祇　奥田勲著
尋尊　安田次郎著
万里集九　中川徳之助著
三条西実隆　芳賀幸四郎著
大内義隆　福尾猛市郎著
ザヴィエル　吉田小五郎著
三好長慶　長江正一著
今川義元　有光友學著
武田信玄　奥野高広著
朝倉義景　水藤真著

浅井氏三代　宮島敬一著
里見義堯　滝川恒昭著
上杉謙信　山田邦明著
織田信長　池上裕子著
明智光秀　高柳光寿著
大友宗麟　外山幹夫著
千利休　芳賀幸四郎著
松井友閑　竹本千鶴著
豊臣秀次　藤田恒春著
ルイス・フロイス　五野井隆史著
足利義昭　奥野高広著
前田利家　岩沢愿彦著
長宗我部元親　山本大著
安国寺恵瓊　河合正治著
石田三成　今井林太郎著
黒田孝高　中野等著
真田昌幸　柴辻俊六著
最上義光　伊藤清郎著
前田利長　見瀬和雄著

高山右近　海老沢有道著
島井宗室　田中健夫著
淀君　桑田忠親著
片桐且元　曽根勇二著
徳川家康　藤井譲治著
藤原惺窩　太田青丘著
支倉常長　五野井隆史著
高台院　福田千鶴著
徳川秀忠　山本博文著
伊達政宗　小林清治著
天草時貞　岡田章雄著
立花宗茂　中野等著
宮本武蔵　大倉隆二著
小堀遠州　森蘊著
徳川家光　藤井譲治著
由比正雪　進士慶幹著
佐倉惣五郎　児玉幸多著
林羅山　堀勇雄著
松平信綱　大野瑞男著

国姓爺	石原道博著
野中兼山	横川末吉著
保科正之	小池進著
隠元	平久保章著
徳川和子	久保貴子著
酒井忠清	福田千鶴著
朱舜水	石原道博著
池田光政	谷口澄夫著
山鹿素行	堀勇雄著
井原西鶴	森銑三著
松尾芭蕉	阿部喜三男著
三井高利	中田易直著
河村瑞賢	古田良一著
徳川光圀	鈴木暎一著
契沖	久松潜一著
市川団十郎	西山松之助著
伊藤仁斎	石田一良著
徳川綱吉	塚本学著
貝原益軒	井上忠著
前田綱紀	若林喜三郎著
近松門左衛門	河竹繁俊著
新井白石	宮崎道生著
鴻池善右衛門	宮本又次著
石田梅岩	柴田実著
太宰春台	武部善人著
徳川吉宗	辻達也著
大岡忠相	大石学著
賀茂真淵	三枝康高著
平賀源内	城福勇著
与謝蕪村	田中善信著
三浦梅園	田口正治著
毛利重就	小川國治著
本居宣長	城福勇著
志筑忠雄	大島明秀著
山村才助	鮎沢信太郎著
木内石亭	斎藤忠著
小石元俊	山本四郎著
山東京伝	小池藤五郎著
杉田玄白	片桐一男著
塙保己一	太田善麿著
上杉鷹山	横山昭男著
大田南畝	浜田義一郎著
只野真葛	関民子著
小林一茶	小林計一郎著
大黒屋光太夫	亀井高孝著
松平定信	高澤憲治著
菅江真澄	菊池勇夫著
鶴屋南北	古井戸秀夫著
島津重豪	芳即正著
狩谷棭斎	梅谷文夫著
最上徳内	島谷良吉著
遠山景晋	藤田覚著
渡辺崋山	佐藤昌介著
柳亭種彦	伊狩章著
香川景樹	兼清正徳著
平田篤胤	田原嗣郎著
間宮林蔵	洞富雄著

滝沢馬琴　麻生磯次著
調所広郷　芳　即正著
橘　守部　鈴木暎一著
黒住宗忠　原　敬吾著
水野忠邦　北島正元著
帆足万里　帆足図南次著
江川坦庵　仲田正之著
藤田東湖　鈴木暎一著
二宮尊徳　大藤　修著
広瀬淡窓　井上義巳著
大原幽学　中井信彦著
島津斉彬　芳　即正著
月　照　友松圓諦著
橋本左内　山口宗之著
井伊直弼　吉田常吉著
吉田東洋　平尾道雄著
緒方洪庵　梅溪　昇著
佐久間象山　大平喜間多著
真木和泉　山口宗之著

高島秋帆　有馬成甫著
シーボルト　板沢武雄著
高杉晋作　梅溪　昇著
川路聖謨　川田貞夫著
横井小楠　圭室諦成著
小松帯刀　高村直助著
山内容堂　平尾道雄著
江藤新平　杉谷　昭著
和　宮　武部敏夫著
西郷隆盛　田中惣五郎著
ハリス　坂田精一著
森　有礼　犬塚孝明著
松平春嶽　川端太平著
中村敬宇　高橋昌郎著
河竹黙阿弥　河竹繁俊著
寺島宗則　犬塚孝明著
樋口一葉　塩田良平著
ジョセフ＝ヒコ　近盛晴嘉著
勝　海舟　石井　孝著

臥雲辰致　村瀬正章著
黒田清隆　井黒弥太郎著
伊藤圭介　杉本　勲著
福沢諭吉　会田倉吉著
星　亨　中村菊男著
中江兆民　飛鳥井雅道著
西村茂樹　高橋昌郎著
正岡子規　久保田正文著
清沢満之　吉田久一著
滝　廉太郎　小長久子著
副島種臣　安岡昭男著
田口卯吉　田口　親著
福地桜痴　柳田　泉著
陸　羯南　有山輝雄著
児島惟謙　田畑　忍著
荒井郁之助　原田　朗著
幸徳秋水　西尾陽太郎著
ヘボン　高谷道男著
石川啄木　岩城之徳著

乃木希典　松下芳男著
岡倉天心　斎藤隆三著
桂　太郎　宇野俊一著
徳川慶喜　家近良樹著
加藤弘之　田畑　忍著
山路愛山　坂本多加雄著
伊沢修二　上沼八郎著
秋山真之　田中宏巳著
前島　密　山口　修著
成瀬仁蔵　中嶌　邦著
前田正名　祖田　修著
大隈重信　中村尚美著
山県有朋　藤村道生著
大井憲太郎　平野義太郎著
加藤友三郎　西尾林太郎著
河野広中　長井純市著
富岡鉄斎　小高根太郎著
大正天皇　古川隆久著
津田梅子　山崎孝子著

豊田佐吉　楫西光速著
渋沢栄一　土屋喬雄著
有馬四郎助　三吉　明著
武藤山治　入交好脩著
坪内逍遙　大村弘毅著
山室軍平　三吉　明著
阪谷芳郎　西尾林太郎著
南方熊楠　笠井　清著
山本五十六　田中宏巳著
中野正剛　猪俣敬太郎著
三宅雪嶺　中野目　徹著
近衛文麿　古川隆久著
河上　肇　住谷悦治著
牧野伸顕　茶谷誠一著
幣原喜重郎　種稲秀司著
御木本幸吉　大林日出雄著
尾崎行雄　伊佐秀雄著
緒方竹虎　栗田直樹著
中田　薫　北　康宏著

石橋湛山　姜　克實著
八木秀次　沢井　実著
森戸辰男　小池聖一著

▽以下続刊